한강의 기적과
기업가정신

한강의 기적과

기업가정신

초판 1쇄	2015년 05월 15일
초판 2쇄	2017년 03월 15일
지 은 이	김용삼
발 행 인	김영희
기획·마케팅	권두리
편 집	변호이, 김민지
디 자 인	문강건
발 행 처	㈜에프케이아이미디어(프리이코노미스쿨)
등록 번호	13-860호
주 소	150-881 서울특별시 영등포구 여의대로 24 전경련회관 44층
전 화	출판콘텐츠팀	02-3771-0434, 영업팀	02-3771-0245
홈페이지	www.fkimedia.co.kr
팩 스	02-3771-0138
E-mail	drkwon@fkimedia.co.kr
I S B N	978-89-6374-100-0 03320
정 가	15,000원

이 도서의 국립중앙도서관 출판예정도서목록(CIP)은 서지정보유통지원시스템 홈페이지(http://seoji.nl.go.kr)와 국가
자료공동목록시스템(http://www.nl.go.kr/kolisnet)에서 이용하실 수 있습니다. (CIP제어번호 : CIP2015013386)

한강의 기적과
기업가정신

김용삼 지음

프리이코노미스쿨

성장 엔진이 꺼진
대한민국

한국의 지난 50년은 성공의 시대였다. 해방 당시 1인당 35달러에 불과했던 국민소득이 2014년에는 2만 8,739달러를 기록해 3만 달러 진입을 눈앞에 두고 있고, 2012년에는 선진국을 상징하는 '20-50 클럽'[1]에 세계 7번째로 가입했다. 제2차 세계대전 이후 열강들의 식민지에서 독립한 나라 중 한국처럼 빛나는 성취를 이룬 나라는 지구상에서 찾아보기 힘들다.

그런데 승승장구하던 한국이 언제부터 성장에 목마른 국가가 되었을까? 우리나라는 경제개발에 돌입한 이래 30여 년 동안 연평균 7~8퍼센트의 높은 경제성장률을 보였고, IMF 외환위기 이후인 2001부터 2005년 사이에도 연평균 4.5퍼센트의 경제성장률을 유지했다. 그런데 2011년에는 3.6퍼센트, 2012년 2퍼센트로 내리막을 탔다. 그나마 2014년에는 상황이 약간 호전되어 3.6~3.7퍼센트였다.

이제 어느 누구도 우리나라의 경제성장을 낙관하지 않는 분위기다. 한국개발연구원KDI은 2020년대 한국의 연평균 잠재성장률을 2.6~2.8퍼센트, 2030년대는 1.6~2.2퍼센트로 전망하고 있다. 『2030 대담한 미래』의 저자인 미래학자 최윤식은 2016~2018년경 한국은 제2의 외환위기를 맞을 가능성이 크다고 경고했다.

왜 이렇게 되었을까? 도대체 문제가 무엇이기에 지구촌 곳곳을 누비며 '캔 두 스피릿Can do spirit'을 외치던 한국인들의 기가 꺾이고, 성장 엔진이 멈춰버린 것일까? 전문가들은 그 근원을 여러 각도에서 분석하는데, 결국 귀결점은 한 가지다. 한국 사회의 발목을 잡고 있는 근원은 '고비용 저효율'이란 망령 때문이라는 것이다.

경영학의 석학 피터 드러커는 전 세계에서 기업가정신이 가장 왕성한 나라로 한국을 꼽았다. 대한민국의 기업가들은 드높은 애국심과 투철한 국가관, 사업보국事業報國 정신, 뜨거운 정열로 무無에서 유有를 창조해왔다고 자부해왔다. 그런데 이들이 고비용 저효율 구조에 시달리다 못해 돈을 싸들고 한국이 아닌, 저비용 고효율 국가를 찾아가 투자하고, 그 나라에서 고용을 창출하고, 그 나라를 위해 세금을 내며, 그 나라의 성장에 지대한 공헌을 하고 있다.

통계를 보면 우리 기업들은 매년 400억 달러 정도를 해외에 투자한다. 이 돈을 국내로 돌릴 경우 우리나라는 현재보다 3퍼센트 정도 더 성장할 수 있고, 매년 일자리 40만 개를 더 창출할 수 있다.

이처럼 손쉽게 성장을 유인하고, 일자리 창출을 할 수 있는 길이 얼마든지 있다. 그런데 작금의 현실은 해외로 떠나가는 기업을 붙잡지 못하고 막대한 예산을 쏟아 부어가며 공공근로 위주의 질 낮은 일자리 창출에만 열을 올리고 있다. 이러한 일자리는 거의 대부분 박봉에 일회성이라 구직자들이 선호하지 않을 뿐만 아니라 비생산적인 분야가 대부분이다. 수치상 실업률을 낮추고 일자리를 어느 정도 창출한다는 성과에 급급한 나머지 아까운 예산만 낭비하는 셈이다.

한국은 산업화 초기에 새로운 산업에 진출할 때마다 정부가 담당할 기업을 정해서 저리자금 융자, 조세 감면, 산업용지 지원 등 통 크게 지원했다. 축적된 민족자본이 부족했기 때문에 우리는 성장잠재력이 상대적으로 큰 분야에 집중 투자하는 불균형 성장을 추구할 수밖에 없었다. 그래서 중소기업보다는 대기업을, 농촌보다는 도시를, 지방보다는 수도권을, 호남보다는 영남을 먼저 발전시킨 것이다. 정부가 앞장서서 대기업을 육성하여 국제경쟁력을 갖추도록 하는 정책은 일본의 근대화 시기, 정부 주도 하에 재벌을 육성한 일본 모델과 거의 비슷하다.

한국은 국제경쟁력을 확보하기 위해 대단위 중화학공업 공장을 정부가 계획을 세우고, 관치금융을 통해 투자자금을 배분했으며, 기업이 맡아서 사업을 진행하는 '정부-은행-기업' 3각체제로 건설했다. 이처럼 정부 주도 하에 육성한 대기업을 앞세워 세계시장에 진출하는 한국형 발전모델을 좌승희는 '작은 나라 큰 기업 전략'[2]이라고 설명한다.

투자에 대한 회수기간이 길고 대규모 투자가 집중되는 산업분야는 민간의 역량만으로는 투자가 어렵다. 이럴 때 정부가 국영기업으로 설립하여 일정기간을 운영하다가 어느 정도 성장하면 민영화를 했다. 이 산업이 국제경쟁력을 확보하면 즉시 또 하나의 회사를 설립하여 경쟁체제로 이행했다. 석유화학, 종합제철, 항공사 등이 이 과정을 밟았다.

발전전략의 퇴장

개발연대에 한국은 내수시장 규모가 작아 글로벌 시장으로 진출할 수밖에 없었다. 해외 시장에서 가격 경쟁력을 확보하기 위해서는 최신 기술이 접목된 자동화 시설을 갖춘 국제 규모의 공장을 건설한 다음 정부가 집중적으로 지원할 수밖에 없었다. 즉 독점기업을 만들고, 정부가 적극 육성했다.

비판적 시각에서 보면 이 방식은 정부가 독점기업을 허용하고, 재벌을 의도적으로 육성 지원한 것이기 때문에 자유시장경제 체제에는 맞지 않는다. 이 때문에 정부와 기업은 독점기업 육성, 정경유착, 부패, 경제적 독재라는 오명을 쓰게 되었다. 그러나 개발연대에는 경쟁이 결코 절대 선은 아니라는 점을 우리는 깨달았다.

모든 것이 부족한 개발도상국의 공업 육성 과정에서 규모는 국제 규격에는 미달하지만 국가 기본 공업 구조상 반드시 필요한 분야이기 때문에 공장을 건설하는 경우도 있었다. 이런 공장은 가격 경쟁력이 취약하여 방치하면 부실화되는 것은 불을 보듯 뻔하다. 이런 공장들은 정부가 나서서 신속하고 강력하게 보호해야만 생존이 가능하다. 이런 차원에서 정부의 역할은 커질 수밖에 없었다.

한국의 '작은 나라 큰 기업'들은 1986년 저유가, 저금리, 저달러 등으로 야기된 3저低 호황, 1988년 서울올림픽과 북방외교, 2002년 한일 월드컵이라는 호기를 타고 글로벌 시장에서 약진하여 한국경제를 이끄는 주력 수출산업으로 자리 잡았다.

'작은 나라 큰 기업' 전략이 성공한 이유는 정부가 능력이 검증되고 경쟁력 있는 기업들을 엄선하여 중화학공업 진입을 허용하고, 각 기업에게 할당된 수출량을 달성한 성과에 따라 차별적으로 지원하는 발전친화적 유인정책을 펼친 덕분이다. 이 정책의 본질은 잘하는 사람(기업, 개인 등)은 잘하는 만큼 우대하여 더 열심히 노력하도록 동기부여를 하는 '차별화 정책'이었다.

개발연대에 단 기간에 중화학공업을 육성하기 위해 급진적인 차별화 정책, 선택과 집중 정책을 추진하다보니 대기업들에게 과도한 혜택이 주어진 것은 부인할 수 없는 사실이다. 또 한국을 대표하는 기업들은 2~3세로의 경영 승계 과정에서 대부분 직계자손이나 친척을 통한 동족형 경영자에게 경영권이 넘어갔다. 이 때문에 사회 일각에서는 기업 오너들의 제왕적 경영에 대한 비판도 쏟아진다.

그러나 한국 기업들의 가족으로의 경영권 승계는 여러 가지 비판적 시각에도 불구하고 창업자의 후예로서 강력한 기업가정신을 발휘하기 쉬운 장점이 있다. 게다가 확고한 소유권을 배경으로 신속한 의사결정이 가능하고, 일사불란한 통솔력, 미래를 내다보는 장기 경영전략 수립, 과감한 위험부담 등을 가능케 하는 순기능이 많다는 점도 기억해야 한다.

발전국가체제를 이끌었던 박정희 정권이 1979년 10·26 사건으로 붕괴되자 자연스럽게 국가 주도의 관치경제에 대한 체제정비 요구가 대두되었다. 전두환 정권에서는 발전론자들이 대부분 퇴장하고 경제운용의 주도권이 안정론자들에게 넘어갔다. 그리고 테크노크라트(과학자, 기술자 출신의 고급 공무원) 위주로 구성되었던 내각이나 국가 요직에 경제기획원 출신의 이코노크라트들이 대거 진출했다.

일본의 근대화 과정과 전후戰後의 경제부흥, 타이완의 경제성장은 테크노크라트들이 주도했다. 공업국가 건설을 위해 과학적 교육과 훈련을 받은 이공계 출신을 대거 내각에 임명한 결과다. 일본의 영향을 강하게 받은 박정희 시대에는 우리도 테크노크라트들이 국가 발전을 위한 전략을 짜고 추진의 주체 역할을 맡았다.

그런데 전두환 시절부터 전면에 등장한 이코노크라트들은 대부분 자유시장 경쟁주의자들이었다. 그들은 경제운영은 통화량 조절로 가능하다고 생각했으며, 정부의 역할은 적을수록 좋다는 미국식 경제운영방식을 선호했다. 테크노크라트들이 국가 요직에서 물러나고 이코노크라트들이 요직을 장악하면서 경제발전 정책은 뒷전으로 밀려나고 경제 안정화 정책이 적극 추진되었다.

안정론자들은 경제 운용을 정부 주도에서 민간 주도로 전환했다. 중화학공업 육성정책을 폐기하고 금융자율화를 통해 정책금융을 축소했으며, 대기업에 대한 무역금융을 축소하고 공정거래법 제정, 수도권에 대기업의 신증설 및 대학 설립을 금하는 수도권정비법을 도입했다. 한편에선 개발연대에 상대적으로 낙후되었던 중소기업, 지방, 농촌을 지원 육성했다.

국내에 투자하는 기업이 애국자

안정론자들은 재벌기업과 총수에게 부富와 경제력이 집중되는 것을 막기 위해 30대 그룹에 대한 각종 규제를 시행했다. 이와 함께 1982년 '중소기업 진흥 10개년계획(1982~1991)'을 만들어 중소기업 육성정책을 전개했다. 이는 한국경제가 발전지향 시스템에서 벗어나 평등과 균형발전 체제로 향하는 대전환이었다.

문제는 이러한 정책 전환이 자유경쟁, 공정경쟁, 시장질서 확립이라는 본래 의미를 넘어 대기업들의 경제력 집중에 대한 규제를 지향했다는 점이다. 그 결과 개발연대에 정부가 앞장서서 육성해 온 '작은 나라 큰 기업'들이 규제의 대상이 되어 성장 동력이 약화되기 시작했다.

이 와중에 6·29 선언으로 6공 헌법이 제정되는 과정에서 헌법 제119조 ②항에 경제력 일반집중(재벌집중) 배제, 균형발전, 소득의 적정

분배, 경제 민주화 등이 명시됨으로써 재벌에 대한 규제와 개입이 경제정책의 중요한 패러다임이 되었다. 이 조항으로 인해 한국경제는 사실상 시장경제 질서와 사회민주주의 질서가 동거하는 기묘한 상황에 처하게 된다.

경제 민주화는 폐쇄경제, 관치경제를 극복하고 개방과 자율을 중시하는 긍정적 요인이 크다. 그러나 헌법에 명시된 경제 민주화는 대기업의 선단식 경영과 무차별적 확장에 제약을 가하는 정책의 양산으로 표출되었다. 업종 전문화를 유도하기 위한 주력업체제도(1991년 6월), 계열사 간 상호보증을 제한하는 상호채무보증 제한 제도(1992년 12월), 사업다각화에 제동을 거는 출자총액 제도(1992년 12월) 등이 그것이다. 그 결과 수출제일주의, 빠른 의사결정, 선택과 집중, 발전지향적 전략 등등 한국의 성장에 순기능을 해온 가치관들이 경제 민주화로 인해 퇴색한 것은 큰 문제였다.

김대중 정부 경제정책의 기본 철학은 '민주주의와 시장경제의 병행 발전'이었다. 쉽게 설명하면 시장에 민주주의식 평등질서를 도입하여 경제 민주화를 추진한다는 것이었다. 노무현 정부는 복지 지출을 늘려 성장도 이루고 일자리도 늘린다는 동반성장 전략을 내놓았다. 불행하게도 이런 정책들은 고비용 저효율 구조의 타파에는 손도 못 대고 저성장 속의 양극화 현상을 야기했다.

헌법에 명시된 경제 민주화는 그 필요성이나 참뜻에도 불구하고 집행과정에서 대기업에 대한 국세청 세무조사, 순환출자 금지, 일감

몰아주기 과세, 불공정 하도급에 대한 징벌적 손해배상, 근무시간 축소, 통상임금 범위 확대, 유급 노조 전임자 확대, 집단소송제 등으로 표출되었다. 그 결과 기업 활동을 옥죄고, 기업가정신의 발현을 저해하거나 투자 의욕을 상실케 하는 방향으로 나갔다.

경제 민주화를 앞세운 정부의 각종 규제와 고비용 저효율 구조, 전투적 노조의 투쟁적 노동 활동은 기업가들을 해외로 내몰고 있다. 국내 기업들이 생산기지를 해외로 이전하면서 야기된 제조업 공동화 현상은 국내 실업률 증가로 이어져 더 이상 방치할 수 없는 상황에 처해 있다. 이런 상황에서 기업에 부담을 주는 정책들이 양산되면 더 많은 기업들이 한국을 떠날 것이 분명하다. 이제는 국내에 투자하는 기업이 애국자인 세상이 되었다.

창업세대의 기업가정신을 되살리자

이 책은 대한민국 기업가들이 한국경제와 산업발전에 있어서의 주인공이라는 점을 밝히고자 한다. 창업세대의 기업가들은 일제하에서 민족자본으로 기업을 일으켜 산업화의 봉화를 지폈다. 또 대한민국의 진로를 농업으로 출발하라는 유엔과 국제기구, 선진국의 발전전략 전문가들의 충고와는 반대로 공업화만이 한국의 살길이라고 외치며 공업화의 길로 매진했다.

사농공상士農工商의 신분구조에 짓눌려 있던 유교사회에서 기업가들은 공상工商의 가치와 과학기술의 중요성을 온몸으로 증명해내어

실사구시實事求是의 기풍을 이 땅에 불어넣었다. 또 개성상인의 신용 중시와 장인정신, 검소와 나눔과 청교도적인 기업관, 사내 복지를 통해 노동자들의 낙원을 건설하기 위해 피눈물 나는 노력을 기울였다.

일제하에서 기업가들은 총을 들고 독립운동 하는 심정으로 기업을 키웠으며, 일부 기업가들은 극비리에 독립운동 자금을 지원하거나 직접 독립운동에 뛰어들어 희생을 당하기도 했다. 한민족의 배우지 못한 한恨을 풀어주기 위해 기업가들은 너나 할 것 없이 막대한 자금을 희사하여 학교를 설립하거나 장학금을 지급하여 인재양성에 나섰다.

동아일보사를 창립한 김성수는 중앙학교와 보성전문학교를 설립했고, 금광으로 벼락부자가 된 최창학은 운영난에 빠진 정주의 오산학교를 위해 거금을 쾌척했다. 또 경성광업전문학교, 경동학교, 무학여자학교에도 많은 돈을 희사했다. 최창학은 서대문에 죽첨장 (현재의 강북 삼성병원 자리)이라는 양옥 저택을 지어 살다가 해방 후 임시정부 주석 김구가 귀국하자 그에게 저택을 헌납했는데, 이것이 경교장이다. 일제하에서부터 해방 후, 건국 초기에 이르기까지 기업가들의 학교 설립이나 장학제도를 운영한 사례는 하도 많아서 일일이 소개하기가 번거로울 정도다.

기업가들은 해방 후에는 사업을 통해 신생 조국이 하루빨리 부강한 나라로 발전하는데 기여하고자 사업보국의 길로 매진해나갔다. 창업세대의 기업가들은 일제하에서 나라를 잃은 참혹한 상황을 몸소 겪으면서 드높은 국가관이 몸에 배어 있었고, 어떻게 하든 일본으로부터 배워서 일본을 이기고 세계와 경쟁하고자 발버둥 쳤다. 사업보다 국가를 우선하는 정신은 이병철의 다음과 같은 말로 그 일면을 엿볼 수 있다.

"반도체사업을 하기로 확정한다. 어디까지나 국가적 견지에서 우선 삼성이 먼저 한다. 삼성의 이익만을 생각해서 하는 것이 아니다. 뒤이어 컴퓨터를 한다. 이 역시 국가적 견지에서 하는 것이다. 이익을 확보하고, 두 가지를 병행해서 추진하기로 오늘 선언한다."(1983년 2월 10일 반도체 회의에서)

정주영이 건설한 현대중공업 선각장에는 다음과 같은 구호가 걸려 있다.

'우리가 잘되는 것이 나라가 잘되는 일이며, 나라가 잘되는 것이 우리가 잘될 수 있는 일이다.'

기업가들은 회사명을 지을 때도 강렬한 민족주의적 열망을 담으려 애썼다. 트럭 한 대로 출발하여 한진그룹을 일군 조중훈은 회사 이름을 '한진韓進'이라고 지었는데, 이것은 '한민족의 전진'이라는 뜻이다. 김철호가 설립한 '기아起亞'라는 사명은 '기계공업을 발전시켜, 아시아에서 세계로 진출한다'라는 의미가 담겨 있다.

정주영은 1977년 5월 리처드 스나이더 주한 미국대사가 독자모델 자동차의 개발을 포기하라는 압력을 가하자 이렇게 응수한다.

"어떤 어려움이 있어도 내가 자동차산업을 포기할 수 없는 이유는 사명감 때문이다. 내가 건설에서 번 돈을 모두 쏟아 붓고 실패한다 해도 결코 후회하지 않을 것이다. 왜냐하면 이것이 밑거름이 되어 내 후대에 가서라도 우리나라 자동차산업이 자리를 잡을 수만 있게 된다면 그것을 나는 보람으로 삼을 것이다."

나라 전체가 가난에서 탈출하고자 한마음 한뜻으로 뭉쳐 마치 독립운동을 하는 투사들처럼 밤낮없이 일하고자 했던 이런 정신이 애국심 아니었을까. 현대는 초창기에 도시락도 못 갖고 출근해 점심을 굶는 기능공들에게 점심을 제공했다.

박정희와 관료들이 주인공으로 알려진 '한강의 기적'도 근원을 추적해 보면 진짜 주인공은 기업가들이다. 또 한국의 진로를 결정한 외자도입형 공업화 전략, 보세가공무역, 중화학공업, 수출제일주의, 울산공업단지, 수출자유 지역, 종합상사 제도 등도 기업가들이 제안하여 정책으로 채택된 작품들이다. 그러니까 한국의 산업화는 국가와 재벌 간의 발전연합developmental coalition의 결과물이다. 기업가들은 여론과 정부의 반대를 무릅쓰고 새로운 사업에 도전하여 국가적인 성장동력을 창출한 사례가 부지기수다. 이병철 회장의 반도체

사업이 그 대표적인 사례일 것이다.

이러한 역사적 사실들에 대한 조명을 통해 대한민국 기업가들의 기를 살리고, 창업 1세대 선배 기업가들의 드높은 애국심과 민족의식, 강렬한 사업보국 정신을 후대 기업가들이 이어받기를 기대한다. 우리 기업가들이 모험을 불사하는 진취적이고 창의적인 결단으로 성장의 신화를 재현해주길 바라면서, 이 책을 대한민국의 기업가들에게 바친다.

2015년 5월
김용삼

목 차

프롤로그
성장 엔진이 꺼진 대한민국 ● 004

1장 근대 기업의 태동

기업가란 어떤 존재인가 ● 022
조선으로 진출한 화교 자본 ● 028
청나라 배상금으로 산업혁명에 나선 일본 ● 032
조선시대 상인 ● 051
식민지시대에 탄생한 기업가 ● 058

2장 전쟁 속에서 태어난 기업

해방 이후 우리나라 경제상황 ● 086
정크무역 시대 ● 090
귀속재산으로 출발한 기업들 ● 098
상업자본이 산업자본으로 이동 ● 105
소비재 위주로 사용된 미국 원조자금 ● 111
전쟁이 낳은 재계의 별들 ● 115

3장 정치적 시련, 그리고 기회

경제개발계획 수립과 산업 발전 ● 126
민생을 안정시키려 시작된 경제제일주의 ● 130
재계와 정부의 협력 시대 ● 135
세계 125개국 중 101번째 가난한 농업국가 ● 144
국가와 재벌이 손잡고 출범한 발전연합 ● 151
'한강의 기적'을 준비하다 ● 158

4장 중화학공업의 발전을 이끈 기업가들

중화학공업의 부재, 취약한 자본구조의 원인 • 182

중화학공업 4대 핵심공장 건설 • 211

기계공업 불모지에서 일으킨 자동차산업 • 216

석유위기에서 국가를 구한 건설업 • 226

진취적이고 창의적인 기업가정신 발현 • 229

5장 한국 특유의 기업가정신

한국 기업가들의 유교사상 • 250

독립운동에 앞장선 기업가들의 애국심 • 265

사업보국 정신 • 270

청교도 정신 • 288

신용은 생명 • 292

사명감으로 일군 기업 • 295

한국인에 대한 자부심 • 299

부국강병의 길 • 303

에필로그

위기의 한국 기업, 희망은 있다 • 306

각주 • 318

참고문헌 • 330

1 장

근대 기업의 **태동**

기업가란 어떤 존재인가?
조선으로 진출한 화교 자본
청나라 배상금으로 산업혁명에 나선 일본
조선시대 상인
식민지시대에 탄생한 기업가

기업가란
어떤 존재인가

인류 역사에서 물건을 생산하고 교환하는 주체는 가계, 공장, 농장, 상단商團, 군대, 기업 등 다양하게 존재한다. 그중 기업은 이윤을 전제로 생산활동을 하는 경제주체다. 기업 중에서 역사가 가장 오래된 형태는 개인기업 혹은 가족기업이다.

인류가 만든 최고의 발명품 중 하나로 평가받는 기업은 이윤을 창출하려는 인간의 이기심과 동업 방식이 절묘하게 결합된 산물이다. 기업은 주식회사와 유한책임제도가 생겨나면서 그 이전까지는 상상조차 할 수 없었던 초대형 규모의 사업들을 시행했다. 주식회사 제도가 없었다면 대규모 자본이 필요한 철도는 산업으로 존재하지 못했을 것이다. 또 철도가 없었다면 서양 국가들이 유럽의 경계를 넘어 전 세계로 세력을 확장할 수 없었을 것이다.

산업혁명은 발명가와 기업가들의 합작품이다. 증기기관의 발명자는 제임스 와트라는 엔지니어지만, 이를 대량생산하여 저렴한 비용으로 시장에서 사고팔 수 있는 제품으로 만든 것은 기업가였던 그의 아들 제임스 와트 주니어였다. 아스피린, 트랜지스터, 증기선, 나일론, 페니실린, 비료 등 인류 생활을 혁명적으로 변화시킨 160가지 물건 가운데 80퍼센트 이상이 기업에 의해 창조되었다.

철강왕 카네기, 석유왕 록펠러, 철도왕 밴더빌트, 자동차왕 헨리 포드, 제약왕 바이엘, 전기왕 지멘스 등 인류 역사에 한 획을 그은 기업가들은 비상한 재능으로 거대 기업을 탄생시켜 부강하고 풍요로운 나라를 만들었다. 독일의 경제학자 헤르만 지몬Hermann Simon은 역사적으로 중요한 의의가 있는 혁신은 거의 모두 국가가 아니라 기업에 의해 이루어졌다고 지적했다. 오늘날 가장 효율적인 조직이라 불리는 군대도 기업의 관리 방법을 배운다. 과거에 국력은 군사력으로 결판났지만 오늘날은 그 나라에 GE, 보잉, 애플, 구글, 마이크로소프트, 삼성전자와 같은 세계적 기업이 몇 개나 존재하는지에 따라 결정된다.

기업가Entrepreneur란 용어는 300여 년 전 프랑스의 중상주의 사상가 깡티용Richard Cantillon이 처음 사용했다. 그 후 슘페터에 의해 기업가정신이 주목받기 시작했고, 피터 드러커가 기업가정신을 더욱 발전시켜 오늘날에 이르고 있다.

그렇다면 기업가란 어떤 존재일까? 깡티용은 기업가란 '모든 위험을 스스로 부담하며 물품의 유통, 교환 및 생산을 자기책임 하에서 취급하는 자'로 정의했다. 프랑스의 고전학파 경제학자인 세이J. B. Say는 '노동력, 자본, 토지 등 생산수단의 통합자로서 우수한 판단력, 불굴의 정신, 탁월한 계산력 등 특수한 성격과 능력의 소유자이자 감독 및 관리기술을 지닌 자'로 이해했다. 독일 신역사학파의 창시자 쉬몰러G. von Schmoller는 '솔선해서 위험을 부담하는 사람이자 기업 내 리더십의 중심이 되는 자'라고 불렀다. 피터 드러커Peter F. Drucker는 '변화를 탐구하고 변화에 대응하며, 변화를 기회로 이용하는 자, 새롭고 이질적인 것, 유용한 가치를 창조해내는 경영자'라고 규정했다. 칼 베스퍼Karl H. Vesper는 기업가란 '다른 사람이 발견하지 못한 기회를 찾아내는 인간' 또는 '사회의 상식이나 권위에 사로잡히지 않고 새로운 사업을 추진할 수 있는 인간'이라고 정의했다.

기업가들의 특성은 개인마다 천차만별이겠지만, 그들에게서 공통점이 발견된다. 1986년 미국 기업가협회가 발표한 '기업가 신조'에 기업가의 특징이 잘 요약되어 있다.[1]

· 나는 평범한 사람이 되는 것을 거부한다.
· 나는 안정보다는 기회를 택한다.
· 나는 계산된 위험을 단행할 것이고 꿈꾸는 것을 실천하고 건설하며, 또 실패하고 성공하기를 원한다.
· 나는 보장된 삶보다는 삶에 대한 도전을 선택한다.

· 나는 유토피아의 생기 없는 고요함이 아니라 성취의 전율을 원한다.

· 나는 어떤 권력자 앞에서도 굴복하지 않을 것이며, 어떤 위협 앞에서
  도 굽히지 않을 것이다. 자부심을 가지고, 두려움 없이 당당하게 몸을
  세우고, 스스로 생각하고 행동하고, 내가 창조한 것의 결과를 만끽하
  고 '하느님의 도움'으로 세계를 향해 이 일을 달성한다.

기업가정신이 가장 왕성한 나라, 한국

여러 학자들의 주장을 종합하면 기업가란 '새로운 아이디어를 가
지고 자원을 조정·감독하여 부富를 증진시키는 일을 주도하는 사람'
으로 정의된다. 기업가정신Entrepreneurship은 '사회의 부를 증진시키
기 위해 기업가가 창조적이고 색다른 행동을 하는 과정'이라고 요약
할 수 있다.

『성공한 창업자의 기업가정신』의 저자 김성수는 세계적으로 성공
한 기업가들은 12가지 공통된 정신을 소유하고 있으며, 실패한 기업
가들도 10가지 공통점을 가지고 있다고 지적한다.

먼저 성공한 기업가들의 12가지 성공 요인은 도전과 개척 정신, 신
용제일주의, 신념, 근검절약, 고객 만족주의, 인간 존중(인재 중시), 창의
와 혁신, 책임주의, 합리추구, 산업평화(노사공동체 정신), 정직과 정도正道
주의, 사업보국을 들었다.

반면에 실패한 기업가들의 공통점 10가지는 탐욕과 낭비(비윤리성),
불성실(신용 결여), 피해망상, 판단력 부재, 참을성과 인내력 부족, 사업

지식 결여, 경영관리기법의 무지, 두뇌회전의 지연, 신념 결여, 도전과 개척 정신 결여라고 지적한다.[2]

한국 기업가들의 특성을 연구한 신유근은 한국 기업가의 스타일을 현장 지향의 솔선수범 자세를 강조하는 '야전 사령관형'(58.4퍼센트), 인맥을 기초로 대인관계 능력을 발휘하는 '대인관계 중시형'(24.2퍼센트), 업종에 대한 집념과 소명의식을 강조하는 '캔 두 스피릿형'(17.4퍼센트)으로 분류했다. 이 서로 다른 세 가지 스타일의 경영자들에게 공통적으로 발견되는 특성이 '인간 중시 경영'이다. 신유근은 인간 중시 경영이 서구 기업가들과는 다른, 한국 기업가들의 특성이라고 해석했다.

기업의 본질은 이윤 추구지만, 다른 나라 기업가들과 비교할 때 우리나라의 창업자들에게는 두드러지는 특성이 있다. 김두겸 글로벌 전략연구원장은 한국의 기업가정신의 요체를 사업보국, 캔 두can do 정신, 빨리빨리, 기업인재 육성, 황제경영 이렇게 총 다섯 가지로 정의했다.[3] 한편 일본경제신문은 한국의 기업가정신의 특징으로 위험 감수성risk taking, 무모할 정도의 기발한 아이디어, 캔 두 정신, 톱다운top down 시스템, 따라잡기catch up 정신을 들었다.

피터 드러커는 자신의 저서 『넥스트 소사이어티』에서 "불과 40년 전만 해도 한국에는 산업이 거의 없었다. 6·25 전쟁으로 한국은 폐허나 다름없었다. 그러나 오늘날 한국은 20여 개 산업분야에서 높은 수준에 이르렀고 조선업을 비롯한 여러 분야에서 세계 리더가 되었다"고 한국의 기업가정신을 격찬했다.

1945년 해방 당시만 해도 사농공상의 신분구조, 그리고 일제의 민족기업 말살정책으로 인해 근대적 기업라고는 경성방직, 화신백화점 정도에 불과했던 한국. 어떻게 불과 60여 년 만에 세계에서 기업가정신이 가장 왕성한 나라로 환골탈태할 수 있었을까?

조선으로 진출한
화교 자본

'포함외교砲艦外交'라는 용어가 있다. 힘센 나라가 거포를 탑재한 군함을 허약한 나라에 보내 잔뜩 겁을 준 다음 원하는 것을 빼앗는 수법을 나타내는 말이다. 1853년 7월 7일, 일본 도쿄 앞바다에 매슈 페리Matthew C. Perry 제독이 지휘하는 증기선 '사스크에 한나호'를 비롯한 네 척의 선박이 검은 연기를 내뿜으며 괴물처럼 나타났다. 이때 미국의 구로후네黑船에 처절하게 당했던 일본은 동일한 방식으로 조선을 겁박하여 1876년 강화도조약을 체결했다.

강화도조약 체결 이후 조선은 부산(1876), 원산(1880), 제물포(1883) 등 세 항구를 개방하고 외국과 통상을 시작했다. 이때 가장 먼저 행동을 개시한 것은 미국, 독일, 영국 기업이었다. 미국 상인 타운센드는 타운산양행Townsend & Co.⁴을 설립하고 화약과 석유를 판매했

고, 독일의 거상巨商 에드워드 마이어Eduard Meyer는 제물포에 세창양
행Meyer& Co.⁵을 설립하고 면포와 인쇄기계, 권총(육혈포)을 팔았다. 이
밖에도 영국계의 이화양행Jardine Matheson & Co.⁶, 함릉가양행Home
Ringer & Co.⁷, 광창양행Benet & Co.⁸ 등이 조선에서 상업을 개시했다.

　이어 개항장이 확대되어 1883년에는 서울을 외국 상인에게 개방
했고, 1888년에는 경흥, 1897년에는 진남포와 목포, 1899년에는 평
양·군산·마산·성진, 1906년에는 용암포, 1908년에는 청진, 1910년에
는 신의주 등 조선의 거의 모든 주요 항구가 개방되었다.

　개항과 더불어 중국 상인들도 조선에서 행동을 개시했다. 1882년
6월, 조선에서 임오군란이 일어나자 청국 정부는 군란 진압을 위해
정여창丁汝昌과 오장경吳長慶이 지휘하는 3,000여 명의 병력을 조선에 파
병했다. 이 때 조선에 파견된 오장경의 부대에 보급을 돕기 위해 중
국 상인華商 40여 명이 함께 왔다. 이들은 청군의 주둔 기간이 길어지
자 장사에 나섰는데, 이들이 한국에 진출한 화교의 시초다.

　1883년 화교 210여 명은 인천·부산·원산 등 대도시 중심으로 활
동했고, 1884년에는 서울에 350명, 인천에 235명으로 화교의 숫자가
늘었다. 1884년 인천, 1887년 부산, 1889년 원산에 조계지租界地가 설
치되면서 화교 수가 급증하여 1890년에는 1,000여 명으로 불어났다.
1923년 조선총독부 통계에 의하면 서울과 인천에 거주하는 화교는
약 6,000명이었다. 화교들은 옷감, 피혁, 잡화를 비롯한 서양 물품 수
입 판매, 조선 토산품 수출, 잡화점, 포목상, 양장점, 이발소, 요식업소

등을 운영했다.

구한말에서 일제 초기에 우리 민족의 의복은 90퍼센트 정도가 광목이었는데, 이 엄청난 광목 수요의 거의 대부분을 용의 모습이 인쇄된 청나라 광목이 차지했다. 한일합방이 되면서 청룡표靑龍標 광목을 일본제 광목이 대체했다.

개항 이후 한반도에서 활동한 중국계 무역상사 중 규모가 가장 큰 것이 동순태同順泰였다. 이 회사의 설립자는 광둥성廣東省 출신의 화교 탄제성譚傑生이었다. 그는 1882년 서울에 들어와 수표교水標橋 부근에서 중국산 한약 판매와 콩나물 재배로 돈을 벌어 동순태 무역상을 설립했다. 동순태는 원세개袁世凱와 결탁하여 영국산 면포와 잡화 밀수와 조선산 홍삼과 곡물, 우피, 해산물 밀수출로 막대한 이익을 얻었다. 1890년 무렵에는 상하이, 광저우廣州, 홍콩, 고베, 요코하마 등지에 지점을 개설했다.

동순태는 조선 정부와 합작으로 '통혜공사通惠公司'라는 기선회사를 설립하고, 화륜선 두 척을 한강에 투입하여 화물과 여객 수송을 독점했다. 1893년에는 마차회사를 설립하여 서울-제물포 간 육로 운송 사업을 시작했다. 1899년 경인철도가 개통되기 전까지 서울-제물포 간을 운행한 동순태의 마차는 가장 편리하고 빠른 교통수단이었다.

1895년 청일전쟁에서 청나라가 패배하여 다수의 화교들이 본국으로 철수했고, 조선에서 화교 상권도 급격하게 축소되었다. 반면 동순태는 영업활동을 강화했다. 1920년대에는 미국에서 최신형 고급 승용차 '커닝엄'을 수입하여 '미카도 택시회사'를 운영했으며, 서울 요지에 다수의 부동산을 소유하여 재력을 과시했다. 1929년 설립자 탄제성이 사망하면서 경영이 악화되자 재산을 정리하고 상하이上海로 철수했다.

청나라 배상금으로
산업혁명에 나선 일본

일본은 도쿠가와 막부 시기에 상업이 번성하면서 부를 축적하기 시작했다. 메이지明治유신을 단행한 일본은 '부강한 나라, 강력한 군대'를 건설하기 위해 서양에서 기계와 장비를 도입하여 섬유산업을 일으켰다. 1886년 국내 소비용 면직물의 3분의 2를 수입에 의존했던 일본은 1902년에는 자급에 성공했고, 제1차 세계대전 무렵에는 세계 면직물 수출의 4분의 1을 차지할 정도로 섬유산업이 급성장했다.

일본은 제1차 세계대전 이전까지 정부 부문의 투자가 민간 부문을 앞서나갔다. 정부 관리들이 앞장서서 발전소 건설을 꿈꾸던 대학 교수에게 외국의 자본가를 알선해주기도 했다. 그 결과 도시바東芝의 전신인 도쿄 시바우라 전기회사가 탄생했다. 그러나 국가 주도 하에 탄생한 대다수 국영기업들이 부실 경영과 적자 누적으로 어려움에 처하자 1880년부터 국영기업을 민영화 시켰다.

이 과정에서 미쓰비시三菱는 국영 나가사키 조선소를 매입했고, 미쓰이三井는 미키 광산을 매입했다.[9] 일본은 청일전쟁에서 승리하여 타이완을 식민지로 획득했고, 청나라로부터 2억 3,000만 냥의 전쟁 배상금을 받았다. 이 금액은 당시 청나라의 연간 국가 예산의 3배, 일본의 연간 재정수입의 8배나 되는 막대한 돈이었다. 이 배상금은 일본 공업화의 결정적인 자금원이 되어 1890년대 중반에 일본 공업화가 본격화되기 시작한다.[10]

미쓰이의 경쟁자였던 미쓰비시는 해운 사업에서 정부 산하기관의 화물 수송을 전담하는 등 다양한 특혜를 받았다. 1894년 청일전쟁이 발발하자 미쓰비시는 군부에 선박을 무상 대여하여 그동안에 진 신세를 갚았다. 청일전쟁 종전 다음 해인 1896년, 정부 지원으로 설립된 일본의 기업 수는 4,596개에 달했다.

일본의 국력과 기업이 결정적인 발전의 전기를 맞은 것은 제1차 세계대전이다. 일본 입장에서 볼 때 제1차 세계대전은 자국의 세력과 판도를 확장하는 천재일우千載一遇의 기회였다. 유럽 국가들이 총력전 형태로 전개한 대규모 살육전으로 인해 열강들이 각축을 벌이던 시베리아와 중국 대륙은 힘의 공백 상태였다. 일본은 이 기회를 놓치지 않고 동아시아를 침략해 대대적으로 영토와 이권의 확장에 나섰다.

당시 영국과 동맹 관계였던 일본은 영국이 독일과 교전상태에 돌입하자 독일에 즉각 선전포고를 하고 적도 북쪽 태평양에 흩어져 있

던 독일령 도서들을 점령했다. 또 칭다오青島를 중심으로 한 산둥山東
반도 지역의 독일 조차지租借地를 점령하는 작전을 벌여 산둥반도는
물론, 조차지 인접 지역의 독일 자본이 투자된 철도와 광산, 공장시
설을 점령했다. 이어 북만주로 발길을 돌려 과거 러시아 지배 지역과
헤이룽강黑龍江 지역(바이칼 호 동쪽의 러시아 영토)을 차지하기 위해 1918년
10월 말, 북만주와 시베리아에 7만 2,000명의 대병력을 출병했다.

제1차 세계대전으로 인해 일본의 세력권이 중국, 만주, 시베리아까
지 확장되자 일본 재벌들은 신시장 개척과 자원 확보 면에서 호기를
맞게 되었다. 특히 무역과 조선, 제조업, 중공업 분야에서 기업을 확
장하기 위한 절호의 기회가 찾아왔다. 이때 일본 기업들은 중공업과
화학·전기산업이 크게 발전했고, 철강재와 화학제품의 국산화에 성
공하는 등 일본의 산업혁명이 완료되었다.

1919년 23세의 청년 마쓰시타 고노스케松下幸之助는 다니던 전등회사
를 그만두고 소켓과 선풍기 속도조절기판을 생산하는 회사를 설립
했다. 그해 도요타 사키치豊田佐吉는 도쿄에 도요타 자동방직기 제작소
를 설립했고, 그로부터 15년 후 회사 내에 자동차 부서를 설립했다.
이것이 세계적인 자동차 메이커로 성장한 도요타자동차다.

일본 자본의 조선 진출

일제치하 동안 한반도에는 일본 자본이 들어와 근대적 기업들이
건설되기 시작했다. 한국에 진출한 일본계 기업들은 선진 기술과 경

영기법, 자본력 그리고 식민 모국 소속이라는 우월적 지위를 이용하여 한반도에서 부를 축적하여 일본으로 가져가거나, 재투자를 통해 더 큰 기업으로 성장했다.

한반도의 경제권을 일본이 장악하기 위해 1912년을 전후로 구舊조선 통화이던 상평통보常平通寶 엽전을 조선은행 발행의 동전, 은전과 교환했다. 이 과정에서 환율을 조작하여 상평통보의 가치가 절반 이하로 떨어지도록 함으로써 조선의 부가 크게 줄어들었다. 이때부터 일본인들은 조선인을 '엽전'이라 비하하며 드러내놓고 천대했다.

이어 조선총독부는 조선토지조사령과 조선회사령을 발표했다. 토지조사는 1912년 5월부터 1918년 10월까지 6년여의 세월과 2,000여만 원의 막대한 경비를 들여 실시되었다. 그 결과 토지소유권이 분명하지 않은 전답이나 임야는 조선총독부 소유로 편입시켰다. 소유권이 조선총독부로 넘어간 토지는 전체 경작지의 12퍼센트(35만 7,000정보), 전체 임야의 58퍼센트(924만 정보)나 되었다. 조선총독부는 이처럼 방대한 토지와 임야의 일부를 일본인과 일본 기업에 헐값으로 불하했다.

토지조사를 통해 조선총독부 소유로 넘어간 땅들은 조선 통치의 주요 재원으로 활용된 반면, 농토를 잃은 농민들은 도시로 나와 인력거꾼, 짐꾼, 막일꾼, 미장이, 목수, 석공 등으로 생계를 연명해야 했다. 조선총독부 조사에 의하면 토지조사로 인해 파산한 농민은 680만 명, 고향을 떠나 산골로 이주하여 화전을 일군 사람이 120만 명이나 되었다. 이들 중 해마다 20여만 명이 만주, 시베리아, 일본으로 이주해갔다.

조선총독부는 일본이 조선에서 상공업 정책을 펼치도록 '조선회사령'이라는 법령을 만들었다. 주요 내용은 조선에는 근대공업을 건설하지 않으며, 특히 일본 공업과 경쟁이 되는 분야를 억제하여 식민지 조선을 일본 기업들의 원료공급지와 상품판매지로 만든다는 뜻이 내포되어 있다.

그러나 이 조선회사령은 1920년 4월 1일에 폐지되었다. 제1차 세계대전 이후 경제 불황으로 어려움에 처한 일본 기업에 활로를 열어주기 위해서였다. 1929년 미국 월 스트리트에서 시작된 대공황이 전 세계를 강타하자 선진 각국은 생산 과잉을 억제하여 경제를 회생시키기 위해 필사적으로 노력했다. 1929년부터 1933년까지 미국은 92기의 용광로를 폐쇄했고, 영국은 70기, 프랑스는 10기를 파괴했다. 미국은 이미 심어놓은 막대한 면적의 면화를 밭에서 뽑아 불태웠고, 수백만 마리의 새끼 돼지를 정부가 구매하여 도살했다. 브라질은 커피 수천만 부대를 바다에 수장했다.

대공황의 파도가 일본을 덮쳐 많은 기업들이 도산하거나 부도 상황에 빠지자 일본 정부도 1931년 '중요산업 통제법'을 공포하고 생산 제한에 돌입했다. 상황이 이렇게 되자 일본의 미쓰이, 미쓰비시, 노구치野口, 주고쿠中國 재벌을 비롯한 기업들은 통제법 시행에서 제외된 한반도로 눈을 돌렸다. 1933년을 기점으로 일본 기업들이 경쟁적으로 한반도에 진출하여 공장을 건설한 이유는 바로 이것이다.

일본은 미증유의 공황에서 탈출하기 위한 최후의 수단으로 1931년 만주사변을 일으켜 괴뢰국가인 만주국을 건설했다. 이어 상하이 사변을 일으켜 중국 내륙으로 침략해 들어가다가 결국 1937년 중일 전쟁으로 확대되었다.

일본 자본의 유입

조선에 진출한 일본 상인들은 개항장 위주로 상권을 확대했다. 서울에 진출하여 남대문 밖에서 장사를 하던 일본 상인들은 1905년 일본 통감부가 설치될 무렵 남대문에서 진고개 일대까지 상가를 형성했다. 이들에게 밀려난 조선 상인들은 동대문에서 광화문 일대의 종로통과 광교 일대의 한인 상가에 합류했다. 당시의 명동과 충무로 일대의 일본 상가를 남촌南村, 종로 일대의 한국 상가를 북촌北村이라 불렀다.

일본 상인들은 서양 제품을 수입하여 개항지에서 내륙으로 파고 들며 상권을 확대했고, 소액의 자본으로 조선인을 상대로 고리대금 업을 시작했다. 그들은 전당포, 식산殖産회사, 흥업興業회사, 권업勸業회 사 같은 이름을 내건 점포를 차리고 토지나 주택, 임야, 전답이나 값 나가는 물건을 담보로 잡은 다음 비싼 이자를 받고 사채를 빌려주었 다. 국내 은행의 부동산 담보대출은 당시 일본 고리대금업자들의 방식을 답습한 것이다.

개항 직후인 1878년 '일본 근대 기업의 아버지'라고 불리는 시부사와 에이이치澁澤榮一[11]가 건설회사 오쿠라구미大倉組의 창업자 오쿠라 기하치로大倉喜八郎와 손잡고 일본 제일국립은행의 부산지점을 열었다. 이후 일본의 제18은행, 제58은행, 나가사키저축은행 등이 연이어 조선에 진출하여 금융을 장악했다.

일본 자본의 금융 지배에 맞서기 위해 조선의 민족 자본가들도 은행업에 뛰어들었다. 1896년 김종한과 안경수 등이 조선은행을 설립했고, 1897년에는 이재완, 김종한, 이보응 등 9명의 발기인이 참여하여 한성은행[12]을 설립했다. 고종 시절 이조참판과 도승지, 예조판서를 지낸 김종한은 관직에 있으면서 대금업 등 경제활동을 펼쳐 한성은행 발기인으로 참여했다. 1899년에는 민병석, 이용익, 송문섭, 정두영 등이 고종의 윤허와 황실 내탕금을 자본금으로 지원받아 '대한천일은행'을 설립했다. 이 은행은 후에 '상업은행'으로 이름을 바꾸었다가 1999년 외환금융 구조조정 과정에서 한일은행이 합병하여 '한빛은행'으로, 2002년에는 '우리은행'으로 사명을 변경했다. 1906년에는 장안의 부호 조병택, 손석기, 백주현 등이 한일은행을 설립했다.

지방에서도 민족은행을 설립하자는 붐이 불었다. 지방에서 두드러진 활약을 한 인물은 경남은행을 설립한 만석꾼 대지주의 후예 윤상은, 호남은행을 창립한 영암 대지주의 후예 현준호다. 두 사람은 일제치하에서 설립된 민족기업인 경성방직 창업 과정에 적극 가담했다. 윤상은은 김성수가 경성방직을 창립할 때 직접 주주로 참여한 것은 물론, 경남 일대의 명망 높은 지주들을 주주로 참여시켰다. 현준호도 경성방직, 동아일보 등 김성수가 창립하는 사업에 발기인과 주주로 적극 참여했다. 그러나 민족자본 계열의 은행들은 경험 부족과 산업의 미발달로 인해 고전을 면치 못하다가 폐업하거나 다른 은행에 흡수 합병되어 이름을 바꾸었다.

선악의 개념을 떠나 한국 금융사와 기업사 정리 과정에서 거론해야 할 인물이 한상룡이다. 그는 당대의 권력자 이완용의 조카로 이완용, 이윤용 형제의 후원으로 24세 때부터 금융업에 뛰어들어 한성은행, 조선생명보험주식회사, 조선신탁주식회사, 동양척식회사, 조선우선郵船, 조선식산은행, 조선방직 등 300여 개 기업의 설립에 관여한 조선 재계의 거두巨頭였다.

그는 여러 기업의 창업과 운영 과정에서 박흥식, 김연수, 현기봉, 이병학 등 기업가들과 폭넓게 교제했다. 덕분에 그는 '조선의 시부사와 에이이치'라고 불렸다. 한편에선 한성은행을 기반으로 조선 재계를 휘어잡은 포식자였으며, 일제의 무단통치에 적극 협조하고 앞장선 공으로 귀족 작위를 받아 친일파 명단에 올랐다.

1911년 말 한국에 설립된 종업원 10명 이상의 공장은 270개였다. 그중 민족계 공장은 86개에 불과했고, 나머지는 일인 소유의 공장이었다. 민족계 공장의 업종은 요업(도자기 제조) 20개, 정미업 15개, 철공업 13개, 직물업 10개, 제지업 9개 등이었다.[13]

한일합방 직후인 1911년 〈시사신보〉[14]는 50만 원 이상의 대자산가 중 조선인 32명의 명단을 발표했다. 그중에는 이강(고종의 아들로 의친왕이라 불림), 박영효(철종의 사위), 이완용, 송병준(친일단체인 일진회 회장) 등이 있었다. 조선을 대표하는 자산가 대부분은 서울에 거주하는 왕족이거나 양반 혹은 민족 반역자들이었다. 이 신문은 또 1911년 당시의 대회사 사장 명단을 다음과 같이 공개했다.

- **수산업**: 이윤용, 박영효
- **광공업**: 박영효, 민병석, 고희경
- **은행업**: 이윤용, 민병석, 조진태, 민대식, 김진섭, 정재학, 장길상, 고계하
- **상업**: 박승직, 김윤면, 한정일, 김원백, 김대운

대회사 사장 중 2개 이상 업종에 올라 있는 인물은 박영효(수산업, 광공업)[15], 민병석(광공업, 은행업)[16], 이윤용(수산업, 은행업)[17]이다. 이 세 명은 한일합방 전후 조선을 대표하는 기업가였다.

조선을 기반으로 성장한 일본 재벌

일본 기업가 중에서 한국에 진출한 선두주자는 오쿠라 기하치로大倉喜八郞였다. 강화도조약으로 부산이 개항되자 오쿠라 기하치로는 1878년 시부자와 에이이치澁澤英一와 손잡고 부산에 일본 제일은행 조선 지점을 개설했다. 무역과 군납으로 사업 기반을 마련한 그는 오쿠라구미大倉組라는 건설 회사를 설립하여 덕수궁 석조전 건설, 압록강

일대의 목재 벌채 사업 등으로 막대한 부를 축적했다. 그는 서울에 선린상업학교, 일본에는 오쿠라호텔을 설립하여 신흥 재벌 대열에 올랐다.

기간산업 분야에 진출한 인물은 일본 내무성 기사技士이자 국가공사 감독관이었던 구보다 유타카久保田豊와 엔지니어 사업가 노구치 준野口遵이었다. 구보다는 발전소 건설 전문가였다. 그는 해발 1,300미터의 개마고원에서 북쪽으로 흐르는 부전강과 장전강의 물줄기를 막아 인공호수를 만든 다음 터널을 파서 낙차가 큰 동해 쪽으로 물길을 돌려 수력발전소를 건설한다는 기상천외한 아이디어를 구상했다. 이 아이디어를 현실로 만든 인물이 노구치 준이다.

노구치 준은 2,000만 엔(현재 화폐가치로 환산하면 약 3억 달러)에 달하는 어마어마한 자금을 투입하여 부전강, 장전강의 물줄기를 막고 27킬로미터의 터널 수로를 동해 쪽으로 뚫어 물길을 돌렸다. 그 아래 수력발전소를 건설하여 값싸고 풍부한 전력을 생산했다. 이 전기를 이용하여 1930년 흥남에 연산 48만 톤을 생산하는 세계 최대 규모의 조선질소비료 회사를 설립했다. 이어 조선질소화약, 일본마그네슘금속, 조선석회, 조선송전 등 연관 산업을 흥남 일대에 건설했다. 그는 한반도에서 거대한 프로젝트를 진행하는 과정에서 직원들의 출장 편의를 위해 서울에 반도호텔을 지어 운영하는 등 신흥 재벌로 부상했다.

이어 구보다와 노구치는 일본 군부를 설득하여 수풍댐 건설에 나섰다. 조선과 만주 괴뢰국의 국경을 따라 흐르는 압록강 물줄기를 길이 900미터, 높이 106미터의 거대한 댐을 쌓아 가로막고 세계 최대 규모의 수풍발전소를 건설했다.

노구치 준과 오쿠라 기하치로의 사례에서 보듯 일본은 재벌을 형성하는 과정에서 식민지였던 조선에서 활동한 기업이 중요한 역할을 했다. 일제시대에 한국에서 적극적으로 활동한 미쓰이는 1909년 서울에 미쓰이물산 지부를 설립한 데 이어 부산을 비롯한 한반도의 7개 주요 항구도시에 지점을 설립했다. 미쓰이물산은 개성상인들이 가지고 있던 한국의 홍삼 수출을 독점하여 부를 축적했고, 미쓰비시상사는 정어리 어분魚粉 등을 주로 수출했다. 당시 조선에는 미쓰이물산, 미쓰비시상사 외에도 일본 무역상 지점이 6개나 진출해 있었다. 김인영 교수는 당시 한국에 진출한 일본 재벌들의 조직이나 선단식 사업 구조가 한국 기업가들에 영향을 미쳐 한국 재벌의 모델이 된 것으로 보았다.

만주사변에 이어 중일전쟁이 발발하여 전선이 중국 본토로 확대되면서 군수물자의 보급 수요도 크게 늘었다. 일본 재벌들은 관동군의 군수물자 생산과 보급을 위해 한반도 북부 지역에 중공업 공장들을 건설하기 시작했다. 당시 건설된 공장은 조선오노다小野田시멘트, 아사노淺野시멘트, 조선시멘트, 조선기계제작소, 조선화약, 조선이연理研화학, 미쓰비시제강, 미쓰비시 마그네시움, 조선스미토모住友금속, 대일본염업, 동양경금속, 조선타이어공업, 조선전공, 조선알미늄 등이었다.

이밖에도 미쓰이 재벌은 조선맥주, 북선北鮮제지를 설립했으며 미쓰비시 재벌은 소화기린맥주, 조선무연탄 등을 설립했다. 가네보鐘淵방적, 가타쿠라片倉방적 등이 조선에서의 사업을 토대로 대기업으로 도약했고, 수산업 분야의 하야시카네林兼상점은 다이요大洋어업으로 성장했다.

조선을 발판 삼아 빠르게 성장한 일본의 공업

중일전쟁이 장기화되어 고전하던 일본은 자국의 공업화에 필수 자원인 석유와 고무, 철광석 등의 원료 확보를 위해 네덜란드령 동인도(현재의 인도네시아)와 프랑스령 인도차이나 반도, 영국이 장악하고 있던 말레이 반도로 눈길을 돌렸다. 일본군 수뇌부는 동남아 지역으로의 팽창을 위해서는 태평양을 지배하고 있는 미국과 일전이 불가피하다고 판단했다. 그들은 진주만과 필리핀을 기습하여 미국 태평양함대와 공군력을 파괴하면 미국은 일본에 대항할 수단이 사라져 전쟁보다는 일본의 동남아로의 확장을 인정하고 협상에 나설 것이라고 오판했다. 그리하여 1941년 12월 7~8일에 하와이 진주만과 필리핀에 있는 미국의 군사시설을 공격하여 태평양전쟁이 발발했다.

그러나 상황은 일본의 뜻대로 전개되지 않았다. 미국은 즉각 일본에 선전포고를 하고 일본군과 맞섰다. 미국의 거센 반격으로 연일 폭격을 받아 일본의 산업시설이 파괴되었다. 특히 1943년 여름부터는 만주와 중국 지역에 주둔한 200만 관동군에 대한 보급을 위해 일본에서 무기와 탄약, 식량 등 보급품을 싣고 출발한 선박들이 현해탄에서 미군의 공중 폭격과 잠수함의 공격으로 격침되었다. 이 때문에 조선과 일본 사이의 해로가 끊기다시피 했다.

전황이 계속 악화되자 관동군에 대한 원활한 군수지원을 위해 일본의 산업시설이 하나둘 한반도로 옮겨졌다. 섬유 분야의 경우 군시방적(대구공장), 가네보방적(춘천공장), 다이와방적(창동공장), 구레하吳羽방적(대전공장) 등이 이전하여 총 8개 사 11개 공장으로 늘었다. 그러나 이 공장들은 대부분 이설을 마치기 전에 일본이 패전하는 바람에 거대한 시설이 방치된 채 해방을 맞았다. 그중에 여러 공장들이 소실되었으나 살아남은 시설들은 우리나라 면공업의 기초가 되었다.[18]

일본 정부는 일제 통치기간 중 한반도에 양조업과 도정업을 제외하고는 일체의 가공업을 허용하지 않았다. 그런데 1944년 2월 조선총독부는 광공국鑛公國 내에 기계과를 신설하여 기계공업 육성에 나섰다. 일본 정부는 관동군에 대한 보급을 위해 일본 본토가 애지중지하던 가공업 중의 정예인 기계공업 5개 분야를 조선으로 이설하기로 결정했다. 그 5개 분야 중에는 일본의 제철공장 중에서도 최우수 시설로 꼽히는 이치尼崎공장의 제강설비, 고베新戶강관의 알루미늄 강관을 뽑는 최신 시설 등이 포함되어 있었다. 그런데 조선총독부 직원 60명이 일본으로 건너가 6척의 선박에 5개 분야의 시설을 분해하여 싣고 현해탄을 건너던 중 미군기의 공중 공격을 받았다. 폭격을 피해 3척은 조선 항구에 안착했으나 나머지 3척은 격침되어 수장水葬

되었다. 무사히 도착한 3척의 배에 실린 짝을 잃은 기계들도 아무 쓸모없게 되어 고철덩이로 버려졌다.

당초 계획대로 5개 분야의 정예로운 기계설비들이 무사히 조선에 이설되어 가동되었다면 어떤 일들이 일어났을까? 우선 일본으로 전량을 실어 보내던 무산지역의 철광석을 우리 땅에서 녹여서 기계나 강재, 철제품을 만드는 산업혁명이 일어났을 것이다. 이렇게 되면 우리의 산업기술 수준도 크게 향상될 수 있었을 것이다.

전황이 다급하게 돌아가자 일본 정부는 조선총독부에 항공기를 제작하라고 명령했다. 제대로 된 공작기계가 한 대도 없고, 특수강이나 알루미늄 한 조각도 못 만드는 농업국가에게 항공기를 만들어 내라는 것은 대단히 무리한 요구였다. 우선 급한 대로 일본 정부는 조선에서 구경할 수 없었던 정밀 공작기계 100여 대를 조선에 배정했다. 이 기계들을 부평 소사에 설치하고, 조선인과 일본인 청소년들을 입소시켜 정밀 가공기술을 연마하기 시작했다. 이때 들어온 100여 대의 정밀 공작기계는 6·25 전쟁 때 파괴되었지만, 해방 후 대한민국 기계공업 발전에 지대한 기여를 했다. 이 공작기계 공장은 전쟁으로 파괴되기 전까지 많은 기술자들을 배출했는데, 이들이 해방 후 우리나라 기계공업의 선구자가 되었다.[19]

이쯤해서 식민지 조선이 일본의 공업화에 어떤 역할과 기여를 했는지 분석해볼 필요가 있다. 일제치하에서 우리 민족의 90퍼센트는 광목으로 옷을 해 입었기 때문에 광목의 국내 소비량이 엄청났다.

광목은 국내 생산량이 크게 부족하여 한일합방 전에는 청나라 수입품을 주로 쓰다가 차츰 일본제로 대체되었다. 우리 민족은 한일합방부터 해방이 될 때까지 35년 세월을 일본제 광목으로 옷을 만들어 입으면서 일본인들의 지갑을 불려주었다. 경성방직이 "우리 옷감은 우리 손으로"를 외치며 광목을 생산했지만, 국내 시장에서 차지하는 비율은 미미했다. 1934년 도쿄제국대학 교내 신문에 실린 논문은 일본의 공업화가 조선이라는 식민지를 둔 덕분에 가능했다는 사실을 밝히고 있어 흥미를 끈다. 그 주요 내용은 다음과 같다.

300여 년 전에 서양의 산업혁명이 일어나고 근대 공업화가 출범했을 때의 시초에 착수한 공업은 어느 나라를 막론하고 예외 없이 방직기계의 설치에 있었다. 그 후 서양 각국은 주로 자국 내 시장의 수요에 의존해서 방직업이 확장되어 갔다. 그보다 약 200여 년 후인 명치明治 말기에 이르러서야 일본도 공업화에 참여하고자 했으며, 일본 정부는 서양 각국의 공업화 경로를 참고삼아 우선 방직기계를 설치했다. 그랬으나 일본인의 의료衣料 소비는 면직물과 견직물이 반반이었고, 특히 광목에 대한 일본인의 수요도는 거의 없었다.

그러나 일본 내에 설치된 대규모의 면방공장에서 생산되는 광목을 조선 사람들이 무한정으로 소비해주었다. 그 판매가격도 일본인 생산자 측에서 일방적으로 결정하면 족했다. 만일 조선 사람이 없었다면 일본의 면방직공업은 틀림없이 실패했을 것이고, 이것이 실패했더라면 일본의 공업화 전체가 실패로 돌아갔을 것이다. 그뿐만 아니라 조선인 60만 명이 일본으로 건너와 세계에서 제일 저렴한 노동력을 일본에 제공함으로써 일본의 현대 공업화에 소요되는 자본 축적에 기여했다. 조선이라는 식민지가 없었다면 일본의 공업화는 불가능했고, 지금도 후진국으로 남아 있을 것이다.[20]

일본 재벌들이 한국에 중공업을 투자해 한반도에 산업화가 시작되었다는 주장이 식민지 근대화론의 핵심이다. 해방 후 일제 식민지 기간 동안 한국의 제조업 실질 순상품 생산Real Manufacturing이 연평균 10퍼센트로 성장하는 등 산업화가 급속히 진전된 것은 사실이다. 그러나 일제치하에서 진행된 산업화는 해방 후 한국경제가 성장하는 데 별다른 기여를 하지 못했다. 전문가들은 그 이유를 세 가지로 지적한다.

첫째는 식민주의의 고립적 산업구조 때문이다. 둘째는 기업, 경영 및 기술면에서 일본인이 지배적인 역할을 했기 때문이다. 셋째는 거의 대부분의 중공업 시설이 38선 이북에 입지했기 때문이다.

이런 제약 요건에도 불구하고 해방 직후 남한은 일정한 규모의 경공업 생산시설과 저급 생산활동이 가능한 노동력, 근대 기술과 조직을 접한 기업인 집단을 갖게 되었다. 그러나 이러한 유산도 경제 건설에 별다른 도움을 주지 못했다. 해방 이후의 행정적 혼란(1945년~1950년)과 6·25 전쟁(1950년~1953년)으로 물적 자본이 철저히 파괴되었고, 인적 자본도 미숙한 경제운용으로 인해 비생산적인 경제활동에 치중

했기 때문이다.[21]

고리대금업으로 조선의 토지 장악

일본은 조선을 식민지 경영하는 과정에서 교묘한 차별을 통해 일본 자본의 대약진을 도왔다. 우선 조선인들에게는 은행 융자를 제한하여 사업자금의 공급을 단절시켰다. 그리고 조선인에게는 영업 허가를 제한했고, 행정 지원에서도 일본인을 우선했다. 또 조선인이 생산하는 농산품은 저가정책을 써서 부가 축적되지 못하도록 방해했다.

일본인 지주들에게 5~6할의 소작료를 공인하고, 일본인 고리대금업자들에게 월 1할 이상의 고금리를 공인함으로써 일본 자본이 광범위하게 조선 농민들을 착취·수탈하도록 제도적 장치를 마련했다. 일본은 조선에서 생산되는 원자재를 조선 안에서 가공하지 못하게 하고 일본으로 실어가 일본에 가공임加工賃 이윤을 남겼다. 또 가공된 제품을 조선으로 실어다가 조선에 거주하는 일본인 상인 손을 거쳐 조선인에게 판매함으로써 유통 이익까지 일본이 독점했다.

조선 내에서의 가공엄금 정책으로 인해 일제 36년 간 연간 450만 톤까지 생산된 우리 철광석은 우리 손으로 제철하고 철강재를 생산하여 값비싼 기계제품으로 가공할 기회가 이 땅에서는 없었다. 일본은 조선산 철광석을 모두 실어가 일본에서 철강제품을 가공해 일본의 부국강병에 사용했다. 공업 분야 중에서 섬유공업만은 예외였다. 해방 후 김연수의 경성방직에서 양성된 고급 기술자들이 전국의 방직공장으로 퍼져나가 섬유공업에서 일본을 추월하는 기술적 토대가 되었다.

　일제시대 조선으로 건너온 일본인들은 거의 대부분 고리대금업에 종사했다. 은행 융자가 거의 봉쇄된 조선인들은 토지를 담보로 일본인으로부터 고리의 사채를 빌려 썼는데, 기한이 되어 갚지 못하면 일본 헌병에게 통보되었고, 일본 헌병은 채무자인 농민을 불러서 구둣발로 차고 구타를 하여 헐값에 토지를 빼앗았다.

　손쉽게 지주가 된 일본인들은 5~6할에 달하는 소작료를 받고 조선 농민들에게 소작을 주었다. 이러한 고율의 소작료로 인해 일본인 지주는 물론 조선인 지주들도 엄청난 덕을 보았다. 조선인 지주들은 일본인 지주와 같이 지방 유지 대접을 받았다. 대부분의 지주들은 일본의 지배체제에 항거만 하지 않는다면 일본인 지주들과 똑같은 소작료 수입이 보장되어 안락한 생활이 가능했다.

　100석의 소작료 수입이 있는 조선인 지주는 20섬 안팎을 자가 식량에 충당하고 머슴 한 사람만 두면 자급자족이 가능했다. 나머지 80섬은 고스란히 팔아서 농토를 새로 사들일 여유자금이 생겼다. 이런 조선인 지주들은 가만히 앉아 있어도 재산이 계속 불어났다.[22]

　일본 식민정책의 핵심은 한반도에서 생산되는 재물의 탈취였다. 1940년 7월 무렵 도쿄의 중앙정부는 조선총독에게 목화, 엽연초, 양잠, 금金 등 4개 품목에 대한 증산을 명령했다. 목화와 엽연초는 일본에서는 생산이 전무하여 조선에서 증산토록 한 것인데, 이 때문에 조선 농민들은 가가호호 경작면적을 할당하여 이 작물들을 심으라고 강요 당했다. 농민 입장에서 볼 때 콩 같이 비싼 작물을 심는 것이 수입에 월등히 유리하지만, 억지로 목화와 엽연초를 생산하고, 이를 엄청나게 싼 값으로 일본 정부에 수매 당함으로써 큰 손해를 본 셈이다.

조선시대 상인

조선의 상업은 개성상인(또는 '송상松商'이라고도 한다)과 서울상인(또는 '강 상江商'이라고도 한다)이 양대 산맥으로 이어져 왔다. 개항과 더불어 조선 에 진출한 일본과 청국 상인들은 1890년대에는 서울 사대문 안까지 진출하여 남대문에서 충무로에 이르는 지역에 상가를 이루었다. 이 에 맞서 국내 상권을 지켜낸 사람들이 개성상인과 서울상인들이다.

한국 상도商道의 자부심, 개성상인

개성상인은 그 뿌리가 1,000년 전의 고려시대로 거슬러 올라간다. 개성을 중심으로 활동하던 상인들은 원나라의 세계 교역 망을 따라 개성과 벽란도에 진출한 외국 상인들과 국제 무역을 했다. 그들은 개 성 인삼에 '고려 인삼'이라는 브랜드를 붙여 중국 전역을 비롯하여 실크로드를 이용하여 중동, 유럽까지 수출했다.

고려 멸망 후 지도층과 그 후예들은 조선의 현실 정치에 참여하지 않고 상업에 뛰어들었다. 이때 고도의 학문을 연마하고 복잡한 수식 계산이 가능한 엘리트 지식층들이 대거 상업분야에 투입되었다. 이들이 경영 합리화까지 겸비하면서 개성상인 집단은 다른 상인들과는 차원이 다른 경쟁력을 확보했다.

개성상인은 철저하게 보수적인 경영과 성실·근면·절약을 기반으로 한 고도로 절제된 자기관리, 신용을 목숨보다 중히 여기는 가치관, 협동 자치의 정신으로 무장했고 사개四介부기법, 일종의 전문 경영인 제도인 차인差人제도, 보증인을 설정하고 연리 13~15퍼센트 정도로 신용대출을 해주는 시변時邊 등 독특하고 뛰어난 제도를 창안해냈다. 사개부기법은 이탈리아에서 발명된 복식부기보다 200년이나 앞선, 뛰어난 복식부기법이다. 그들은 '송방'이라는 네트워크를 형성하고 각 지점마다 차인이라는 지점장을 두었으며, 송방이 발행한 어음은 전국 어디에서나 통용되었다.

개성상인들은 아들이 태어나면 기본적인 교육을 마친 후 다른 가게 점원으로 들여보낸다. 해방 후 월남하여 남한에서 개풍그룹을 일군 이정림은 대대로 높은 벼슬을 지낸 명문 가문의 후예였다. 6대조 때 사화士禍에 휘말려 가문이 풍비박산 되자 6대조는 "앞으로는 일체 벼슬을 하지 말고 자기 손으로 벌어 가계를 돌보라"는 유언을 남겼다. 이때부터 이정림의 조상들은 자손들에게 공부를 시키지 않고 일하는 것을 배우도록 했다. 이정림도 개성에서 송도보통학교(초등학교)를 졸업하고 개성에 있는 송래상회에 들어가 점원으로 사회생활을 시작했다.

송래상회에서 그는 훗날 동양화학의 창업자 이회림을 만났는데, 이정림은 고무신, 이회림은 비단 원단 판매를 담당했다. 개성상인들은 점원들에게 철저하게 개성상인으로서의 상도商道, 즉 하늘이 무너져도 신용을 지키는 법, 근검절약과 물욕을 억제하는 법 등을 가르친다. 점원들이 10여 년 성실하게 근무하면 별도의 점포를 내주거나 사업자금을 대주어 독립을 시킨다.

이러한 도제식 교육을 통해 개성상인들은 한 푼을 아끼는 짠돌이 경영수법과 겸손의 덕을 전수했다. 개성상인들은 재물은 공공성이 강하다는 사실을 체득하고, 부에 삶을 타락시키지 않았으며 인재를 소중히 여기고, 제품에 혼을 불어 넣는 장인정신의 살아 있는 표본들이었다.

개성상인들은 조선 초기에는 조공무역 중개와 행상에 종사했고, 조선 중기 이후에는 인삼을 매개로 한중일 삼각 국제무역에 뛰어들어 부를 축적했다. 개항 이후 일본, 청나라 자본이 침투해오고 한일합방으로 나라가 망하자 개성상인들은 힘을 합쳐 영신사, 개성사를 설립하여 국내 상권을 지켜냈다. 인삼 재배와 인삼 무역으로 성공한 손봉상과 김정호, 그리고 송도고무공업과 개성양조를 설립한 공성학이 당시 개성상인을 대표하는 거부巨富들이었다.

일제는 민족적 색채가 농후한 개성상인들의 기반을 무너뜨리기 위해 인삼의 자유 판매를 금지시켰다. 이 조치로 인해 인삼 상권이 쇠퇴하여 개성상인들은 결정적인 타격을 입었다. 해방 후 개성 출신 기업인들 중 전용순(금강제약소), 김익균(건설실업), 전항섭(전신양행), 이세현(조양견직) 등이 서울로 옮겨와 활동했다. 전용순과 이세현은 조선상공회의소의 회두會頭(오늘날의 회장)를 역임하여 개성상인 정신을 우리 기업계에 접목시키는 역할을 했다. 이정림, 이정호 형제와 이회림은 개풍그룹을 창업했다.

개성상인들의 철칙은 "현금을 쥐고 사업하라"는 것이었다. 개성상인의 후예들은 남의 돈을 빌려 무리하게 사업하지 않고, 전문 분야의 외길을 고집했다. 또 정치권력을 멀리한다는 경영철학을 가지고 있었다. 그들은 요행을 바라거나 남의 재산을 넘보기보다는 스스로의 땀과 노력을 택했다. 개성상인들은 해방 후 일본인들이 남기고 간 귀속재산 분배도 떳떳하지 못한 행위라 여겨 관여하지 않았다.

갚아야 할 자금 상환 약속이나 기일을 어기면 그 순간부터 개성상인의 대열에서 축출될 뿐만 아니라 패가망신했다. 그들은 무슨 일이 있어도 갚아야 할 돈은 원금에 이자를 얹어 갚았다. 새해에 다시 돈이 필요하다는 말도 먼저 꺼내지 않았다. 다만 신용을 보여줬다. 전주錢主들은 돈을 빌려준 자의 성품이 성실하고 올바르다고 인정되면 새해에 다시 불러 "필요한 돈이 없느냐"며 돈을 더 보태 빌려줬다. 개성상인들은 신용을 철저하게 지킴으로써 더 큰 신용을 얻었다.

오늘날 개성상인의 후예들이 운영하는 아모레퍼시픽, 신도리코, 한국제지, 삼립식품, 에이스침대, 오뚜기식품, 한국야쿠르트 등은 경영 다각화 대신 전문분야의 외길을 가는 기업이 대부분이다.

경강상인의 후예들

한국의 상권을 지켜온 또 하나의 존재는 서울상인 그룹이다.

조선은 건국 후 수도를 개성에서 한양으로 옮겼고, 민간 상인에 의한 무역도 금지시켰다. 이 와중에 수도 한양을 중심으로 새로운 상인세력이 등장하여 관수품과 무역상품 조달권을 장악했다. 이것이 서울 마포와 종로의 시전市廛상인을 포함한 서울상인, 즉 경강상인(京江商人, 줄여서 江商이라고도 한다)의 등장이다. 경강상인들은 한강을 이용한 운송과 상업을 주도했던 사람들을 일컫는다. 경강은 광진廣津에서 양화진楊花津까지의 서울 남부를 끼고 흐르는 한강을 말하는데, 경강변의 용산, 마포, 뚝섬 두모포가 경강상인의 상업기지였다. 이들은 국가의 조세곡과 양반들의 소작료를 운반해주는 곡물 운반업으로 부를 축적했고, 선박을 이용하여 충청도·황해도·전라도·경상도, 북으로는 평안도까지 드나들며 각 지방의 쌀과 소금, 어물과 재목, 땔감 등을 구입하여 한양에 공급했다.

종로는 조선시대 내내 궁궐의 허가 아래 독점적 거래와 함께 납품 기능을 맡은 시전市廛이 펼쳐졌던 곳이다. 시전상인은 관청의 허가를 받은 상인들로서 종로 일대 상점가에서 활동했다. 정부는 이들에게 점포세와 상업세를 부과하는 조건으로 왕실이나 관청에 납품하는 물품의 독점 공급권을 주었다. 시전상인들은 자신들이 취급하는 특정 상품에 대한 독점 판매권을 인정받았는데, 이것을 금난전권(난전을 금할 수 있는 권한)이라고 한다. 난전亂廛은 국가의 허가를 얻지 못한 상인으로서 자유로운 상업활동이 불가능했다.

이런 이유 때문에 종로는 대한민국의 시장 1번지나 다름없었다. 17세기 말 이후 시장 규모가 커지면서 서울 성곽 밖의 남대문과 동대문에 난전이 급성장하기 시작했다. 이것이 오늘날 남대문시장, 동대문시장으로 발전했다. 당시 두 시장의 성장으로 종로의 독점체제가 흔들리기 시작했다.

개항 이전까지는 송상과 강상이 전국의 상권을 장악했는데, 구한말-일제시대에 서울을 대표하는 3대 상인으로는 종로통 시전상인 출신인 백윤수와 김윤면, 배오개(현재의 종로 4·5가 일대) 객주 출신의 박승직을 꼽는다.

백윤수는 집안 대대로 종로통에서 직물상을 경영해온 종로 시전상인의 후예로, 궁중에서 사용되는 만조백관들의 관복을 납품했다. 1907년 백윤수는 청나라에서 수입한 옷감을 취급하는 백윤수상점을 개업했다. 조선총독부가 청나라 견직물 제품 수입을 억제하자 위기를 타개하기 위해 대창직물을 설립하여 견직물을 직접 생산·판매했다. 백윤수의 아들 백낙승은 해방 후 일본 가네보방직의 시설 등을 인수하여 태창방직을 설립하여 국내 최초의 기업집단인 태창재벌을 일구게 된다.

김윤면은 형 김윤만이 1897년 종로 1가에 백목전白木廛이란 상점을 개점하면서 시전상인이 되었다. 몇 년 후 형이 사망하자 김윤면이 백목전을 인수하여 운영했다. 그는 친절과 신용, 정가제定價制로 상권을 장악하여 '포목계의 원조' 소리를 들었다. 1919년 종로와 남대문 상인들과 합자하여 무역업을 하는 동양물산주식회사를 설립하고 사장에 취임했다. 1920년 자본금 20만 원의 거상으로 성장했으며, 개인 기업으로는 제3위의 고액 납세자였다.

박승직은 송파 행상으로 출발하여 1896년 종로 4가 배오개에서 박승직상점을 개설하고 포목상을 시작했다. 박승직은 제물포에서 수입 면포를 구입하여 지방에 도매를 하여 부를 축적했다. 1905년 종로 상권을 노리는 일본 세력에 맞서 민족자본을 지키고자 동대문 소재 조선인 포목상들과 손잡고 국내 최초의 주식회사인 광장주식회사를 설립하고 취체역(현재의 이사)에 올랐다.

1907년에는 일본 미쓰이가 광목을 독점하는 횡포에 대항하기 위해 장안의 주요 객주 포목상인과 힘을 합쳐 공익사를 설립했다. 공익사는 인천, 평양, 중국 봉천에 지점을 두고 부산, 원산, 강경, 중국 안둥(단둥), 창춘, 하얼빈에 출장소를 개설했다. 또 박가분이란 회사를 설립하여 화장품 업계를 석권했으며, 소화기린맥주 설립 과정에서 주주로 참여했다. 이때의 인연으로 해방 후 소화기린맥주를 귀속재산으로 불하받아 두산그룹을 일구는 모태가 되었다.

식민지시대에
탄생한 기업가

식민지 조선에 진출한 일본 자본과 경쟁하면서 사업을 영위한 민족 자본가 중 대표적 인물로는 금융과 부동산을 지배한 민영휘, 백화점 왕 박흥식, 평북 구성광산에서 노다지를 발견하여 골드러시를 일으킨 최창학, 호남 지주의 후예로서 경성방직과 삼양사를 일군 김연수를 꼽는다.

조선 최대의 갑부 민영휘

식민지 조선의 최대 갑부는 민영휘였다. 1877년 과거에 급제하여 관직에 오른 민영휘는 1884년 갑신정변 진압에 앞장섰고, 1887년에는 주일 변리대신駐日辨理大臣으로 일본에 파견되었다. 1894년 동학농민운동이 일어나자 청나라에 파병을 요청하여 동학군을 토벌함으로써 청일전쟁의 단서를 제공했다. 갑오개혁 때는 탐관오리로 지목되어 전라도 영광의 임자도로 귀양을 갔다.

민영휘는 귀양지에서 몰래 탈출하여 평양에 주둔하던 청군 부대에 숨어 있다가 중국으로 망명했다. 1896년 사면령이 내려져 귀국해 중추원 의장, 헌병대 사령관 등을 지냈고, 한일합방 후 일본 정부로부터 자작 작위를 받았다. 천일은행(상업은행의 전신) 설립에 참여했으며, 1906년 5월에 휘문의숙(휘문 중고등학교)을 설립했다.

그는 명성황후의 먼 친척으로서 명성황후의 비밀재산 관리자였는데, 학자들은 명성황후가 일본 자객들에게 살해당한 후 그 재산이 민영휘에게 넘어간 것으로 본다. 그는 일제의 토지조사사업에 앞장서서 협조함으로써 수많은 동포들이 토지를 잃고 만주와 연해주 등지로 쫓겨나 유랑 걸식하는 원인을 제공했다. 그의 재산 규모에 대해 《삼천리》잡지(1936년 6월호)는 "일본의 스미토모, 미쓰비시, 미쓰이에는 비길 수 없다 해도 제2류에는 갈 만하다"고 평했다.[23]

1936~1937년 당시 용인군 내에 만석꾼이 두 사람 있었는데, 그중 한 사람이 민영휘의 장손인 민대식이었다. 민씨 집안의 소작료는 연간 7만 석이었는데, 이것을 요즘 가격으로 환산하면 연간 140억 원에 해당하는 엄청난 금액이다.[24]

민영휘를 제외한 다른 민족자본 계열 기업들은 일본 재벌들의 거대 자본과는 비교가 안 될 정도로 행색이 초라했다. 1935년 말 한국 내에 설립된 자본금 100만 원 이상의 기업 128개 중 민족계 기업은

은행 포함 19개, 제조업은 김연수의 경성방직과 민병석의 조선제분 두 개 뿐이었다.

이밖에 나름대로 일정한 규모를 갖춘 제조업 기업은 민영휘 집안이 설립한 조선견직, 개성상인 김정호가 중심이 된 개성전기, 영광 출신의 조희경이 설립한 조일비누, 미국에서 숙주나물 사업으로 성공한 후 귀국한 유일한이 설립한 유한양행, 경남 의령 출신의 김영준이 설립한 천일고무 등을 꼽는다.

한국 최초로 해외에 투자기업 설립한 경성방직

경성방직(이하 경방)의 뿌리는 1911년 윤치호와 윤치소(윤보선 전 대통령의 선친)의 지원을 받아 창립된 경성직뉴다. 경성직뉴를 인수한 김성수는 일본 미쓰이그룹 계열의 중외산업이 1917년 11월 부산 범일동에 조선방직, 그리고 동양방적을 설립하자 민족자본을 모아 방직공장을 설립하기로 결심했다.

경방은 3·1 만세운동이 벌어진 직후인 1919년 5월 창립총회를 열었고, 그해 10월 5일 조선총독부로부터 공장 설립인가를 얻었다. 창립 자본금은 독립운동자금을 모집하듯 전국의 유지들에게 주식을 팔아 마련한 100만 원이었다. 한국 기업사상 최초이자 최대의 민족자본이 결집한 것이다.

조선사람에게는 은행융자를 제한하여 자금 조달이 극도로 어렵던 시절에 농토를 팔아 자금을 마련하여 일본인들이 억압하는 공업에 투자한다는 것은 두 팔 걷어붙이고 일본인과 본격적으로 경쟁을 해보자는 대담한 용기 없이는 결행하기 어려운 일이었다.

회사의 발기인으로는 박영효, 김경중, 김기중, 박용희, 최준, 조설현, 장춘재, 이성준, 장두현, 이일우, 영남과 호남의 금융계에서 두각을 나타내던 윤상은과 현준호 등 당대 재계를 주름잡던 인물들이 총출동했다. 김경중과 김기중은 김성수의 생부生父, 양부養父로 호남 대지주였고, 박용희는 서강에서 객주업을 하던 대지주 박성일의 후계자였다. 최준은 경상도의 12대 만석꾼 경주 최 씨 문중 후계자였고, 장춘재와 장두현은 서울 출신 기업가, 이일우는 영남의 대지주이자 은행가였다.

영국에서 시작된 산업혁명은 방직업의 기계화에서 출발하여 기계공업과 중화학공업 발달로 이어졌다. 이런 시각으로 본다면 경방의 출범은 이 땅에 본격적인 산업혁명과 민족자본의 산업자본화가 시작되었음을 알리는 신호였다. 1921년 교토京都제국대학 경제과를 졸업한 동생 김연수가 귀국하자 김성수는 그에게 경방의 경영을 맡기고 자신은 문화교육사업에 전념했다.

경방은 우리 자본, 우리 기술로 옷감을 만들자는 신념을 내건 회사였기 때문에 기술자도 한국인만을 채용했고, 사내社內에서 일본말 쓰지 않기 운동을 벌였다. 그리고 상표도 태극 문양을 본뜬 태극상표로 채택했다.

만주사변이 한창이던 1930년대 초반 일본 정부는 전 세계적 공황의 여파로 인한 경제 불황을 극복하기 위해 중요 산업 통제법을 발표하고 생산을 제한하는 조치를 취했다. 이렇게 되자 일본 재벌기업들은 통제법의 제한을 받지 않는 한국에다가 방직공장을 증설하기 시작했다. 1933년에는 동양방적 인천공장, 1935년에는 가네보鐘淵방직 광주공장, 1936년에는 경성공장이 새로 건설되는 등 국내의 방직시설이 확충되었다. 경방은 일본 거대 방직회사와의 경쟁에서 살아남기위해 1933년에 방적시설을 갖추었다. 그 결과 원사에서 면사를 뽑고, 그 면사로 면포를 직조하는 생산체제를 확보하게 된다. 이것은 자전거를 생산하다가 오토바이를 생산하는 것이나 다름없는 중대한 진보였다.

만주를 침략한 일본군이 중국도 침략해 1937년 중일전쟁이 발발했다. 일본군은 베이징, 상하이, 난징南京 등지로 진격하여 점령 지역을 크게 확대하였고, 전화에 휩싸인 북중국 지역의 방직공업은 생산 중단 상태에 직면했다. 그 결과 만주와 북중국 지역의 섬유시장은 일본과 조선의 섬유업체들에게 넘어갔다. 경방도 만주와 중국 수출량이 급격히 늘면서 기존 설비로는 도저히 수요를 감당할 수 없는 상황이 되었다. 생산시설을 늘리기 위해 공장 증설을 신청했으나 조선총독부가 허가해주지 않자 김연수는 만주로 눈을 돌렸다.[25]

세계를 강타한 대공황의 여파가 조선에는 농업 공황으로 닥쳤다. 하루아침에 쌀값이 절반으로 폭락하면서 수많은 농민들이 농토를 잃고 대거 만주로 이민을 떠났다. 만주 이민자들은 농사 이외에 특별한 기술도 없어 거의 유랑 걸식하는 실정이었다. 김연수는 1936년 3월, 봉천瀋陽(현재의 선양)에 삼양사 사무소를 개설했다. 삼양사는 만주에 농토를 확보하여 유랑하는 조선 농민들을 정착시켰고, 1939년에는 선양 근처의 소가툰蘇家屯에 남만방적주식회사를 설립했다.

경방에서 이 회사의 자본금 전액을 출자했는데, 공장 규모는 경방 영등포공장의 6배에 달하는 어마어마한 크기였다. 당시 남만방적의 슬로건이 '조선의 경방이 아니라 동양의 경방이 되자'는 것이었다. 이것이 우리나라 제조업 기업 최초의 해외진출 사례다.

김연수가 소가툰에 방적회사를 설립한 이유는 경상도 출신 이주민들이 이 지역에 신흥촌이란 조선인 마을을 건설했기 때문이다. 조선 이주민들이 현지인들로부터 온갖 학대와 설움을 당하는 것을 본 김연수는 동포 자녀들에게 떳떳한 일자리를 제공하기 위해 방직공장을 건설한 것이다. 김연수는 남만방적 직원 채용 과정에서 만주로 이민해온 한국 농민들의 가족을 우선적으로 채용했다.

김연수는 남만방적을 건설한 후 일본 기업들 못지않은 근대적 경영 시스템을 도입했고, 공장 내에 학교를 설립하여 가난한 동포의 자녀들을 교육시켰다. 여공들은 낮에는 공장에서 일하고, 저녁에는 공장 학교에서 졸음을 참아가며 공부했다. 공장에서 같이 일하던 상사들이 선생님이 되어 수업을 진행했다. 그 결과 직공들과 간부 사이에 일체감이 형성되어 작업 분위기도 한결 좋아졌다. 당시 남만방적 노무과에서 교육 책임자로 일하던 최복현은 해방 후 서울시 교육감을 지냈다. 이 제도가 우리나라 산업화 초기, 공장에 다니는 여공들을 위해 설치한 산업체 병설학교의 뿌리다.

김연수는 남만방적 직원들의 사택을 당시 만주에 거주하던 일본 관리들의 집보다 훨씬 좋게 지어 주었고, 공장 내에 의료시설까지 갖추어 사원 복지에도 앞장섰다.[26] 또 당시로서는 획기적으로 전 직원을 대상으로 의료보험을 실시하여 돈 걱정 없이 의료 혜택을 받을 수 있도록 배려했다. 이것이 1970년대 국내에 의료보험제도가 도입될 때 기업들이 앞장서는 결정적 계기가 된다.

우리나라에 본격적으로 의료보험이 시작되기 전부터 호남정유나 대한항공 등 국내 대기업들은 사내 의료보험을 실시하고 있었다. 전국경제인연합회(이하 전경련)는 노사 양측이 사내 직원들의 의료비용을 반반씩 부담하는 이 제도를 전 기업에 확대·보급하기 위해 이사회에 상정했으나 여러 기업들이 비용에 부담을 느껴 반대했다. 이렇게 되자 당시 전경련 회장이었던 김용완 경방 사장은 강력한 의지로 확대 시행을 결정했다. 당시 김용완 회장의 말이다.

"사내 의료보험을 실시해야 합니다. 여러분 회사의 생산성을 높이기 위해서, 또 노사평화를 위해서. 저의 회사 경방 이야기를 해서 죄송합니다만, 우리 경방에서는 1930년대부터 초보적이나마 의료보험을 실시해오고 있습니다. 사무국이 마련한 안은 잘됐다고 생각합니다. 일시에 모든 기업이 보험을 확대하는 것이 아니라 큰 기업부터, 할 수 있는 기업부터 시작하여 점차 확대 보급시킨다는 매우 현실적인 안이라고 생각합니다. 무엇보다 자유기업제도, 자본주의를 발전시키려면 이런 복지제도는 도입해야 합니다."[27]

김용완 회장의 발언을 듣고 전경련 회원사들은 사내 의료보험제도에 적극 찬성했다. 전경련은 이후 의료보험제도를 도입하고 확대해 경제계뿐만 아니라 온 국민을 위한 복지제도를 선도해나갔다.

해방 직후 남한의 대표적 산업시설이었던 면방직공업은 총자본의 94퍼센트가 일본인 소유, 기술진의 80퍼센트 이상이 일본인이었다. 자본과 기술을 독점하고 있던 일본이 패전하여 한국에서 전원 철수하자 기술인력이 부족해 경방을 비롯한 몇 개 공장을 제외하고 대부분의 공장이 가동을 중단했다.

그 무렵 남만방적이 위치하고 있던 만주 일대가 국공國共내전에 휘말려 공산당 지배하에 들어가자 남만방적은 폐업하고 한국인 기술자 1,500명이 본국으로 철수했다. 때마침 일본인 기술자들이 본국으로 돌아가는 바람에 국내 방직공장이 가동을 중단하자 김연수는 "누구든 방직공장을 한다면 경방이 돕겠다"고 선언했다.

김연수는 남만방적에서 귀국한 핵심 기술자들을 동양방직(제일방직의 전신)을 비롯하여 김성곤이 운영하던 금성방직 등에 보내 공장 가동을 도왔다. 남만방적에서 귀국한 기술자들의 고군분투로 국내 방직업계는 빠른 시간 내에 정상으로 회복했다. 이런 이유로 인해 방직 분야는 여러 업종 중에서 가장 빨리 일본 기술진이 철수한 후유증을 극복했고, 발전을 거듭하여 박정희 정부 때 섬유, 의류·봉제산업이 수출의 첨병으로 도약하는 결정적 역할을 하게 된다.

민족 상권 지켜낸 백화점왕 박흥식

1920년대 후반 조선에서 본격적인 백화점 시대가 열리면서 일본 자본은 민족 상권을 위협했다. 월등한 자본력과 마케팅 기술, 우수한 제품으로 무장한 일본 상인들은 무서운 기세로 조선의 상권을 잠식해나갔다.

일본계 백화점이 국내에 진출한 첫 사례는 1929년 문을 연 삼월오복점三越吳服店[28]이다. 삼월오복점은 1906년 서울 명동 사보이호텔 자리에 출장소 형태로 진출하여 영업을 하다가 1929년 미쓰코시백화점 경성지점으로 승격되었다. 1930년 10월 24일 현재의 신세계백화점 본점 자리에 지하 1층, 지상 4층 규모의 대규모 신관을 지어 근대적 백화점으로 첫발을 내디뎠다. 휘황찬란한 조명, 서구식 신상품들이 질서 정연하게 진열된 서구식 매장과 엘리베이터, 옥상정원으로 꾸며진 미쓰코시백화점은 서양과 일본의 '근대'를 집약하여 보여주는 충격 그 자체였다. 뒤를 이어 1935년에는 조지야백화점丁字屋(해방 후 미도파백화점)이 서울 중심가에 문을 열었다.

일본인들의 백화점 공세에 맞서 민족 상권을 지켜낸 상인이 박흥식이었다. 그는 일제하에서 민족자본의 상징과도 같은 존재였다. 박흥식은 평남 용강군 출신으로 국권피탈로 인해 인생이 바뀐 인물이다. 그의 친형 박창식이 한일합방이 되던 1910년에 독립운동을 하다가 체포되어 고문 끝에 사망했고, 그 충격으로 6년 후 부친마저 세상을 떴다. 졸지에 가장의 책임을 맡게 된 소년 박흥식은 16세 되던 해 고향에 싸전을 열고 사업 전선에 뛰어들었다. 제1차 세계대전이 진행 중이던 당시 일본은 식량 부족으로 골치를 앓고 있었다. 특히 1918년 8월에는 식량 사정이 크게 악화되어 폭동이 일어나기 직전에 이르게 되었다. 일본이 우리나라 쌀을 실어가는 바람에 국내 곡식값도 폭등세를 보였다.

이런 분위기를 직감한 박흥식은 진남포 물산객주를 통해 미곡 무역에 나섰다. 그는 천재적인 상술을 발휘하여 1년 후 제법 규모가 큰 미곡 무역상으로 성장했다. 그는 미곡상을 처분하고 1920년 선광인쇄소를 개업하여 인쇄 및 종이 판매업에 뛰어들었다.

제1차 세계대전이 끝나자 세계는 민주주의 운동, 인권, 자유 개념이 확산되기 시작했다. 이런 사조가 일본 본토와 식민지 조선에서는 다이쇼大正 데모크라시로 이어져 신문, 잡지를 비롯한 각종 서적이 봇물 터지듯 발간되었다. 시류를 탄 그의 인쇄업은 황금알을 낳는 거위였다. 박흥식은 불과 6년 만에 거금을 손에 쥐고 서울로 진출했다.

24세의 패기만만한 청년 사업가 박흥식은 을지로 입구에 선일지물사라는 회사를 차렸다. 그는 무역을 통해 스웨덴에서 종이를 직수입해다가 신문사에 판매하는 마케팅 방식을 도입하여 국내 지류업계를 평정했다. 취급 상품도 지류뿐만 아니라 생필품과 각종 잡화로 확대했다. 1931년에는 신태화가 종로에 창업한 화신상회를 인수했다.

화신상회는 구한말 종로에서 금은 세공업으로 성장한 신태화의 대형 잡화점인데 자금난으로 박흥식에게 넘어간 것이다.

박흥식이 화신상회를 인수한 지 석 달 만에 일본이 금본위제에서 이탈하여 금 수출을 금지했다. 이렇게 되자 금값이 폭등하여 귀금속을 많이 보유하고 있던 박흥식은 횡재를 하게 된다. 박흥식은 이 기회를 이용하여 화신상회를 본격적인 백화점으로 전환했다.

백화점 업에 뛰어든 또 다른 사람은 최남이었다. 그는 덕원상점이란 잡화상을 운영하다가 경영난에 빠진 동아부인상회(지금의 파고다 아케이드 자리)를 인수하여 종로로 진출했다. 1931년 장안의 갑부 민규식(민영휘의 아들)이 종로에 4층 빌딩을 세우자 이 건물을 빌려 동아백화점을 열고 화신백화점과 경쟁했다.

그러나 박흥식과 최남의 경쟁은 5개월 만에 승부가 갈렸고, 박흥식이 동아백화점을 인수했다. 1934년에는 공장으로부터 각종 생산품을 직구매하여 소매상에 공급하는 450개의 연쇄점을 전국에 확보하여 백화점 왕으로 군림했다. 1935년 음력 설날을 하루 앞두고 발생한 화재로 화신백화점은 큰 타격을 입었으나 박흥식은 장안빌딩 자리에 새로 신축한 건물을 빌려 일주일 만에 화신백화점 문을 다시 열었고, 불탄 백화점 자리에는 새 백화점 건물을 지었다.

2년 후 지하 1층, 지상 6층 규모에 당시로서는 최신 설비인 엘리베이터와 에스컬레이터까지 갖춘 화신백화점을 다시 열었다. 건물의 규모나 매장 넓이, 시설 면에서 미쓰코시를 비롯하여 조지야, 미나카이

三中井 등 서울의 일본계 백화점을 압도하는 수준이었다.

백화점과 연쇄점 사업을 통해 거부巨富를 축적하며 조선 제일의 기업가로 성장한 박흥식은 사업 면에서는 선각자였다. 박흥식은 제주도가 국제적인 관광지로서 가치가 무궁무진하다는 사실을 발견했다. 그는 1937년에 제주도흥업을 설립하고 제주도에 200만 평의 목장을 확보하여 제주도를 아시아의 관광 허브로 개발하기 시작했다.

1937년 중일전쟁이 발발하면서 엔화 경제권이 북중국으로 확대되었다. 만주, 북중국 일대에서 각종 생필품과 잡화류 수요가 늘면서 무역업이 호황을 맞자 박흥식은 1939년 4월 무역 전문업체인 화신무역주식회사를 설립하고 국제무역에 뛰어들었다. 박흥식은 독일인 길다일과 일본인 이시가와石川를 고문으로 채용하여 중국, 동남아, 유럽, 남아프리카, 미국까지 진출했다.

그는 무역회사 설립 5개월 만에 남아프리카에 양은 식기, 미국에는 명태를 수출했으며, 해산물과 운동화, 의약품, 사과, 명태, 간유 등을 취급했다.[29] 그는 중국 시장 개척을 위해 톈진天津과 상하이에 출장소를 설치했고, 태국 시장 개척에도 나서 태국에 국산 운동화 150만 켤레를 수출하는 데 성공했다.

화신무역이 태국에 다량의 운동화를 수출한 이유는 태국의 신임 수상이 신문화운동을 주창했기 때문이다. 신임 태국 수상은 맨발로 다니는 풍습을 근절하기 위해 전차를 탈 때 맨발인 승객에게 큰 벌금을 물렸다. 이 정보를 남들보다 빠르게 입수한 화신무역의 오천석

(후에 문교부장관)이 국산 운동화를 태국에 대량 수출했다.

박흥식은 태평양전쟁 말기에 일제의 압력으로 조선비행기공업 등 군수산업에도 손을 댔다가 건국 후 반민특위에 체포되어 곤욕을 치르게 된다. 박흥식의 조선비행기공업은 국내 최초로 상업자본의 산업자본화 시도였으나 일제가 패망하면서 실패로 끝나고 말았다.

6·25 전쟁이 터져 부산에서 피난생활을 하던 박흥식은 수산업에 진출하기 위해 일본 수출입은행과 교섭하여 일본 대양어선 회사에서 600척의 중고 어선을 도입하려 했다. 이 계획에 당시 장기영 한국은행 부총재가 찬성했고, 김훈 상공부장관, 백두진 재무부장관도 모두 동의했으나 이승만 대통령의 반대로 뜻을 이루지 못했다. 이승만은 "일본이 박 아무개를 통해 경제 침략을 하려는 숨은 뜻이 있는 것 같다"면서 재가를 허락하지 않았다.

박흥식은 1958년 정부에 원자력발전소 건설을 제안하며 세상을 다시 떠들썩하게 만들었다. 세계 최초의 원전이 1955년 10월 영국에 건립되었고, 2년 후인 1957년 10월 소련에 실험용 원전이 건설되는 등 원전이 이제 막 걸음마를 시작했는데 한국에 원자력발전소를 건설하자고 주장한 것이다.

박흥식의 원자력발전소 건설 제안은 박정희 정부 때 열매를 맺게 된다. 정부가 원자력발전소 1·2호기 건설 과정에서 박흥식의 화신무역이 웨스팅하우스의 대리점을 맡아 1969년 6월 22일 웨스팅하우스의 가압냉각형(용량 60만 킬로와트) 원자력발전기 도입을 성사시켰다.

'골드러시'의 주인공 최창학

19세기에 이르러 주요 열강들은 자국 통화에 금본위제[30]를 도입했다. 일본은 청일전쟁에서 승리하여 청나라로부터 전쟁 배상금으로 2억 3,000만 냥을 받았다. 일본은 이 천문학적 배상금을 토대로 1897년 금본위제를 실시했다. 제1차 세계대전 당시 유럽 각국은 막대한 전쟁 비용을 조달하기 위해 금 태환을 일시 정지했다가 전후에 다시 금본위제로 복귀했다. 그러나 대공황이 몰아닥치면서 금본위제를 포기하게 된다. 일본도 제1차 세계대전 중에 금본위제에서 이탈했다가 1930년 다시 복귀했다. 그러나 대공황의 여파로 1931년 금본위제를 포기했다. 이때부터 엔화 가치를 안정시키고 군수물자와 원자재 수입대금을 마련하기 위해 금 양산정책을 추진했다.

1937년에 생산한 금의 양은 일본 본토가 24톤, 한반도 24톤이었다. 조선에서 생산된 금의 최고량은 연간 29톤이었다. 이것만으로는 군수물자의 수입 결제 자금이 부족하자 일본 정부는 추가 금 생산에 박차를 가했다. 1938년부터 5개년계획으로 금을 증산하여 1942년 말에는 일본 본토와 조선의 산금량을 각각 50톤으로 늘리고, 이를 국제 시장에 매각하여 1억 달러의 외화를 벌어들인다는 계획이었다.

이때부터 수만 명의 조선인들이 곡괭이를 한 자루씩 메고 산야를 헤매기 시작했다. 광업이란 광맥이 발견되면 탐광을 하여 광석 매장량과 품위를 산출한 후 채광시설과 각종 자재 공급 및 운반을 위한 도로를 개설해야만 생산에 착수할 수 있다. 이를 위해서는 막대한 초기 투자가 요구되고, 투자금의 회수기간도 길어지게 마련이다. 은행 융자에서 제외된 조선인들은 광맥을 발견하면 사채를 끌어 모아 무리한 작업을 강행하다가 실패하는 사례가 비일비재했다.

금광으로 거부가 된 최창학이나 정명선 등은 광산을 경영하여 돈을 번 것이 아니다. 그들은 고품위의 광맥을 발견한 후 일본광업주식회사 등 일본의 유력 재벌업체에 유리한 조건으로 광구를 매각하여 치부했다. 발견자는 조선인, 이것을 매수하여 천문학적인 이익을 올린 자는 일본인이라는 게 식민지 조선에서 진행된 광업의 현실이었다.

조선에서 금광 개발 열풍을 일으킨 최초의 인물은 구한말 의료선교사로 내한하여 조선 공사에 오른 호러스 알렌Horace Newton Allen이다. 알렌은 평안도, 함경도 일대의 광산을 담보로 미국에서 200만 달러의 차관을 얻어 재정난을 타개하라고 고종에게 조언했다. 미국 외교관 신분이었던 알렌은 자신의 명의로 주재국의 이권을 획득할 수 없자 뉴욕과 요코하마를 중심으로 무역에 종사하던 아메리칸 트레이딩이란 회사의 사장 제임스 모스를 교섭 상대로 내세웠다.

운산 일대 금광을 개발하기 위해 자본금 10만 달러의 '조선개광회사'Korean Mining & Development Co.가 설립되었고, 1895년 7월 15일 제임스 모스James R. Morse는 25년간 운산군 일대 광구에 대한 독점적 채굴권을 부여 받았다. 그 대가로 고종은 회사 지분의 25퍼센트를 넘겨 받았다. 그런데 모스가 금광 개발에 의욕을 보이지 않자, 알렌은 시애틀의 사업가 라이 헌트Leigh S. Hunt를 끌어들였다. 3개월에 걸쳐 운산 일대를 답사한 헌트는 금광으로서의 잠재력이 엄청나다는 사실을 확인하고 모스에게 단돈 3만 달러에 운산금광과 관련된 광업권 일체를 넘겨받았다.

헌트는 1897년 웨스트버지니아에서 자본금 500만 달러를 투자하여 동양합동광업주식회사Oriental Consolidated Mining Company를 설립하고 금광 개발에 돌입했다. 첫해부터 운산에서 엄청난 양의 금이 쏟아져 미국에선 조선을 '동양의 엘도라도'라고 부를 정도였다.

1899년 헌트는 고종황제가 소유한 주식 25퍼센트를 10만 달러에 인수하고, 생산량에 관계없이 매년 1만 2,000달러를 제공하며 계약기간을 25년으로 연장한다는 새로운 계약을 체결했다. 이후 계약기간은 더 늘어나 1954년까지 연장되었다. 동양광업은 한일합방이 된 이후에도 계속 금광을 운영했다.

1937년 중일전쟁이 발발하여 일본 정부가 금을 해외로 반출하지 못하도록 하자 동양광업은 생산한 금을 지정한 가격에 일본 정부에 넘겨야 했다. 이 때문에 수익성이 낮아지고 미국과 일본의 관계가 악화되자 동양광업은 1939년 800만 달러를 받고 일본광업주식회사에 운산금광을 넘겼다. 미국은 운산금광에서 40년 동안 900톤의 순금을 캐내 1,400만 달러 이상의 순익을 얻었다. 헌트의 회사에 투자했던 투자자들은 엄청난 수익을 거두었고, 헌트도 거부가 되어 후에 아이오와주립대학 총장에 올랐다.

외국인이 일으킨 금광 개발 붐은 한국에도 수많은 모험가들을 양산했다. 그 결과 1909년부터 해방 무렵까지 우리나라에서 생산된 금은 등록된 것만 따져도 406톤이나 되는 엄청난 양이었는데, 그 대부분이 조선은행 등 공공기관을 통해 일본으로 반출되었다.

최창학, 이종만, 방응모 등이 금광을 찾아 헤매다 노다지를 건진 인물들이었다. 최창학은 15세 때부터 곡괭이를 메고 금맥을 찾아 전국을 헤맸다. 금광에 미쳐 10여 년을 광인^{狂人}처럼 전국을 떠돌던 최창학은 1923년 가을, 평북 구성에서 다른 사람이 개발하다 버린 조악동 광산이라는 폐광을 인수하여 노다지 금맥을 발견했다. 그는 불과 5년 만에 조선 팔도의 최대 거부로 소문난 민영휘 못지않은 부를 쌓아올려 '천만장자' 소릴 들었다.

일제치하에서 사업을 한다는 의미

김연수와 박흥식은 일제하에서 민족자본을 결집하여 일본 상권과 경쟁하며 기업을 성장시켜 왔다는 점에서 역사적 의미를 갖는다. 그러나 일제치하에서 피지배 민족 출신 기업가가 사업을 영위한다는 것, 그것도 일본 기업을 위협할 정도의 규모로 사업을 운영하는 것은 말처럼 쉬운 일이 아니었다.

일제는 민족자본의 성장을 억제하기 위해 교묘한 정책과 법적 수단을 동원했다. 조선총독부는 1928년 신은행령을 공포하여 은행을 합병했다. 이 조치로 인해 1920년대에 20여 개에 달하던 조선에 본점

을 둔 은행이 1930년대엔 9개로, 1940년대에는 조흥은행과 상업은행
으로 흡수 합병되었다. 그리고 두 은행 모두 일본 자본이 장악함으
로써 현준호, 윤상은, 정재학 등 금융계 민족자본은 씨가 말랐다.

1937년 중일전쟁이 장기전으로 접어들자 전쟁 수행이 모든 경제정
책을 우선했다. 일제는 1940년 7월 7일, 소위 '7·7 금지령'이라는 경제
통제령을 공포했다. 이로 인해 경제는 마비상태에 빠져 수많은 기업
들이 도산하거나 사업을 축소해야 했다. 쌀은 국가 관리에 들어갔고,
고무신 전표 배급제, 놋그릇과 수저 공출, 심지어 쓰다 남은 한 줌의
솜이나 손바닥만한 자투리 천마저 배급 통제를 받았다. 그리고 한국
의 노동자들을 대량으로 일본에 끌고 가 군수공장이나 탄광에 투입
했다.

1941년 태평양전쟁이 발발하여 미군의 공중 폭격과 잠수함 공격
으로 일본 상선의 운항이 끊기자 무역은 육로로 통하는 중국에 국한
되었다. 무역업계는 극심한 불황에 빠졌고, 총독부는 이에 대한 대비
로 그동안 난립되었던 무역상들을 규제하기 시작했다. 수출업을 쿼
터제로 바꾸고, 무역창구를 그간의 실적 순위에 의해 화신무역과 동
화산업(하준석)으로 제한했다. 여권발급에서부터 상품대금의 송금 결
제에 이르기까지 지정 회사에만 이를 허가하여 군소 무역상들은 두
회사에 의존하게 되었다. 이는 실질적인 무역업계의 통폐합이나 마찬
가지였다.

무역업뿐만 아니라 제조업이나 서비스업도 틈만 나면 합병이라는

이름으로 통폐합했고, 금광이 주를 이루던 광산분야는 중석, 철광 등 전략물자 생산으로 전환했다. 1942년 5월에는 한국 청년들에 대한 징병령이 공포되었고, 9월에는 청장년의 국가 등록이 실시되었다. 전세가 역전되어 병력 소모가 급증하자 1943년 10월에는 학도병 특별지원병제도를 만들어 공부하는 학생들까지 전쟁터로 내몰았다.

1944년부터는 통제경제가 더욱 강화되었다. 전쟁에 필요한 물자를 조달하기 위해 정부가 기업들에게 원료를 배급하면 기업은 제품을 생산하여 감독관청에 납품했다. 경제는 마비 상태에 빠졌고, 판로가 막힌 민족기업들은 스스로 문을 닫거나, 생존을 위해 일제에 협력하는 두 가지 길 중 하나를 선택해야 했다.

일본인 채용 안 하기, 일본말 안 쓰기 운동으로 민족의 자존심을 지켜오던 김연수는 사업을 지켜내기 위해 현실과 타협해야 했고, 일제의 협력 요청을 거부할 수 없었다. 그가 자신의 의사와는 상관없이 경기도 관선 도의원, 만주국 명예총영사, 중추원 칙임참의, 임전보국단 간부, 국민총력조선연맹 후생부장 등의 감투를 쓴 것은 자신의 기업을 살리기 위한 고육지책이었을 것이다.

해방 후 친일 기업인으로 몰린 김연수는 일제에 협력하기 위해 각종 요직을 맡아 민족정기를 훼손했다는 죄목으로 1949년 1월 반민특위反民特委에 검거되어 재판을 받았다. 당시의 심정을 김연수는 이렇게 토로한다.

"내가 일제시대 때 지녔던 모든 공직이나 명예직이 원해서 했던 것이 아니고 위협과 강제에 의한 것이었다 하더라도 일단 그런 직함을 지니고 있었다는 사실만으로도 조국과 겨레 앞에 송구스런 일이 아닐 수 없다고 생각했고, 이 삼정은 내 가슴을 아프게 만들었다. 그랬기 때문에 나 자신은 반민법이 공포되고 관계 기관의 조직법이 제정 공포되어도 별다른 동요의 빛을 보이지 않았다."[31]

같은 해 8월 6일 재판부는 김연수에게 무죄를 선고했다.

김연수와 함께 한국을 대표했던 기업가 박흥식도 반민족 행위자 1호로 체포되어 서대문형무소에 수감됐다. 박흥식의 혐의는 조선비행기공업을 설립하여 일제의 전쟁 수행을 도왔다는 것이다.

박흥식의 조선비행기공업 전말

박흥식의 비행기사업은 1944년 조선군사령부의 명령으로 시작되었다. 조선군사령부는 박흥식에게 "조선에 처음으로 징병령이 실시되어 조선인들도 명실공히 천황의 적자嫡子로서 일시동인一視同仁의 황은皇恩을 입게 되었으니 그 기념사업으로 비행기공장을 설립하여 비행기를 생산하라"는 명을 내렸다. 박흥식은 "나는 백화점 같은 상업을 전공해온 사람이라서 적임자가 아니다"라며 6개월을 버텼다.

가혹한 일제의 압력으로 더 이상 버틸 수 없는 상황이 되자 공칭자본금 5,000만 원을 투자하여 경기도 안양(금성방직 자리)에 조선비행기공업 공장을 지었다. 그는 비행기공장을 지을 결심을 하게 된 동기를 다음과 같이 밝혔다.

'그렇잖아도 매일같이 많은 화신의 종업원들이 징용을 당하여 일제의 구주탄광이나 화태지방 또는 남방 전선으로 끌려가 값진 목숨을 개죽음당하고 있었다. 나는 이 기회에 청장년들을 한 사람이라도 더 많이 비행기공장에 채용하여 현지 징용 형식으로 인재를 보호해야겠다고 결심했다. 그리고 기계공업에 경험이 없는 우리 젊은이들에게 기술을 가르쳐 전쟁이 끝나면 비행기공장을 종합자동차공장으로 전환할 원대한 계획까지 세웠다.'[32]

박흥식은 회사가 설립등기를 하기도 전에 조선비행기공업주식회사 명의로 사원과 기술직 근로자를 모집하여 2,800명을 긴급 채용했다. 비행기공장과 같은 중요 군수공장에 근무하는 사원이나 기술직 근로자는 징용이 면제되기 때문에 하루라도 앞당겨 사원을 모집한 것이다. 그는 채용 과정에서 애국선열의 후손이나 독립운동자의 가족, 유력자의 자제들을 무조건 채용했고, 화신 계열 직원들을 겸임 발령했다. 이들 중 300명을 선발하여 일본 나고야와 만주 봉천에 있는 비행기 제작사에 기술 습득 명목으로 파견했다.

박흥식은 비행기 제작에 필요한 가공기계를 구하기 위해 백방으로 노력했다. 미군기의 폭격으로 일본은 거의 모든 생산활동이 중단되다시피 하자 당시 국제 무역항으로서 상거래가 활발했던 상하이로 눈을 돌렸다. 그는 상하이 주둔 일본군 사령관의 도움으로 당시 시가로 6억 원에 달하는 1,400대의 정밀 가공기계를 구매하여 안양에 설치했다.

그러나 전쟁 말기에 극심한 물자 부족과 일본과의 해상교통로 마비로 인해 1945년 8월 15일 해방이 될 때까지 단 한 대의 비행기도 생산하지 못했다. 결과적으로 일본의 전쟁 수행에는 전혀 도움을 주지 못한 채 전쟁이 끝났다. 훗날 박흥식은 '일제에 대한 협력의 상징'이 된 조선비행기공업에 대해 다음과 같이 회고했다.

"그때 나는 비료공장을 하겠다고 버텼다. 그래서 조선비행기 공장이 일본 사람 예정보다 6개월이나 늦어졌는데, 이 공장 때문에 당시 유력한 인사들의 젊은 자제들이 수없이 징병을 면제 받았다. 비행기 공장을 세우기 전에 한국 사람들을 2,800명이나 모집해두었다. 이 엄청난 징병 면제에 항의하는 일본 총독이나 군사령관에게는 '이것이 곧 전력증강'이라고 설득을 시키면서…. 지금 한국에서 이렇다 하는 엔지니어들은 조선비행기 공장에서 일했고, 그래서 그들은 징병에 끌려가는 고통에서 벗어날 수 있었다."[33]

박흥식이 고군분투한 결과 전쟁 말기의 극도로 어려운 상황에서 비행기 생산을 위한 정밀 가공기계 등 이 땅에서는 구경조차 할 수 없었던 귀중한 가공기계와 시설, 막대한 자재가 쌓였다. 불행하게도 이 기계와 설비들은 해방 직후 조선비행기공업이 '반민족적 공장'으로 낙인 찍혀 좌익 계열인 조선노동조합전국평의회(전평)의 난동과 인근 주민들의 손에 의해 쑥대밭이 되고 말았다. 공장에 있던 기계와 자재들은 일시적인 흥분과 탐욕에 눈이 먼 군중들에 의해 하루아침에 약탈당해 폐허로 변했다. 당시 상황에 대한 박흥식의 회고다.

'비행기를 생산할 수 있을 만큼 완비된 공장이 신생조국을 위해 얼마나 도움이 되었을 것인가를 생각할 때 나는 참으로 슬프고 안타까운 심정을 가눌 길 없었다. (……) 그 후 나는 기계시설만이라도 다시 모아 보려고 백방으로 손을 써 보았지만, 이미 산지사방으로 조각조각 흩어져 버린 기계들은 다시 모으지 못하고 말았다. 결국 해방된 해 11월 나는 종합자동차 공장의 푸른 꿈을 빼앗긴 채 형해만 남은 공장을 조선기계공업주식회사로 개칭하고 공장 재건에 안간힘을 다해 보았지만 계속되는 사회적 혼란과 물자품귀로 인해 끝내 소기의 성과를 거두지 못하고 말았다.'[34]

박흥식은 자신을 친일파라고 비판하는 여론에 대해 이렇게 해명한다.

"내가 친일을 했다, 친일파에 속하는 사람이다 하는 것은 잘못된 견해다. 나는 한 번도 자신을 친일파로 생각한 적이 없다. 하지만 내가 격렬하게 배일排日을 하거나 항일抗日을 한 일이 없다는 것도 사실이다. 나는 나대로의 신념이 있어서 일체의 정치적 문제를 떠나 오직 사업에 열중했을 따름이다."

해방 후 조선비행기공업 직원 중 일부는 전평의 선동으로 박흥식의 전 재산을 내놓으라고 권총으로 협박했다. 화신백화점 쇼윈도와 벽에는 '노동자의 착취자 박흥식을 처단하라', '반민족자요 전범戰犯인 박흥식을 인민의 이름으로 단죄한다'는 벽보가 나붙었다. 반민특위에 체포되었던 박흥식도 1949년 9월 26일 무죄 판결을 받았다.

항공분야의 선구자 신용욱

일제치하에서 박흥식보다 먼저 항공산업에 뛰어든 인물이 국제조종사 겸 사업가 신용욱이다. 호남 부호 집안 출신의 신용욱은 스물두 살 되던 1922년, 일본 오쿠리小栗비행학교를 졸업했다. 그의 비행학교 1년 선배가 국내 최초의 비행사 안창남이다. 신용욱은 도오아東亞항공전문학교를 졸업하고 미국으로 건너가 국제조종사 면허를 취득했다.

그는 귀국해 1930년 국내 최초로 비행사를 양성하는 조선비행학교를 설립했으며, 1936년 10월에는 이 학교를 조선항공사업사로 바꾸고 3인승 복엽기(가스덴 KR-2)를 도입하여 조선 최초로 서울-광주 간 정기 항공노선을 개설하여 항공운송사업을 시작했다.

그 무렵 국가 차원에서 항공산업을 육성하던 일본 정부는 신용욱이 항공운송사업을 시작하자 일본 해군의 DC-3(29인승 쌍발기)과 일본 육군의 복엽기 10대를 불하해주었다. 이를 계기로 조선항공사업사는 중국 하이난다오海南島에 부정기 항로 취항을 했고, 1942년부터는 일본군의 항공수송 업무를 맡았다. 한창 기세를 타던 그의 사업은 태평양전쟁으로 회사가 보유하고 있던 모든 항공기를 일본군에게 징발당해 문을 닫았다.

태평양전쟁이 격화되면서 일본 본토가 미군 폭격에 큰 피해를 당하자 일본 정부는 나카지마 치쿠헤이中島知久平가 설립한 나카지마 비행기제작소의 항공기 제작 시설을 한반도로 옮기기로 결정했다. 이

때 항공 전문가 신용욱이 나섰다. 신용욱은 일본 해군과 함께 조선항공공업을 설립하고 부산 부전동에 일본에서 옮겨온 항공기 제작시설을 설치하고 항공기를 생산했다. 이 공장에서 일본 해군용 항공기 1~3호기가 제작되었으나 부품 조달이 되지 않아 더 이상 생산하지 못하고 해방을 맞았다. 조선항공공업 공장은 미군정에 의해 군사시설로 간주되어 폐기처분되었고, 신용욱도 일제의 전쟁수행을 도운 혐의로 반민특위에 체포되어 재판을 받았다.

신용욱은 미군정으로부터 폐기된 일본군 항공기 수백 대를 헐값으로 구입하여 고철로 팔아 막대한 이익을 얻었다. 대한민국 정부 수립 후 이 자금으로 미국에서 여객기 3대를 도입하여 대한국민항공사KNA를 설립했다. 도입한 항공기에는 우남(이승만의 호), 만송(이기붕의 호), 창랑(장택상의 호) 호라는 이름을 붙였다.

그는 일류 비행사 겸 항공사업가로서 '사장'이란 호칭보다 '기장'이란 호칭을 더 좋아했다. 1953년에는 비행시간 3,000시간을 돌파하여 미국 민간항공연맹으로부터 무사고 비행기록 표창을 받은 최초의 동양인이 되었고, 1956년에는 한미항공협정을 체결했다.

그러나 그의 사업은 불운의 연속이었다. 1957년 만송호가 파손되는 사고를 당한 데다 1958년 2월 16일에는 창랑호가 북한 공작원들에게 납북되어 사업에 큰 타격을 입었다. 재기를 위해 백방으로 노력했으나 사세가 크게 기운 데다 4·19와 5·16 군사 쿠데타가 일어나 부정축재자로 몰리자 한강에 몸을 던져 자살했다. 그가 설립한 KNA는 군사정권에 의해 국영 대한항공공사KAL로 바뀌었고, 후에 한진이 인수하여 대한항공으로 발전하게 된다.

이밖에도 반민특위에 체포된 기업가는 함경도의 자동차 왕으로 불리던 방의석, 군수공업을 통해 일제를 도운 백낙승과 김정호 등이 있다. 일제의 전쟁수행에 협조하지 않고는 사업을 영위할 수 없었던 시대에 기업을 일으킨 것이 죄라면 죄일 것이다. 자신이 일으킨 사업에 목숨을 걸었던 기업가들에게는 일제에 협력하느냐, 아니면 사업을 그만두느냐의 갈림길에서 자신의 사업을 지켜내기 위해 현실과 타협할 수밖에 없었을 것이다. 이것이 식민지 조선의 기업인들이 처했던 참혹한 현실이었다.

2장

전쟁 속에서 태어난
기업

해방 이후 우리나라 경제상황

정크무역 시대

귀속재산으로 출발한 기업들

상업자본이 산업자본으로 이동

소비재 위주로 사용된 미국 원조자금

전쟁이 낳은 재계의 별들

해방 이후
우리나라 경제상황

1인당 국민소득 35달러, 전 국민 가운데 고등교육을 받은 사람 2만 6,000명, 문맹률 80퍼센트, 즉 국민 10명 중 8명은 한글을 읽고 쓰거나 기본적인 덧셈 뺄셈조차 할 줄 모르는 상황…. 이것이 해방 당시 우리 민족이 처한 현실이었다.

해방에 대한 기쁨과 환희도 잠시, 일본의 무조건 항복으로 36년 간 사나운 기세를 떨치던 조선총독부의 통치 질서가 무너졌고, 1945년 9월부터 미군정이 실시되었다. 조선총독부는 8월 15일 이후 감옥 문을 열고 독립운동가와 좌익활동자, 경제사범을 석방했는데 이 과정에서 파렴치범들까지 쏟아져 나왔다. 게다가 일본을 비롯하여 중국, 만주, 동남아, 태평양 지역으로 징병, 징용으로 끌려갔던 사람들이 귀환하면서 혼란과 무질서가 시작되었다.

해방 당시 한반도에 체류한 일본인은 76만 명 정도였다. 이들이 1945~1946년 일본으로 돌아가면서 사회 각 분야의 정상적인 업무는 물론 산업 생산이 일시에 마비되었다. 일본인들은 공장을 운영할 때 책임 있는 자리에 조선 사람을 임명하지 않았다. 그 결과 해방이 되어 공장은 인수 받았지만 이를 운영할 능력이 없었다. 공장을 운영할 능력도 없으면서 우리는 반일감정이 앞선 나머지 하루빨리 일본인들을 쫓아내고 그들이 남기고 간 재산을 차지하기 위해 혈안이 되었다.

후에 금성방직 사장을 역임한 홍재선은 우리가 일본 기술자를 붙잡아 놓고 공장을 가동할 수 있도록 기술을 전수받았다면 경제발전은 10년 정도 앞설 수 있었을 것이라고 통탄했다.[1] 하지만 현실은 기존 시설을 활용하지 못하고 고철화시켰고, 기술자가 부족해 생산이 마비되어 해방 후 살인적인 물가고에 시달렸다.

반면에 우리와 같이 일본의 식민지배를 받았던 타이완은 일본이 패망한 후 일본 사람들이 가진 기술을 전수받을 때까지 일본 기술자를 붙잡아놓고 그들에게 기술을 배웠다. 덕분에 타이완은 일본 패망과 철수로 인한 생산 단절이나 공백 없이 건실한 경제 발전을 이어 갔다.

일본은 식민지배 당시 한반도를 일본 경제에 종속시키는 한편 남한 지역에는 농업, 북한 지역에는 공업시설을 건설하는 등 기형적인 남농북공南農北工의 산업구조를 만들었다. 해방 뒤 남북이 분단되어 북쪽에서 공급되던 지하자원, 전력, 비료 등 물자들이 끊기자 남한은 극심한 혼란 상태에 놓였다. 일본으로 철수하는 귀환자들은 생산 시설을 파괴하고 자재를 방매했다. 주인 없는 상태가 된 기관이나 공장은 남아 있는 한국인 직원들끼리 원료를 나눠 갖거나, 기계를 뜯어다 고철로 매각하는 일들이 벌어지면서 수많은 공장들이 가동 불능 상태에 빠졌다. 이 와중에 하이퍼인플레이션이 발생하여 어려움이 가중되었다.

조선총독부 재무국장이었던 미즈타 나오마사水田直昌의 증언에 의하면 8월 16일 하루에만 약 2억 원의 현금이 서울의 각 은행에서 인출되었다. 서울 소재 은행들이 보유한 지급준비금의 20퍼센트가 단 하루 만에 빠져나간 것이다. 은행에 현금이 모자라 파산 우려가 고조되자 조선은행 총재 다나카 데쓰사부로田中鐵三朗는 8월 22일 일본으로 가서 수송기를 동원해 조선은행권과 일본은행권을 조선으로 실어 날랐다.

도쿄와 후쿠오카에서 현금을 가득 실은 비행기 3대가 8월 24일 서울에 도착했다. 조선총독부는 이 돈을 조선 주둔 일본군의 퇴각 비용, 총독부 관리 및 조선 주재 일본인 관리들의 퇴직수당과 귀환 여비, 조선에서 활동하던 일본 회사들의 퇴직금과 해산수당으로 사용했다.[2] 조선총독부가 엄청난 현금을 시중에 풀자 8월 15일 당시 49억 7,500만 원이던 통화량이 8월 말 거의 두 배로 늘면서 인플레가 엄습했다.

해방과 더불어 우리나라 경제는 '대동아공영권'이라 불리는 엔블록의 식민지 경제구조 체제에서 벗어났으며, 38선으로 인해 남농북공의 경제구조가 붕괴했다. 일본의 패전과 조선총독부의 소멸, 미군정의 실시, 남북 분단, 좌우익의 격돌과 대립, 좌익들의 극렬한 파업과 폭력 난동, 여수 순천 반란사건이 이어지면서 남한 사회는 무정부 상태나 다름없는 혼란에 빠졌다.

일반인들에게 혼란과 위기는 공포이지만, 기업가들에게는 천재일우의 기회가 된다. 기업가들은 전쟁이나 쿠데타, 내란, 천재지변 등을 이용하여 떼돈을 벌고 사업을 확장하는 데 천재적인 재능과 소질을 발휘하는 사람들이다. 해방 후의 극심한 혼란은 기업가들에게는 자신들이 가진 천부적 재능을 무한정으로 발휘할 수 있는 절호의 기회였다. 바로 이 시기에 대한민국을 대표하는 이병철, 정주영, 구인회, 조중훈, 전택보, 정재호, 정인욱, 김성곤, 이정림, 설경동, 김지태, 김종희, 이양구 같은 대기업가들이 별처럼 떠오르기 시작했다.

정크무역 시대

1945년 해방 당시 국내에서 근대적 의미의 기업가라 부를 수 있는 인물은 경성방직의 김연수, 화신백화점의 박흥식 정도였다. 국내에 기업가가 드물었던 이유는 일본이 의도적으로 산업 기술 분야와 경영 분야의 인재 양성을 가로막았기 때문이다. 일제시대 국내 유일의 대학이었던 경성제국대학에는 경제학부와 이공계통 학과가 개설되지 않았다. 이는 한반도에서 고급 산업인력이나 경영자를 양성하지 않겠다는 일본의 뜻이 반영된 결과다.

일본이 조선에서 고급 교육을 봉쇄함으로 인해 1940년 무렵 한반도에서 활동하던 제조업 자본의 94퍼센트는 일본 자본이었고, 제조업 분야 기술자의 80퍼센트 이상이 일본인이었다. 한국인들이 기술을 배우기 위해 제조업 분야에 취업해도 일본인 기술자 밑에서 잡일을 하거나, 단순 조립·가공하는 수준에 그쳤다.

　또 하나 기업가들이 기를 펴지 못한 이유는 유교(성리학)의 영향으로 인한 사농공상士農工商의 신분제도가 끈질기게 이어져 왔기 때문이다. 조선은 상공업 분야에 종사하는 상인이나 기술자, 장인匠人을 사회에서 가장 천한 신분으로 하대했다. 그 때문에 이 분야에 우수한 인재가 투입되기는 사실상 불가능한 구조였다. 이처럼 고착화된 신분제도가 일제치하에서도 거의 그대로 존속되어 과학기술과 최신 경영기법에 기반을 둔 근대기업을 운영해본 경험을 가진 기업가나 산업분야의 고급 엔지니어를 찾아보기 힘들었다.

　경성방직의 김연수, 화신백화점의 박흥식 등을 제외하면 다른 기업가들은 대부분 일제치하에서 정미소나 쌀가게, 식료품 판매, 양조장, 포목상, 보따리 무역상을 운영하는 수준이었다. 세계 제일의 전자기업으로 도약한 삼성의 창업자 이병철은 해방 무렵 정미소와 양조장, 무역을 하는 삼성상회를 운영했고, LG·GS그룹의 창업자 구인회는 고향 진주에서 포목상과 식료품점을 운영했다. 현대건설의 창업자 정주영은 쌀가게에서 배달 점원으로 일하다 소규모 자동차 수리점을 열었다.

　일제치하에서 우리 기업가들이 주로 생필품 위주의 상업에 종사한 이유는 제조업에 필요한 대규모 자본과 고급 기술, 최신 경영 능력을 갖추지 못했기 때문이다. 상업은 제조업자와 소비자 사이에서 유통 마진을 취하는 업종이기 때문에 제조업에 비하면 투입되는 자본과 기술이 적어 리스크가 크지 않다. 따라서 자본 축적이 미미한 기업가들 대부분은 생필품 유통에 뛰어들었다.

일본이 전쟁에서 패하면서 일본 기술진이 철수했고 남한 지역에 있던 공장들은 원자재난, 인력난 등으로 대부분 가동이 중단되었다. 그 결과 생필품을 비롯한 각종 물자가 턱없이 부족해져 자연발생적으로 정크무역이 개시되었다.

중국의 텐진天津, 다롄大連, 칭다오靑島 등지에 주둔했던 일본군이나 이 지역에서 활동하던 일본 상사들의 창고에는 농산물과 화공약품, 공산품과 생필품, 의약품 등이 다량 보관되어 있었다. 패전한 일본인들이 빈손으로 떠나고, 이를 차지한 화상華商들이 갖가지 물건을 정크 Junk라 불리는 무동력선에 싣고 황해를 건너와 국내에 판매한 것이 정크무역이다.

칭다오, 텐진 등지에서 출발한 정크선들은 대부분 인천항으로 입항했다. 싣고 오는 물품은 농산물과 화공약품, 공산품과 생필품이었고, 물자 대금으로는 오징어와 말린 새우, 미역, 한천, 인삼, 광석 등을 실어갔다. 정크무역은 물물교환 형태의 원시적 방식이었고, 양국의 정식 허가 없이 이루어진 밀무역이었다. 당시 중국은 국공내전으로 인한 리더십 부재, 남한은 미군정이 실시 중이어서 무역 허가를 내줄 공권력도 미약한 상황이었다.

국내에 워낙 물자가 귀한 시대라 인천에 입항한 선박에서 물건을 구매하여 국내 시장에 내다 팔면 10배가 넘는 이익을 얻을 수 있었다. 이때 조중훈이 등장한다. 해방이 되자 조중훈은 트럭을 한 대 구입하여 인천에 '한진상사'란 운송 겸 무역회사를 차리고, 경인^{京仁}가도를 왕래하는 운수업에 뛰어들었다. 당시만 해도 운수업은 천한 사업이라 하여 경쟁자가 별로 없었다.

정크선을 통해 들어오고 나가는 물자가 늘면서 화물트럭 운송업자인 조중훈의 사업은 날로 번창하여 트럭 30대, 물자 운반선 10척으로 늘었다. 그는 정크무역과 관련된 운수업으로 부를 축적하여 후에 한진그룹, 대한항공을 창업했으니 이 기업은 정크무역이 낳은 옥동자인 셈이다.

1946년 한 해 동안 300여 척의 정크선이 입항할 정도로 활기를 띠었던 정크무역은 미군정이 대외 무역과 재산의 반입·반출을 금지하면서 위축되었고, 국공내전이 중국 본토로 확대되어 정크선이 출항하는 톈진, 칭다오 지역이 마오쩌둥의 공산군에게 점령되면서 막을 내렸다.

마카오무역

1947년 3월 17일, 마카오를 출항한 영국 무역선 페어리드호가 인천항에 입항하면서 마카오무역 시대가 열렸다. 마카오무역은 정크무역과는 여러 가지 면에서 큰 차이가 있었다. 우선 소규모 무동력선을 이용한 정크무역에 비해 마카오무역은 2,000톤 급 화물선이 투입되어 무역 규모가 크게 확대되었다. 또 포르투갈령이던 마카오정청은 한국을 향한 물자에 수출 승인서를 발급함으로써 마카오무역은 양국 정부가 용인하는 합법적인 형태로 진행되었다.

마카오에서는 생고무, 양복지, 신문용지, 일상생활에 필요한 각종 잡화가 수입되었고, 거래대금은 중석, 몰리브덴, 아연 등의 비철금속 원광석과 마른 오징어, 해삼 등이 물물교환 방식으로 결재되었다.

1947년 8월에는 홍콩 무역선 아이비스호가 부산에 입항하면서 홍콩무역 시대가 열렸다. 마카오가 한국과의 무역으로 재미를 본다는 사실이 알려지자 홍콩정청도 한국행 화물에 수출허가서를 발급해주어 홍콩무역이 개막된 것이다. 무역의 중요성에 눈을 뜬 미군정청은 1947년 김용주를 귀속 해운회사인 조선우선郵船의 관리인으로 임명하고 일제가 남기고 간 선박 앵도환櫻島丸호를 수리하여 1948년 4월 홍콩 항로에 투입했다. 화신무역의 박흥식은 앵도환호에 해산물과 홍삼, 한천, 흑연 등을 싣고 태극기 휘날리며 홍콩항에 입항했다. 이어 1949년에는 금천호가 홍콩 항로에 정기 취항하면서 대외무역이 활기를 띠기 시작했다.

이 무렵 활발한 무역 활동을 벌인 기업은 태창직물의 백낙승, 화신무역의 박흥식을 비롯하여 김익균(건설실업), 김용주(삼일상회), 설경동(대한산업), 전택보(천우사), 최태섭(삼흥실업), 김인형(동아상사), 이병철(삼성물산) 등이었다. 국내 산업이 붕괴된 상황에서 해외 무역은 황금알을 낳는 거위나 다름없었다. 해방 후 한국을 대표하는 스타 기업가들 중 정크무역과 홍콩·마카오 무역에 손대지 않은 사람이 없었다. 무역으로

부를 축적한 기업가들은 상업자본을 산업자본으로 전환하여 근대적 기업으로 발돋움할 준비를 하기 시작했다.

전시戰時무역

해방이 되면서 지방에서 사업깨나 하는 인재들이 서울로 몰려들었다. 특히 38선 이북지역이 소련군에 점령되어 공산화가 진행되자 이북에서 사업을 하던 사람들이 대거 월남하여 서울에서 새로운 사업 기회를 찾기 시작했다.

청진에서 수산업을 하던 설경동은 8·15 직후 어선단을 몰고 남하하여 대한산업을 설립하고 무역업, 성냥공장, 부동산업을 시작했다. 만주에서 무역을 하던 최태섭, 이한원, 서선하, 전택보는 서울로 와서 무역업을 재개했고, 황해도 연백 출신의 서성환은 서울에서 태평양화학이라는 이름을 내걸고 화장품 제조업을 시작했다.

대구에서 양조업을 하던 이병철은 서울로 올라와 동향 출신의 조홍제와 손잡고 삼성물산공사라는 회사를 차려 무역업을 시작했다. 진주에서 포목상과 식료품 도매업을 하던 구인회는 부산에서 락희공업이라는 회사를 차려 화장품 장사를 시작했다.

그러나 1950년 6월 25일 공산군의 남침으로 시작된 전쟁은 모든 것을 앗아갔다. 3년여에 걸쳐 밀고 밀리는 전쟁이 휩쓸고 간 상처는 참혹했다. 남한의 경우 군경軍警 전사자와 실종자, 납북자 및 전쟁으로 인한 부상자는 199만 8,900명이었다. 남한 인구 열 명 중 한 명이 전쟁으로 인해 사망 혹은 부상을 당했다.

재산 피해도 심각했다. 전체 주택의 17퍼센트가 파괴되었고, 학교는 36퍼센트, 도로 철도 항만 등 사회간접자본SOC과 산업시설은 60퍼센트가 파괴되어 총 30억 달러에 달하는 피해를 입었다. 이는 전 국민의 2년 치 소득에 해당하는 수치였다. 특히 인천상륙작전과 수도권 탈환 공방전으로 인해 경인공업지대가 거의 파괴되어 식민지 체제 하에서 물려받은 얼마 안 되는 산업시설이 소멸되고 말았다. 기업 터전을 잃고 맨주먹으로 부산으로 피난온 기업가들은 재기의 기회를 모색하기 시작했다. 부산은 전쟁의 혼란을 틈타 밀수와 밀항이 횡행했고, 구호물자를 빼돌려 하루아침에 벼락부자가 된 모리배들이 들끓었다.

당시 부산항은 해외에서 각종 무기와 탄약, 군수물자, 중장비는 물론 한국에서 전투 중인 유엔군이 먹고 마시고 입고 쓰는 막대한 전쟁물자가 하역되는 생명선이었다. 해방과 더불어 한반도는 38선을 경계로 북쪽에는 대륙세력의 맹주 소련이, 남쪽에는 해양세력의 맹주 미국이 분할 점령했다. 남한은 3면이 바다로 막히고 북쪽은 38선(후에 휴전선)으로 봉쇄되면서 섬처럼 고립되어 버렸다.

남한은 바다에서 살길을 찾아야 했다. 해방 후 인천과 부산항을 통해 정크무역과 마카오(홍콩)무역이 개시되었고, 6·25 전쟁에 미군과 유엔군이 참전하면서 부산을 통해 수십 만의 외국인 전투 병력과 막대한 군수물자가 들어왔다. 이런 과정을 통해 한국은 대륙문명과 유교(성리학)와 태를 가르고 해양문명과 기독교와 접하면서 문명사적 대전환이 시작되었다.

전란으로 고통 받는 국민들에게 시급한 것은 식량과 의복, 생필품과 의약품이었다. 기업가들은 본능적으로 전장에서 쏟아져 나오는 고철과 탄피에서 돈 냄새를 맡았다. 수집된 고철과 탄피는 일본이나 홍콩으로 수출되었고, 이 돈으로 생필품과 의약품을 수입·판매하여 막대한 시세차익을 거두었다.

6·25 전쟁이 발발하기 전에 소림광업으로부터 억지로 대량의 중석을 떠안았던 설경동은 전시에 중석 가격이 폭등하면서 횡재를 했고, 이한원의 동아상사는 철광석으로 떼돈을 벌었다. 6·25 전쟁 당시 임시수도 부산에서 전시 무역업에 종사하며 부를 축적한 대표적인 기업가들은 다음과 같다.

구인회(반도상사), 김광균(건설실업), 김기탁(삼화실업), 김연수(삼양사), 김영선(국제산업), 김용성(대한물산), 김원규(남선무역), 김인형(동아상사), 김지태(삼화상사), 김한수(대정산업), 박두병(두산산업), 백낙승(대한문화선전사), 서선하(삼흥실업), 설경동(대한산업), 설도식(범한무역), 송대순(대신상사), 신영균(영화물산), 심상준(대원기업), 오정수(한국무역진흥), 유지한(유한양행), 이병철(삼성물산), 이연재(미진상회), 이정림(개풍상사), 장기식(삼성무역), 전용순(금강무역), 전택보(천우사), 정규성(협회무역), 정해영(삼공산업), 조성철(중앙산업), 주요한(삼광실업), 최기호(영풍해운), 최점석(영동기업), 허봉익(공익염료), 현수덕(은성산업)

귀속재산으로
출발한 기업들

일제시대 한반도의 공업부문에서 일본인이 차지하는 비중은 공장 수에서 85퍼센트, 자본금은 94퍼센트였다. 주요 산업시설의 90퍼센트 정도가 일본인 소유였다는 뜻이다. 그리고 일본인이 건설한 주요 산업시설의 70퍼센트는 38선 이북지역에 위치하고 있었다.

일본은 1931년 만주사변에 이어 1937년 중일전쟁을 일으킨 후 통제경제로 전환했다. 일본 기업들은 본토보다 통제가 느슨한 한반도로 몰려왔고, 태평양전쟁 말기에는 미군의 폭격을 피해 다수의 산업시설을 한국으로 분산시켰다. 그 결과 해방 당시 남한에는 일본인 소유의 기업체, 주택, 부동산, 토지 등 29만 4,167건의 재산(이를 '귀속재산'이라 한다)이 남아 있었다.

미군정청은 일본인들이 남기고 간 주인 없는 기업들을 관리하기 위해 재산관리인을 임명했다. 그런데 대부분의 관리인은 미군정의 통역 업무에 종사하던 사람들의 친인척이나, 그들이 추천한 인물들이 임명되었다. 혼란이 극에 달하던 시절 귀속재산은 먼저 차지하는 사람이 임자라는 말이 나돌 정도로 관리가 허술했다.

이런 이유 때문에 해방 직후에 '4병신'이란 말이 떠돌았다. 첫째, 서울에 있으면서 일본인 가옥 한 채 못 얻은 사람. 둘째, 중국에서 살다온 사람인데 장군이 못 된 사람. 셋째, 미국에서 공부하고 박사 못 된 사람. 넷째, 해방 후 감투 못 쓴 사람을 일컫는 말이다.

미군정청은 대한민국 건국 전까지 513개 기업체를 포함하여 총 2,258건의 귀속재산을 불하했다. 나머지는 대한민국 건국 후 '귀속재산처리법'을 제정하여 민간에 불하했다. 귀속재산처리법에 의하면 귀속재산을 취득하는 사람은 총 금액의 10퍼센트를 우선 지불하고, 나머지는 이자 없이 15년 동안 분할 상환하도록 되어 있었다. 게다가 귀속재산의 정부 사정査定가격이 실질가치보다 30~90퍼센트나 낮게 책정되었다. 1945년 이후의 극심한 인플레이션으로 화폐 가치가 평가 절하되어 귀속재산은 거의 무상으로 분배된 것이나 다름없다.[3]

이 과정에서 연줄을 타고 재산관리인에 임명된 사람들이 대부분 귀속재산을 불하받아 새 주인으로 등장했다. 시중 거래가보다 훨씬 저렴한 가격에, 그것도 취득대금을 장기 분할상환할 수 있고, 액면가의 20~30퍼센트에 불과한 헐값으로 구입한 지가증권地價證券으로 납부할 수도 있어 귀속기업체를 인수한 사람은 손쉽게 기업가 대열에 오

를 수 있었다. 귀속재산으로 기업을 일군 대표적인 사례는 다음과
같다.

- **소화기린맥주(영등포)** 박승직이 소화기린맥주의 소액주주였던 인연으
  로 박승직상점의 후계자 박두병이 관리인에 임명되어 불하를 받았다.
  이 맥주회사를 토대로 두산그룹이 탄생했다.

- **조선유지** 화약 독점 공급업체인 조선화약공판에 근무하던 한국인 김
  종희가 이 회사에 화약을 공급하던 조선유지의 관리인이 되어 한화그
  룹을 일구는 토대가 되었다.

- **선경직물(수원)** 이 회사 기계주임 최종건이 자치위원장 자격으로 연고
  권을 얻어 SK그룹을 일구었다.

- **관동기계제작소** 김연규가 불하받아 상호를 대한중기로 바꾸었다.

- **영광제과** 이 회사에 근무하던 한국인 직원 민후식, 선덕발, 박병규, 한
  달성이 공장을 불하받아 해태제과로 성장시켰다.

- **삿포로맥주** 민덕기가 불하받아 조선맥주로 개편했다. 후에 크라운맥
  주, 하이트맥주로 상호를 변경하여 국내 최대 규모의 양조 관련 기업으
  로 성장했다.

- **구레하(吳羽)방직** 대구에서 양말공장을 운영하던 정재호가 이기붕이 불하
  받아 친척에게 관리를 맡겼던 구레하방직과 강일매가 불하받은 조선방
  직 부산공장을 인수하여 대전방직, 조선방직으로 성장시켰다.

- **아사히견직** 해방 전 소규모 공장을 운영하던 김지태가 관리인이 된

후 전국의 제사공장을 인수하여 조선견직이란 생사生絲 전문기업을 일구었다.

· **동양방직** 서정익이 관리인으로 임명되었다가 불하받아 동일방직으로 성장시켰다.

· **고려방직** 백윤수상점의 후계자 백낙승이 불하받아 태창방직을 설립했다.

· **가네보방직** 김형남과 김용주가 광주공장을 불하받아 공동 경영하다가 일신방직과 전남방직을 설립했다.

· **군시공업** 설경동이 대구공장을 불하받아 대한방직으로 성장시켰다.

· **조선주조**酒造 강정준이 군산공장을 불하받아 백화양조로 성장시켰다.

· **조선우선**郵船 김용주가 불하받아 대한선주로 이름을 바꾸었다.

· **조선직물** 대구에서 비누공장을 운영하던 김성곤이 동경방직 소유의 방적기와 안양 소재 조선직물의 건물을 불하받아 금성방직을 설립했고, 이를 모태로 쌍용그룹을 일구었다.

· **김수근** 조선연료, 삼국석탄, 문경탄광을 불하받아 대성그룹을 일으켰다.

· **모리나가**森永**제과, 모리나가식품** 함창희가 불하받아 동립산업으로 개편했는데, 후에 이병철이 인수하여 오늘날의 CJ그룹으로 성장시켰다.

· **삼화제철** 장경호가 불하받아 동국제강으로 성장시켰다.

· **아시노**淺野**시멘트** 김인득이 경성공장을 불하받아 벽산그룹을 일으켰다.

· **조지야**丁子屋**백화점** 박용학이 불하받아 미도파백화점으로 성장시켰다.

· **조선제분** 최성모가 불하받아 신동아그룹을 일으키는 모태가 되었다.

귀속재산 불하는 기업 형성의 한 요인이 되었다. 귀속재산을 불하받아 하루아침에 벼락부자가 되거나 신흥 재벌로 성장한 사람들이 많았다. 하지만 불행하게도 귀속재산으로 일군 기업이 현재까지 살아남아 명맥을 이어온 것은 겨우 40~50개에 불과하다.

귀속기업체가 흥하느냐 망하느냐의 운명은 전적으로 인수자 능력에 달려 있었다. 귀속재산은 일본인들이 남기고 간 재산이긴 하지만, 국내의 자원과 인력의 수탈을 통해 성장해온 기업들이다. 따라서 어떻게든 귀속기업을 민족자본의 토대로 유지하고 발전시키기 위해서는 기업을 운영할 만한 경험과 능력, 어느 정도의 운전자금과 리더십이 검증된 사람들에게 경영을 맡기는 것이 순리였다. 그러나 해방 후의 혼란 속에서는 순리와 정석이 통하지 않았다. 단순히 귀속기업과 인연이 있는 연고권자나 소액 자산가, 외국어 가능자, 정치 권력과 밀접한 관련을 가지고 있는 특정인들이 관리인에 임명되어 불하 받은 사례가 많았다.[4]

기업운영 경험과 능력 면에서 하자가 있는 사람들이 귀속재산을 인수받으면 원료난, 전력난, 자금난, 기술난에 시달리다가 능력 부족, 관리부실로 망하여 기업체는 공중 분해되었다. 주인을 잘못 만난 귀속기업체는 새 주인에게 인수되는 것과 동시에 기계를 뜯어 고철로 팔고 원료는 매각하고, 토지와 건물은 팔아먹는 바람에 흔적도 없이 사라진 사례가 부지기수였다. 그 결과 해방 후 남한에서 정상 가동된 공장이라고는 한국인 소유의 고무공장, 성냥공장 그리고 비교적 관리가 잘된 경성방직과 동양방적, 조선견직 정도에 불과했다.

귀속재산 불하를 통해 기업들이 성장했으므로 이것은 권력과의 유착이나 결탁에 의한 불공정 행위라고 비난하는 사람들이 있다. 그런데 자본주의 역사를 보면 선진국들의 경우 산업자본을 축적하는 과정에서 시장 개발과 영토 확장, 자국의 근대화에 필요한 재원 확보를 위해 반反문명적, 반反인륜적인 행위를 서슴지 않았다.

왕립아프리카주식회사 같은 기업들은 노예무역으로 엄청난 이익을 올려 영국경제를 이끌었다. 1798년 무렵에는 연간 150척의 배가 노예무역을 위해 리버풀 항을 출항했다. 당시 영국 선박들은 연간 40만 명의 노예를 아프리카에서 아메리카 대륙으로 실어 날랐다. 18세기의 마지막 10년 동안 영국이 해외무역으로 벌어들인 수입의 4분의 3이 노예 매매와 관련된 사업에서 발생한 것으로 추정된다.

19세기 영국 동인도회사의 가장 큰 사업은 중국 차茶 수입이었다. 차 수입량이 많아 영국의 은銀이 중국으로 흘러들어가 무역 적자가 엄청나게 발생하자 영국은 인도 뱅골 지역에서 생산한 아편을 중국에 팔기 시작했다. 그 결과 아편 무역은 19세기 대영제국 세입의 15~20퍼센트를 차지할 정도로 번창했다. 대영제국은 당시 세계에서 가장 부자 나라였던 중국에서 아편 대금으로 유출되는 은을 바탕으로 부를 축적했다. 반면에 중국은 125년간 차를 수출하여 벌어들인 것보다 더 많은 은을 30년 동안 아편 거래로 유출하여 재정 파탄 상태가 되었다.

중국에 판매되는 아편 거래는 영국인들뿐만 아니라 미국 뉴잉글랜드의 명문가들도 대거 참여하여 막대한 부를 축적했다. 보스턴의 캐벗 가家는 아편으로 번 돈을 하버드대학에 기부했고, 예일대학의 비밀 서클인 해골단Skull and Bones[5]은 가장 규모가 컸던 미국인 아편 거래상인 러셀 가의 기금으로 만들어졌다. 프린스턴대학에 거액을 기부한 존 그린은 워런 델라노와 함께 주강珠江 삼각주에서 아편을 팔았다.[6]

보스턴의 존 머레이 포브스는 아편 사업으로 번 수익금으로 벨 전화회사에 자금을 제공했다. 토머스 퍼킨스는 아편 사업으로 번 돈으로 미국 최초의 상업철도회사를 설립했다. 마약 거래로 축적된 돈이 미국의 산업과 기업을 일으키는 자금으로 투자된 것이다. 석유왕 록펠러, 철도왕 벤더빌트, 금융제국 창업자 J. P 모건 등은 사업 초기 자본 축적 과정에서 수단과 방법을 가리지 않은 탓에 성공한 후에도 '강도 귀족robber barons'이라 불리기도 했다.

이러한 인류 보편사의 자본주의 역사와 비교할 때 한국의 귀속재산 불하나 근대화 과정에서 정경유착의 몇몇 사례들이 특별히 비판받아야 하는지에 대해서는 좀 더 진지한 고민이 필요한 대목이다.

상업자본이
산업자본으로 이동

국내에서 재벌 소리를 들은 최초의 기업 집단은 백낙승의 태창이다. 서울 종로 시전상인 출신의 백윤수가 설립한 백윤수상점이 모태인 태창재벌은 1916년 대창무역, 1924년 대창직물을 설립하여 근대적 기업의 모습을 갖추었다. 백윤수상점의 후계자 백낙승은 메이지明治 대학 법과와 니혼日本대학 상과를 졸업하고 가업을 이어받았다. 그는 태창직물공업주식회사를 설립하여 인조견 직물을 생산했고, 1935년에는 삼화제약주식회사를 설립했다.

만주사변과 중일전쟁 중에는 포목을 만주로 수출하는 루트를 개척하여 일본의 이토추伊藤忠, 마루베니丸紅 등 수출상사들도 태창직물의 창구를 이용할 정도로 세력을 떨쳤다. 해방 후 백낙승은 정크무역에 참여하여 막대한 이익을 얻었고, 1945년 10월, 33년 만에 미국에서 귀국한 이승만에게 정치자금과 생활비를 제공했다.

백낙승은 권력의 음덕을 입어 귀속기업체인 고려방직을 불하받아 태창방직을 일으켰고, 홍삼 전매권 획득, 조선기계 관리인으로 임명되었다. 1948년 반민특위에 체포되었다가 보석으로 풀려났다. 백낙승은 태창방직을 주력으로 하여 태창공업, 태창직물, 해전직물, 대한문화선전사, 조선기계 등의 계열사를 거느린 국내 최대의 기업 집단을 형성하게 된다.

그러나 정치 바람을 너무 심하게 탄 덕에 4·19, 5·16 등 정변으로 부정축재 처리 과정에서 전 재산이 국가에 귀속되었다. 백낙승의 3남 2녀 중 막내아들이 세계적인 비디오 아티스트 백남준이다.

전시무역으로 축적된 상업자본을 산업자본으로 전환하는 데 가장 앞서나간 선구자는 삼성의 창업자 이병철이었다. 서울에서 삼성물산을 운영하던 중 미처 피난을 떠나지 못하고 적 치하에서 3개월 동안 갖은 고생을 경험한 이병철은 사업기반을 모두 잃고 대구로 피난을 갔다.

대구에서는 이병철이 설립한 양조장을 운영하던 직원들이 사업자금으로 3억 원을 내놓았다. 이병철은 이 돈으로 부산에 내려가 고철과 탄피를 수출하고 의약품과 생필품을 수입·판매하는 전형적인 전시무역에 뛰어들었다. 1년 후 결산을 해보니 3억 원의 출자금이 62억 원으로, 무려 20배나 불어났다.[7]

이병철은 좀 더 높은 단계로 도약하기 위한 사업적 고민에 빠졌다. 그는 전시무역이라는 현실에 안주하는 길 대신 새로운 혁신을 선택했다. 외국에서 물건을 수입해 국내에 파는 데 그칠 것이 아니라, 기계를 들여다 국내에 공장을 지어 값싸고 품질 좋은 제품을 생산해 전란으로 삶터를 잃고 실의에 빠진 국민들에게 일자리를 제공하고 산업부흥에 일조하자는 발상이었다.

이병철은 무역으로 번 돈을 제조업에 투자하기로 결정하고 아직 일선에서 전투가 한창이던 1953년 제일제당 공장 건설에 돌입했다. 주위 사람들은 전쟁이 끝나지 않아 어떻게 될 지도 모르는 상황에서 수지맞는 무역을 팽개치고 제조업에 투자하는 것은 무모한 짓이자 모험이라고 우려했다.

그러나 이병철의 생각은 달랐다. 우리 국민이 소비하는 것은 국내에서 만들어 공급해야 한다고 생각했다. 수입한 원자재로 새로운 상품을 제조하여 국민들에게 값싸게 공급하고, 종업원들에게 일자리를 제공하며, 납세를 통해 국가 살림을 넉넉하게 하는 것이 우리가 살길이라고 생각했다. 그러기 위해서는 우수한 생산시설을 갖춘 제조업을 세워야 한다고 생각했다.

그는 비좁은 땅에 농사를 짓는 것으로는 희망이 없다고 보았다. 공업화를 통해 농토에 매달려 있는 국민을 공장으로 유도해야 먹고 사는 문제가 해결된다고 주장했다. 하지만 축적된 민족자본이 턱없이 빈약한 상황에서 엄청난 투자가 요구되는 공장은 무슨 돈으로 짓는가. 이 과정에서 국내에 자본이 없으면 해외에서 돈을 빌려다 공장

을 짓고, 물건을 만들어 수출해서 번 돈으로 빚을 갚는다는 '외자도
입外資導入을 통한 수출주도형 공업화 전략'이 싹트게 된다.

이병철의 '설탕공장 건설'이라는 모험은 적중했다. 당시 설탕은 국
내 생산이 안 되어 전량을 수입에 의존하고 있었다. 국내에서 설탕
공장을 건설하여 생산을 한 덕에 수입품보다 월등히 싼 가격으로 대
량 공급할 수 있었다. 제일제당이 본격 가동되면서 이병철은 돈벼락
을 맞게 된다. 아침에 설탕을 한 트럭 싣고 나가면 오후에 한 트럭의
돈을 싣고 올 정도로 제당업은 수지맞는 장사였다. 이병철은 자서전
『호암자전』에서 "제당 설립 불과 2년 만에 나는 거부巨富의 칭호를 받
았다"고 말할 정도였다.

제당사업은 역설적으로 삼성이 소비재로 커온 기업이라는 비판의
단서를 제공하게 된다. 이병철은 이런 비판에 대해 다음과 같이 응수
한다.

"역사에서 보듯이 한 나라의 산업발전에는 단계적으로 굳혀가는
발전의 과정이 있다. 초기에는 일상생활 필수품을 자급자족하는 소
비재산업·경공업을 육성함으로써 기술과 경험과 자본을 축적하고,
그 기반 위에 고도의 기술과 거대한 자본이 소요되는 중화학공업이
나 전자 등 고도 기술 산업으로 이행해가야 한다. 제일제당 창립 당
시 우리나라에는 전자나 제철 등 중화학공업에 착수할 수 있는 사회
경제적, 기술적 요건이 전혀 갖추어지지 않았던 것이다."[8]

이병철이 다음으로 도전장을 낸 분야는 모직이었다. 당시 국내에

서 생산되는 양복지의 질이 형편없어 '마카오 양복지'로 불리는 외제 양복지가 판을 치고 있었다. 이병철은 국민에게 질 좋은 양복지를 값싸게 공급하여 의생활을 해결하고 외화를 절약하기 위해 대구에 제일모직을 건설했다.

이병철의 제일모직 건설 과정은 근대식 경영의 새로운 면모를 보여주었다는 평을 듣는다. 그는 검토 끝에 주 기계는 독일제, 보조 기계는 영국, 이탈리아, 프랑스 등 여러 나라에서 최고 성능을 자랑하는 제품을 선별하여 도입했다. 그리고 모직공장 건설에 필요한 온도와 습도 등 기상조건에서부터 전력, 노동력, 교통, 용수, 수질은 물론 종업원에 대한 기술지도와 훈련에 이르기까지 48개 항목을 상세히 메모하여 실행에 옮겼다. 이병철은 이미 1954년에 기획 및 계획 개념을 최초로 도입하여 제일모직 공장 건설에 나선 것이다. 제일모직의 골덴텍스는 순식간에 외제 양복지를 이 땅에서 몰아내고 국산품도 우수하다는 인식을 심는 데 성공했다.

제일제당과 제일모직의 사업이 확대되면서 이병철 혼자서 모든 것을 감당할 수 없는 상황이 되었다. 그는 기업의 조직화, 시스템화에 눈을 뜨게 된다. 이병철은 누가 와도 동일한 정신 하에 자신의 수족처럼 회사 조직을 움직이도록 하기 위해 1957년 민간기업 최초로 공개채용제도를 도입했고, 1959년에 비서실을 설립했다.

삼성 비서실은 영국과 미국에서 발전한 비서제도Secretary System가 아니라 독일 군대식 참모제도Staff System를 도입한 것이다. 참모제도는 스웨덴 군에서 발아한 것을 독일이 수입하여 클라우제비츠의 이론적 토대 위에 몰트케 장군이 완성한 제도다. 이 제도를 도입한 프러시아 군은 1866년 오스트리아와의 전쟁, 1870년 프랑스와의 전쟁에서 승리하여 독일 통일을 달성했다. 일본도 독일식 군사제도와 참모제도를 받아들여 1894년 청일전쟁, 1904년 러일전쟁에서 승리했다.

이병철은 일본의 기업 조직과 군대 조직의 강점을 듣고, 독서를 통해 참모조직의 중요성을 간파했다. 이런 이론적 토대를 가지고 회장 비서실을 만들었다. 조직을 시스템화하여 일상 업무는 조직에 일임하고, 자신은 보다 더 고차원적인 업무에 매진한 것이다. 이병철은 조직을 정비하고 사업 기반을 다진 결과 자유당 말기에는 제일제당, 제일모직, 삼성물산을 비롯하여 한일은행, 한국타이어, 안국화재, 한국기계, 천일증권, 효성물산 등 10여 개의 대기업 집단을 거느리게 되었다.

소비재 위주로 사용된
미국 원조자금

제일제당과 제일모직이 화려한 성공을 거두자 상업자본의 산업자본화에 누가 빨리 뛰어드느냐 하는 치열한 경쟁이 벌어졌다. 이병철의 뒤를 이어 동양제당, 삼양제당, 대한제당 등 7개 업체가 제당사업에 참여했고, 대한모직(김성섭), 한국모방(최주호), 경남모직(김한수) 등이 앞다투어 모방적 회사를 창업했다.

다른 기업가들은 전시무역으로 축적한 상업자본으로 락희화학, 한국유리, 대한양회 같은 근대적인 산업시설 건설에 도전했다. 또 무역업자들의 제조업 설립 붐을 타고 동양시멘트, 대한전선, 동신화학, 이천전기, 기아산업, 대동공업, 대전피혁 등 많은 제조업 기업들이 설립되었다.

이병철이 불붙인 '상업자본에서 산업자본으로 이전' 붐을 타고 건설된 공장들은 근대 기업의 출발이 되었고, 후에 대기업군을 형성하는 모체가 되었다. 이때 기업가들에게 도우미 역할을 한 것이 전후 복구 시기에 제공된 운크라UNKRA·United Nations Korea Reconstruction Agency: 유엔한국재건단, ICA·International Cooperation Administration: 국제협조처 등 유엔과 미국의 원조자금이었다.

1954년부터 시작된 전후복구 과정에서 미국의 원조자금이 결정적인 역할을 했다. 그런데 우리 정부는 원조자금을 집행할 때 한 번 쓰면 그만인 소비재의 직접 도입보다는 공장 건설을 강력하게 요구한 반면, 미국은 소비재의 직도입을 주장했다. 미국은 원조의 목적을 냉전체제 하의 반공전선 구축에 두고 한국의 국방비 부담을 보전하기 위해 원조를 제공했다. 따라서 한국의 경제발전은 부차적인 것으로 생각했다.

미국은 자신들의 원조 목적에 충실을 기하기 위해 한국의 공업화를 경계하고 견제했다. 원조물자는 거의 전부가 소비제품과 원료에 집중되어 한국의 공업화를 저해했고, 공업도 미국으로부터 수입한 원료를 가공하는 데 불과한 수준에 머물게 했다.

한국전쟁의 특수特需라는 단물을 빨던 일본은 한반도에서 휴전이 되자 심각한 경제 불황에 빠졌다. 일본 내에서 공산 중국과 외교관계를 정상화하여 불황을 타개해야 한다는 여론이 형성됐다. 미국은 이를 견제하기 위해 대한對韓 원조자금으로 일본의 물자를 구입하여 한국에 공급함으로써 일본경제를 부흥시킨다는 카드를 꺼내 들었다. 로버트 올리버는 이러한 미국의 정책을 '한국 지원에 쓰인 1달러로 2달러의 효과를 거두려는 정책'이라고 지적했다.

차철욱은 "미국은 한국이 원조자금으로 대일對日 구매를 하도록 요구했고, 대일 구매를 위해 한국의 경제성장은 철저히 통제했다"면서 결국 미국의 원조정책은 일본의 공업화 달성과 한국경제를 일본의 상품 시장으로 만드는 것이었다고 분석했다.[9]

한국은행이 발표한 '미국 대한對韓 원조의 내용'을 보면 미국 원조자금의 성격을 파악할 수 있다. 이 자료에 의하면 미국이 한국에 제공한 총 31억 9,900만 달러의 원조 중 소비재가 25억 3,100만 달러로 전체의 81퍼센트를 차지한 반면, 시설재는 6억 80만 달러로 19퍼센트에 불과했다. 미국 원조자금 중 운크라만이 시설재 70퍼센트, 소비재 30퍼센트로 한국경제 재건사업 지원이라는 당초 설립취지에 맞게 집행됐을 뿐 나머지는 소비재 도입 방식으로 원조가 이루어졌다.

정부 입장에서는 전후복구를 위해 가장 시급한 숙원사업이 비료공장, 시멘트공장, 판유리공장 등 3대 공장의 건설이었다. 3대 공장 건설을 위해 미국 원조당국과 수십 차례 협상을 벌였지만 "소비재 도입이 급선무"라는 미국 측의 완강한 반대에 부딪치자 이승만은 기발한 착상을 한다. 이승만은 존 콜터 장군이 이끄는 운크라의 원조 계획을 활용하여 인천에 판유리공장(후에 민영화하여 한국유리)과 문경에 시멘트공장(후에 민영화하여 대한양회)을 건설했다.

운크라 자금을 동원한 문경 시멘트공장과 인천 판유리공장 건설은 원조자금을 소비재 수입에 사용해야 한다는 원칙에 매달려 있던 미국 원조당국과 미국 정부를 향한 일종의 시위였다. 이승만은 ICA 원조자금으로 전후복구에 필요한 기자재와 원자재를 도입하여 파괴된 공장을 복구하고 가동했다.

부산에서 전시무역을 통해 부를 축적한 이병철, 박흥식, 정재호, 김성곤, 설경동, 이정림 등 훗날 재벌의 반열에 오른 기업가들은 대부분 방직업이나 모직업으로 돈을 벌었다. 방직산업이 발달할 수 있던 배경에는 일본 기술자들이 빠져나간 공백을 남만방적 기술진이 훌륭히 메워주었기에 가능했다. 이승만 정부 시절에 다른 분야보다 빠르게 전후복구를 하고 정상가동을 하여 실력을 축적했기에 박정희 정부 시절에 섬유와 의류봉제업이 수출의 주력산업으로서 외화벌이의 효자 노릇을 할 수 있게 된 것이다.

전쟁이 낳은
재계의 별들

이병철의 삼성에 이어 재계 2위의 기업군을 이룬 인물은 정재호다. 포목상으로 출발한 정재호는 양말공장을 차려 돈을 벌었고, 부산에서 전시무역으로 착실하게 부를 축적했다. 그는 전시무역으로 축적한 자본으로 삼호방직, 대전방직, 조선방직을 차례로 인수하여 성공시킴으로써 '한국의 방직왕'이라 불렸다. 이어 은행 귀속주 불하에 참여하여 저축은행(후에 제일은행)을 인수했다. 자유당 말기에는 3개의 방직공장을 주축으로 삼호무역, 제일은행, 제일화재 등 기업군을 이루었고, 섬유제품의 수출에 뛰어들어 1964년 수출왕에 올랐다.

재계 3위는 개풍그룹의 이정림과 이회림이 차지했다. 해방이 되자 개성상인의 후예인 이정림, 전용순, 김익균, 전항섭, 이세현 등이 서울로 활동무대를 옮겼다. 마카오 무역 붐이 일자 이정림은 서울에 개풍상사라는 무역회사를 차려 무역에 종사했으며, 6·25 전쟁으로 인해 부산으로 터를 옮겨 전시무역으로 부를 축적했다.

그는 동생 이정호, 동향 출신의 이회림과 힘을 합쳐 운크라 자금으로 건설된 문경 시멘트 공장을 인수하여 대한양회를 설립했다. 전후 복구 붐을 타고 시멘트 수요가 폭증하여 대한양회는 호황을 구가했다. 이정림과 이회림은 대한탄광, 삼화제철, 대한철강을 운영한 데 이어 개성상인들의 지원을 받아 서울은행을 설립하여 기업군을 형성했다.

재계 랭킹 4위는 대한산업의 설경동이 차지했다. 중석 수출과 밀가루 수입으로 부를 축적한 설경동은 1953년 대한방직을 설립했고, 조선방직 대구공장을 불하받아 영역을 확장했다. 1955년 2월에는 조선전선을 인수하여 전선 전문기업인 대한전선으로 성장시켰다. 이어 대동제당, 대동증권을 설립하며 기업군의 반열에 올랐다.

재계 랭킹 5위는 락희화학의 구인회에게 돌아갔다. 고향 진주에서 포목상으로 자금을 축적한 구인회는 피난지 부산에서 일본인들이 만들어 놓고 떠난 여성 화장용 크림(이른바 '구리무')으로 돈을 벌었다. 그는 이 돈으로 플라스틱 사출기를 도입하여 칫솔, 비눗갑, 빗 등을 국산화함으로써 부를 축적했다. 이어 산업용 플라스틱, 농업용 비닐, 호스, 인조피혁을 생산했고, 치약 제조까지 성공하여 외제 치약을 이 땅에서 몰아냈다.

구인회는 1959년 금성사를 창업하여 우리나라 전자산업의 효시가

된다. 국산 라디오를 비롯하여 선풍기, 전축, 냉장고, 텔레비전을 생산하여 오늘날 LG, GS그룹을 일구는 데 성공했다.

구인회의 뒤를 이은 기업가는 동양시멘트의 이양구였다. 해방 후 단신으로 월남하여 설탕과 밀가루 도매업을 하다가 부산으로 피난을 간 이양구는 국제 시장의 설탕 상권을 장악했다. 제일제당을 설립한 이병철은 이양구와 손잡고 수입 설탕을 몰아냈다. 이양구는 후에 풍국제과를 인수하여 동양제과로 성장시켰고, 1957년에는 부실화 된 오노다小野田시멘트 삼척공장을 인수하여 동양시멘트로 사명을 바꾸고 정상화시켰다. 뒤를 이어 극동해운의 남궁련, 한국유리의 최태섭, 동립산업의 함창희, 태창방직의 백남일 등이 재계 명단에 올라 있었다.

건설왕 정주영의 등장

건설왕 정주영도 6·25 전쟁이 낳은 기업가 중의 한 사람이다. 정주영은 고향에서 농사를 짓다가 가출하여 서울에서 쌀가게를 운영했다. 1946년 현대자동차공업사라는 간판을 걸고 자동차 수리공장을 하다가 현대건설이란 건설회사 간판을 내건 것이 1950년 1월이다. 6·25 전쟁이 발발하자 정주영은 동생 정인영과 함께 부산으로 피난을 떠났다. 일본 아오야마靑山학원 출신으로 영어를 유창하게 구사했던 정인영(후에 한라그룹 창업자)이 미군 공병대의 맥칼리스터 중위의 통역으로 일했다.

당시 부산은 미군 병력과 전시 군수물자들이 엄청나게 쏟아져 들어왔는데, 부산항에 도착한 미군들이 일선으로 배치되기 전에 잠시 머무를 숙소가 턱없이 부족했다. 동생 정인영의 주선으로 정주영은 미군 병사들의 숙소 건설 공사를 훌륭히 해냈다. 전쟁이 치열해지면서 유엔군을 위한 간이숙소 공사는 날이 갈수록 늘어났고, 이 공사를 통해 신용을 인정받은 정주영은 미8군 군납 건설업자로 도약했다. 정주영은 미군과 함께 전선을 누비며 주한미군 공사를 도맡아 하는 과정에서 현대건설을 일구어냈다.

3년간 계속된 전쟁으로 국토는 폐허가 되었고 산업시설과 도로, 항만, 철도 등 사회 간접 시설 대부분이 파괴됐다. 1950년대 전후복구 과정에서 정부는 각종 시설물 공사를 발주했고, 도시 재건사업 과정에서 막대한 건설 수요가 창출되었다. 또 주한미군 기지와 막사, 숙소, 군 주둔에 필요한 각종 시설 등이 발주되면서 건설 산업은 활기를 띠게 되었다. 정주영은 부산 피난 시절 자신에게 큰 도움을 주었던 미군 공병대의 맥칼리스터 중위가 퇴역하자 그를 현대의 미국 휴스턴 지점에 고용했고, 그 뒤에도 틈틈이 만나 그에게 은혜를 갚았다.

미국 정부는 1957년부터 주한미군 증강정책 프로그램을 실시하면서 미 제2공병단, 제24공병단 등을 통해 인천 제1도크 복구 공사, 오산비행장 활주로 공사, 의정부 저수지 공사를 비롯해 도로와 교량, 병영, 막사, 창고, 휴전선 지역의 작전 시설 등 대규모 공사를 우리 건설회사에 발주했다.

당시 우리나라 건설업계는 근대식 건설 기술이나 대규모 공사 시공 경험이 거의 없었다. 그들은 미군 공사에 참여하는 과정에서 선진 건설 기술을 가진 미국의 엔지니어와 감리자들과 접촉하면서 지금까지와는 차원이 다른, 전혀 새로운 건설 문화와 접하게 된다. 해외건설협회가 발간한 『해외건설 민간백서』(1984년 3월)에는 우리 건설업계가 미군 공사에 참여하면서 얻은 이득을 다음과 같이 밝히고 있다.

미군 공사는 건설 기술과 경험의 축적을 가져왔으며 국제 계약에 익숙해질 수 있는 기회가 되었다. 미군 공사는 국제 표준규격의 시방서와 설계도를 요구했으며, 단순한 공사라도 계약과 감리는 영문을 사용하고 미군 기관에 의해 시행됐기 때문에 국내 건설업자들이 국제표준 시방서의 해득 능력을 갖추게 되었고, 국제 표준 시방서에 따른 시공 및 품질관리 등을 경험함으로써 해외 건설 진출의 길을 여는 데 크게 도움이 됐다. 또 시공 기술면에서 미군 공사는 어느 정도의 기계화 시공을 의무화했던 까닭에 장비 획득과 운용이 강행됨으로써 종전의 인력 의존 공사 수행에서 탈피, 건설업의 선진화를 앞당기게 되었다.

미군 공사 수행을 통해 우리 건설업계는 공사수주, 계약, 기술 등에 있어 해외 건설시장 진출에 필요한 경험과 훈련을 쌓는 기회가 되었으며, 여기서 실력을 갈고 닦은 국내 건설회사들이 1960~1970년대에 해외 진출을 선도하며 대표적인 건설업체로 성장했다.

월남전이 벌어져 한국 기업들의 베트남 진출 문이 열리자 가장 먼저 한진과 현대건설이 뛰어들었다. 한진은 국내에서 주한미군의 수송용역을 전담하며 미군과 인연을 맺은 것을 계기로 월남에서 미군 군수물자 수송, 용역사업을 맡아 1966년부터 1971년까지 5년 간 1억 5,000만 달러의 막대한 달러를 벌어들였다. 당시 한국은행의 가용 외화 총약이 수천만 달러에 불과했던 점을 감안하면 실로 엄청난 금액이다. 조중훈은 이 자금을 바탕으로 대기업군으로 발전하게 된다.

현대건설은 1966년 미 해군의 캄란만 건설공사에 참여했고, 나트랑, 퀴논, 캄란 등지에 7개의 세탁공장을 설치하여 한 해에 100만 달러의 외화를 벌어들였다. 현대는 여기서 번 자금으로 단양 시멘트공장을 확장했고, 현대자동차 설립 자금으로 투자하여 울산에 10만 평의 자동차공장 부지를 매입했다.[10]

재일교포 기업가들의 귀환

해방 후 등장한 또 한 부류의 기업가는 일제치하에 일본으로 건너가 사업에 성공한 재일교포 기업가들의 귀환이었다. 일본에서 사업으로 크게 성공한 재일교포 기업가 3인방으로는 서갑호, 신격호, 이원만이 꼽힌다.

서갑호는 14세 때 일본으로 건너가 오사카에서 베를 짜는 기술을 배운 후 직기 몇 대를 장만하여 사업을 시작했다. 그는 태평양전쟁 말기 군수물자 납품으로 자금을 모았는데, 전쟁으로 혼란한 틈을 타방직시설을 염가로 구입하여 1948년 사카모토阪本방직을 설립했다. 사업은 날로 번창하여 1950년에는 오사카大阪방적, 1955년에는 히타치常陸방적을 연이어 설립하여 일본 방직업계의 거물로 성장했다.

그는 부동산 분야에도 진출하여 고베 국제관광토지개발을 설립하고 록코산六甲山 요지의 대지 100만 평을 매입하여 호텔과 위락시설을 건설했다. 그는 한때 일본 전체에서 개인소득세 랭킹 1위에 오를 정도로 성공한 기업가라는 평을 들었다. 서갑호는 고국과 재일 한인사회를 위해 많은 돈을 기부했다. 대한민국 건국 다음 해인 1949년, 주일 한국대사관 건물(영친왕과 이방자 여사가 살았던 저택)을 매입하여 한국 정부에 기증했다. 1955년 오사카 주재 한국총영사관을 설립할 때도 아무 조건 없이 한국 정부에 당시로서는 거액인 2,000만 엔을 기부했다.

5·16 이후 한국에서 경제개발이 본격 추진되자 서갑호는 고국에 진출하여 산업은행 관리 하에 있던 국내 최대 규모의 방직공장인 태창방직을 인수하여 판본阪本방직을 설립했다. 1963년에는 방림방적을 설립했고, 1966년에는 구미공업단지에 윤성방직을 설립하여 혼방직물을 국내 최초로 생산했다.

서갑호에 이어 성공한 재일교포 기업가로 꼽히는 인물은 롯데의 창업자 신격호다. 재일교포 사회에서는 "관동關東에 롯데, 관서關西엔 판본阪本"이란 말이 돌 정도였다. 신격호는 일본으로 건너가 우유배달, 공사장 잡부로 일해 모은 돈으로 1941년 와세다대학 화공과에 입학했다. 고학으로 간신히 대학을 졸업하고 히카리光특수화학연구소라는 소규모 화장품회사를 설립했다. 포마드 사업으로 부를 축적한 신격호는 일본에 미군이 진주하자 껌을 제조하여 크게 히트했다. 그는 당시 최고의 스타였던 엘리자베스 테일러를 자사自社 광고모델로 기용하는 등 신선한 마케팅 기법으로 큰 성공을 거두었다. 이어 부동산 투자로 부를 축적하여 재계의 스타로 떠올랐다. 신격호도 5·16 이후 한일 국교정상화가 이루어지자 국내에 투자를 시작하여 제과, 음료, 건설, 유통, 호텔, 위락시설을 건설하여 한일 양국에서 큰 성공을 거두었다.

28세 되던 1932년 일본으로 건너간 이원만은 신문팔이, 알루미늄 조제회사를 거쳐 종이 모자를 만드는 아사히공예피복이란 회사를 설립했다. 전쟁 말기에 그는 피복 공장을 경영하여 큰 재산을 모았다. 그는 1953년 일본의 나일론 원사를 수입하여 국내에 최초로 나일론을 소개함으로써 의생활 혁명을 일으켰다. 그는 1957년에 국내 최초로 나일론을 생산하는 한국나이롱주식회사를 설립했는데, 이것이 후에 코오롱그룹의 모태가 되었다. 그의 회사 제품은 홍콩, 이란, 아프리카, 미국, 동남아에 수출되어 큰 인기를 끌었다.

5·16 직후 박정희는 민생고 해결을 위한 아이디어를 얻기 위해 재계 지도자들과 만났다. 이날 이원만은 일본에서의 경험을 토대로 약 두 시간에 걸쳐 여러 가지 제안을 했다. 그 가운데 실제로 채택되어 시행된 것은 다음 세 가지였다. 첫째, 서울 근교에 수출 전용 공업단

지를 조성할 것. 둘째, 가발을 제조하여 수출할 것. 셋째, 전국 각지에 세워져 있는 전봇대의 소재를 나무에서 시멘트로 교체할 것.

그 결과 서울 구로동에 한국수출공업단지가 설립되어 초대 위원장에 이원만이 취임했다. 이원만은 일본으로 건너가 재일교포 기업가들에게 "고국에 투자하여 조국발전에 기여하자"고 호소했다. 이원만이 한국에서 성공한 것을 목격한 재일교포 기업가들 중 정규성, 서갑호, 신격호 등이 고국에 대한 투자를 시작했다.

이원만은 정계에도 진출하여 제6~7대 국회의원을 지내면서 벌채 금지, 산림녹화, 수출 진흥 등에 앞장섰다. 산림훼손을 막기 위해 도시의 가정연료를 무연탄과 프로판 가스로 대체할 것을 주장하여 가정과 요식업소에 프로판 가스가 도입되었다. 이런 노력이 산림녹화로 결실을 맺게 된다.

이밖에도 17세 때 맨주먹으로 일본에 건너가 자수성가하여 재산을 모은 김철호는 1944년 귀국하여 경성정공이라는 회사를 차렸다. 그는 일본에서 습득한 기술로 자전거 생산을 시작하여 삼천리호 자전거를 선보였다. 이어 오토바이, 삼륜차에 이어 승용차 생산으로 이어지면서 기아자동차의 모태가 된다.

경남 김해 출신의 김한수는 13세 때 일본으로 건너가 오사카에서 포목상으로 모은 재산을 처분하고 귀국하여 한일합섬을 창업했다. 한일합섬은 당시 '신비의 섬유'라 불리던 아크릴 섬유를 국내 최초로 생산하여 수출 길을 열었다. 1973년 단일 기업으로는 국내 최초로

1억 달러 수출탑, 1979년에는 4억 달러 수출탑을 수상하는 등 섬유 산업을 선도했다.

국내에서 협화무역을 창설하여 무역업을 하던 정규성은 한국전쟁이 끝나고 일본으로 건너가 무역업과 부동산업으로 큰 재산을 모았다. 이원만의 권유로 5·16 이후에 귀국하여 삼양수산을 설립하고 북양어업의 개척자가 된다. 이러한 재일교포 기업가들의 고국에 대한 투자와 선진 경영기법의 전수는 개발연대 한국의 산업 발전에 큰 도움을 주었다.

3장

정치적 시련, 그리고 **기회**

경제개발계획 수립과 산업 발전
민생을 안정시키려 시작된 경제제일주의
재계와 정부의 협력 시대
세계 125개국 중 101번째 가난한 농업국가
국가와 재벌이 손잡고 출범한 발전연합
'한강의 기적'을 준비하다

경제개발계획 수립과 산업 발전

국토 분단과 6·25 전쟁이라는 참혹한 상황 속에서 산업 기반이 붕괴되었던 대한민국은 1957년에 접어들면서 안정을 찾기 시작했다. 해마다 50퍼센트 이상 치솟던 물가가 차츰 진정되기 시작했고, 1958년에는 5.2퍼센트 성장과 함께 기적적으로 물가가 하락했다. 1959년에는 건국 이래 처음으로 정부 재정이 흑자를 기록했고, 이 해에 전후 복구가 끝나 산업 생산이 전쟁 이전 상황을 회복하게 된다. 1959년 7월, 부흥부는 『부흥백서』를 발간하여 정부 차원에서 전후복구가 완료되었음을 사회 각계에 알렸다.

한국 정부는 1948년 12월 미국과 '한국판 마샬 플랜'이라 불린 한미원조협정ECA을 체결했다. 그 결과 미국으로부터 식량, 비료, 석유와 산업 원료를 비롯한 공업시설과 발전함 2척 등이 제공되기 시작했다. 이를 토대로 정부 각 부처는 산업부흥 5개년계획, 5개년 물동계획, 농림증산 3개년계획, 석탄생산 5개년계획, 전력증강계획 등 체계적인 국가발전계획을 준비하던 중 6월 25일에 남침을 당해 국가의 모든 산업기반이 파괴되었다. 1959년에 가서야 산업이 겨우 전쟁 이전 상황을 회복했으니, 우리는 정확하게 10년 세월을 잃어버린 셈이다. 만약 6·25 전쟁만 없었다면 한국의 산업발전은 1950년부터 본격화되었을 것이다.

숨통이 트인 이승만 정부는 1958년 부흥부 산하에 산업개발위원회를 설치하고 22명의 유능한 인재와 외국 유학을 마치고 귀국한 신진기예들을 모아 장기 경제개발계획을 수립했다. 이것은 1949년에 전쟁으로 중단되었던 체계적인 국가발전계획을 다시 수립하기 위한 시도였다.

산업개발위원회는 오랜 연구 끝에 경제개발은 7개년계획을 목표로 하되, 우선 1단계로 3개년계획을 먼저 작성하여 시행하고, 시행 과정에서 얻은 경험을 토대로 나머지 4개년계획을 수립하기로 했다. 그리하여 경제개발 3개년계획은 1959년 12월에 완성되었고 1960년 4월 15일에 국무회의를 통과했다. 그러나 불행하게도 국내 최초로 만들어진 야심찬 경제개발계획은 나흘 후 발생한 4·19로 이승만 내각이 붕괴되면서 시행되지 못하고 관계자들의 책상 속에서 잠자게 되었다. 이 '3개년계획'이 박정희 정부가 시행한 경제개발 5개년계획의 원본이다.

이승만 대통령은 재임 12년 동안 국정의 최우선 순위를 안보와 교육 분야에 두었다. 1950년대 정부 예산 구성비는 국방비가 전체의 50퍼센트, 문교 예산이 20퍼센트를 차지했다. 연간 국가 예산의 70퍼센트를 국방과 교육 분야에 투입할 정도로 이승만 정부 시절은 안보와 교육의 시대였다.

이승만 정부는 의무교육 6개년계획(1954~1959), 문맹 퇴치 5개년계획(1954~1958)을 강력하게 추진했고, 그 결과 80퍼센트에 이르던 문맹률이 1960년에는 10퍼센트 대로 급격히 줄었다.

이승만은 고급 인재 교육에도 심혈을 기울였다. 전쟁 중 부산 영도에 전시 연합대학을 설립하고 대학 재학생들을 이곳에 모아 공부를 하도록 했으며, 군 입대를 면제시켰다. 그 결과 전쟁 중에 우수 인재를 보존하는 데 성공했다. 또 예산이 생길 때마다 국비 유학생을 선발하여 미국, 서독, 영국 등 선진국으로 유학을 보내 선진 기술과 경험을 쌓도록 했다. 1953년부터 1960년까지 유학, 훈련, 연수 등으로 2만여 명이 해외 유학을 경험했고, 국군 장교단 1만여 명이 선진 군사기술 습득과 지휘력 배양을 위해 미국 유학을 다녀왔다.

또 고등교육기관 확충에도 전력을 기울여 대학은 1960년까지 73개, 대학에 입학한 학생 수는 연간 8만여 명으로 늘어 영국의 대학 진학률을 앞서게 되었다. 이승만 정부가 교육 분야에 투자한 일은 당대에는 별다른 혜택을 보지 못했지만 국가의 백년대계를 위해 결정적인 역할을 했다는 평가를 받는다. 이승만 시대에 교육혁명이 일어나지 않았다면 박정희 시절의 산업화와 고도성장은 불가능했을 것이다.

이승만 정부 때 교육받은 엘리트들은 민주 의식도 함께 높아져 자유당 정부의 부정선거에 정면으로 항거하고 나섰다. 1960년 봄, 자유당 정권은 대학생들의 주동으로 일어난 3·15 부정선거 항의 시위로 무너졌다. 이승만 권위주의 정부는 자신이 육성한 대학생 중심의 지식인 계층의 시위로 붕괴되고 허정 과도 정부를 거쳐 민주당 시대가 개막됐다. 4·19가 대학생 중심으로 진행된 것은 대학이 군부와 더불어 한국 사회에서 가장 힘있는 집단으로 성장했기 때문이다.

이승만 정부 시절 구축된 또 하나의 엘리트층인 군 장교 집단은 4·19로 집권한 민주당을 타도하려고 쿠데타를 일으켰다. 군사정부의 출범은 문민 우위의 한국사에서 예외 중의 예외에 속하는 일대 사건이었다. 이때부터 민간 엘리트 집단과 군부는 때로는 격돌하고, 때로는 상호 협조하면서 대한민국의 민주화와 산업화를 이끄는 기둥 역할을 하게 된다.

민생을 안정시키려
시작된 경제제일주의

5·16이 일어난 1961년만 해도 우리 사회에는 보릿고개[1], 초근목피

草根木皮[2], 절량絶糧농가, 춘궁기라는 말이 존재했다. 최중경(당시 지식경제부

장관)은 자유당이 붕괴하고 허정 과도내각을 거쳐 민주당 정부가 출

범한 1960년 한국의 모습을 "나무가 없어 헐벗은 민둥산, 할 일 없이

빈둥거리는 청장년, 길거리를 떠도는 거지들, 가뭄과 홍수가 번갈아

오고 배고픔이 상식이었던 곳, 제대로 된 건물이나 교량, 도로를 찾

아보기 어려웠던 나라"[3]라고 묘사했다. 국가의 모든 여력을 전후복구

에 집중하다 보니 민생이 이처럼 고달픈 상황이었던 것이다.

1959년 한국의 실업률은 23.4퍼센트, 1960년에는 23.7퍼센트로,

4·19 당시 실업자는 250만 명이었고, 900만 명 이상의 아동들이 정기

적으로 점심을 굶고 있었다. 개인소득은 필리핀의 10분의 1, 북한의

3분의 1 수준에 불과했다.[4] 1960년 미국의 외교 전문지 《포린 어페어즈Foreign Affairs》는 "한국에서 경제 기적이 일어날 가능성은 없다"는 논고를 싣기도 했다.

시민혁명으로 개막된 장면 정부 8개월은 민주 만능의 시대였다. 그러나 민주주의가 굶주린 배를 저절로 부르게 해주지는 못한다. 오늘 당장 배고픈 민중은 민주 선거보다는 빵을 더 간절히 원한다. '민주주의'라는 구호만으로 허기를 채워줄 수 없기에 장면[5]은 총리 취임과 더불어 제1성으로 민생안정을 내세우고 경제제일주의로 매진했다. 경제에 정권의 운명을 걸다시피 했다는 점에서 장면 정부와 박정희 정부는 닮은꼴이었다.

시민혁명으로 인한 혼란이 차츰 수습되자 장면 정부는 이승만 정부 때 수립했던 경제개발 3개년계획을 '경제개발 5개년계획'으로 수정·보완했다. 장면 정부는 중점투자전략을 채택하여 전력, 석탄, 비료, 시멘트, 화학, 섬유, 정유, 철강, 농업 부문에 재원을 집중적으로 투입하여 먼저 발전시키고, 타 분야의 발전을 유도하는 불균형 성장 전략을 채택했다.[6]

기업가들은 이승만 정부 시절인 1959년에 개발차관기금DLF·Development Loan Fund으로 세워진 동양시멘트의 확장 공사에 이어 대한양회, 한일시멘트, 현대시멘트 등의 시설 확장을 위한 차관 교섭을 진행하고 있었다.

민주당은 투자재원을 마련하기 위해 1960년 가을 김영선 재무장관을 미국에 파견하여 50만 킬로와트의 발전시설 건설을 위한 차관 도입 계약을 체결했다. 이어 기업들의 외자도입을 지원하기 위해 서독을 비롯한 유럽에 차관단을 파견할 준비를 서둘렀다. 아울러 실제 시장에서 통용되는 시중 환율과 은행에서의 교환 환율이 큰 차이가 나서 각종 부패의 온상이 되었던 환율을 일거에 두 배 가까이 인상하여 수출 활성화의 터전을 마련했다.

기업가들도 산업발전의 원대한 비전을 마련하기 위해 동분서주했다. 당시 재계에는 1946년 4월 19일 개성 출신의 기업가 전용순이 주도한 조선상공회의소(後에 '대한상공회의소'로 개칭), 같은 해 8월 1일에는 김도연이 주도한 한국무역협회, 1947년 4월에는 대한방직협회가 발족되어 활발하게 활동하고 있었다.

이 상황에서 기업가들은 민주당과 대화 채널을 마련하기 위해서는 기존의 재계 단체보다 격이 높은 결집체를 만들어야 한다는 의견이 제기됐다. 그 결과 1961년 1월 10일 재계를 대표하는 기업가 68명이 참여한 한국경제협의회(1968년 '전국경제인연합회'로 개칭)가 창립되어 삼양사의 김연수가 회장을 맡았다.

명실상부한 국내 재계 지도자들의 모임인 한국경제협의회는 개발차관기금DLF 확보와 내자內資 조달을 위해 역량을 집중했다. 또 미국으로부터 원조가 줄어드는 상황에 대비하여 일본과의 국교 정상화를 위한 준비를 위해 일본 재계와 물밑 접촉을 시도했다. 나아가 우리나라 상도商道의 상징인 개성상인들의 신용과 절제, 검약 정신을 재계에 정착시키기 위해 부단히 노력했다.

무엇보다 주목해야 할 점은 한국경제협의회가 외자外資를 도입해 수출주도형 공업화로 경제발전을 이룬다는 전략을 정부에 제안했다는 점이다. 이 아이디어가 장면 정부에 의해 채택되었고, 몇 년 동안의 시행착오 끝에 박정희 정부에서 국가 정책으로 채택되어 '한강의 기적'을 이루는 결정적 역할을 하게 된다.

그러나 자유당을 붕괴시키고 민주당을 출범시킨 4·19는 기존 질서를 뒤엎는 정치 혁명이었다. 혁명은 늘 적당한 피와 응징의 대상을 요구한다. 가장 먼저 무소불위의 권력을 휘두르던 자유당이 공중 분해되었고, 이승만 시대의 국무위원들이 '3·15 부정선거의 원흉'으로 체포되었다. 위기 속에서 기회를 잡아 거부巨富를 일군 기업가들도 격랑을 피해갈 수 없었다.

자유당 정부 시절 권력과 결탁하여 부정하게 치부한 사람들을 엄단해야 한다는 여론이 들끓자 민주당 정부는 1961년 2월 13일 부정축재처리법안을 통과시켜 상원 격인 참의원에 송부했다. 이 법안이 규정한 부정축재 처벌 대상자를 추계한 결과 무려 5만 7,000여 명이나 되었다.

부정축재자로 처벌 대상에 오른 주요 기업가들은 대부분 자유당 정부가 준조세처럼 할당한 정치자금을 울며 겨자 먹기 식으로 낼 수밖에 없었던 사람들이다. 한국경제협의회는 대한상의, 무역협회, 방직협회, 건설협회 등과 힘을 합쳐 "부정축재자들이 모두 감옥에 가거나 처벌 당하면 재계는 초토화되어 경제가 마비될 상황"이라면서 "일벌백계의 원칙 하에 크게 문제되는 기업만을 처벌 대상에 포함시켜 달라"고 탄원했다.

한국경제협의회는 부정축재자의 범위를 축소해줄 것, 그리고 부정축재에 따른 환수금도 현금 납부 방식보다는 정부가 지정하는 기간사업에 투자함으로써 벌과금을 상쇄할 수 있도록 해줄 것을 탄원했다. 즉 지하자원이 매장되어 있는 태백산 지역 개발을 위해 재력이 있는 기업들이 태백산을 관통하는 철도 구간을 나눠서 건설하여 벌과금을 대납하도록 해달라는 의견이었다.

장면 정부의 국정 목표는 경제제일주의를 통해 민생을 안정시킨다는 것이었다. 이를 위해서는 실물경제 운영 경험이 풍부한 재계의 협조가 절실했다. 4월 4일 참의원은 3·15 부정선거와 관련한 부정축재자만 처벌하는 것으로 법안 내용을 수정하여 민의원으로 돌려보냈다. 그 결과 부정축재자는 600여 명으로 대폭 줄었다. 이 법안이 민의원을 통과하여 재계는 숨을 돌릴 수 있었다.

재계와 정부의
협력 시대

1960년 12월 15일부터 5일 동안 윤보선 대통령, 장면 총리를 비롯한 정부 고위인사, 재계 수뇌부, 학계와 기술계, 언론계 대표, 당대를 대표하는 엘리트 등 200여 명이 참여한 대규모 종합경제회의가 열렸다. 대한민국을 이끄는 지도자들이 한 자리에 모여 경제발전을 위한 각계의 의견 수렴을 목적으로 진행된 이 회의는 중요한 역사적 의미를 갖는다. 종합경제회의에서 대한민국의 산업화에 대한 기본 방향과 구체적인 정책들이 제시되었고, 5·16 후에 들어선 박정희 정부가 이때 제안된 정책 아이디어들을 시행에 옮겼기 때문이다.

예를 들면 박정희 정부의 대표적인 성공작으로 평가되는 것이 경제기획원 설립이다. 경제기획원은 쿠데타가 발생한 지 2개월 뒤에 설립되었다. 경제기획원 설립 아이디어는 장면 정부 때 열린 종합경제회의에서 재계 인사들이 정부에 건의했던 내용을 군사정부가 이어받아 실행에 옮긴 것이다.

경제기획원은 재정, 산업, 통상, 금융 분야에 대한 모든 권한을 집중시켜 국가의 경제개발계획을 수립하고, 필요한 예산을 편성하며, 경제정책을 조정하고 통제하는 경제 사령탑이었다. 경제기획원은 경제정책을 수립하는 막강한 권한과 영향력을 가지고 있다. 다른 자본주의 국가에서는 이와 비슷한 사례를 찾아보기 힘들다. 이와 같은 비상대권非常大權을 가진 부서의 신설 아이디어는 박정희 대통령이나 관료들의 발상이 아니라 기업가들의 머리에서 나왔다.

장면 정부는 발전시설을 비롯하여 제강, 비료, 시멘트 등 기간산업이 북한에 9대 1 정도로 크게 뒤지고 있는 현실을 하루빨리 따라잡고 경제를 활성화하기 위해 현장 감각이 탁월한 기업가들의 아이디어를 적극 수용했다. 이른바 민관民官이 혼연일체가 되어 경제제일주의를 실천하고자 했다. 이것은 관존민비官尊民卑의 틀을 깨부수고 사농공상의 신분구조에서 천대받던 공상工商 분야의 기업가들을 국가전략 수립 및 집행의 파트너로 예우하기 시작했음을 뜻하는 것이었다.

민관 협력을 통한 경제개발의 하이라이트는 1961년 3월 24일 저녁 장면 총리와 주요한 상공부장관, 김영선 재무장관과 김연수 회장을 비롯한 한국경제협의회 회장단과의 회동이었다. 경제난 극복을 위해 이날 한 자리에 모인 정·재계 인사들은 장면 정부의 경제제일주의를 성공시키기 위해 적극적으로 협력할 것을 약속했다.

이날 김연수 회장은 장면 총리에게 태백산종합개발계획을 민관 합동으로 추진할 것과 경제개발 5개년계획을 빠른 시간 안에 추진하고, 수출 촉진을 위해 수출입 링크제(수출한 액수만큼 수입을 허가하는 제도) 시행 등을 건의했다. 이날 회의를 통해 정부는 각종 경제시책에 대한 재계의 의견을 대폭 수용하는 전례를 만들었고, 이것이 후에 박정희 정부에서 시행한 월례 수출확대회의의 원형이 된다.

국가발전 위해 전략적 비전을 제시한 기업가들

재계도 장면 정부의 경제제일주의에 부응하기 위해 그랜드 디자인을 마련하여 요로要路에 제안하기 시작했다. 이 무렵 국가발전을 위한 전략적 비전을 가진 대표적인 기업가로 삼성의 창업자 이병철, 천우사 설립자 전택보와 강원산업 설립자 정인욱이 주목을 받았다.

이병철은 1958년 '한국경제재건연구소'란 연구단체를 설립했다. 이병철이 소장을 맡았고, 홍성하가 간사장, 그리고 이기붕, 김영선, 김유택, 임문환, 주요한, 송방용을 비롯한 정치·경제·학계 중진들이 거의 빠짐없이 참여하여 한국경제가 나갈 방향을 정립하고 구체적인 전략과 비전을 마련하기 시작했다. 멤버들은 오찬이나 만찬을 함께 하면서 외국의 원조에 의존하지 않고 한국이 건실하게 성장할 수 있는 구체적인 실천계획과 자립방안 등을 토의했다. 그 결과 이병철을 비롯한 참여 인사들 대부분은 하루빨리 농업에서 탈피하고 외자를 도입해 수출주도형 공업화를 추진해야 한다는 결론을 얻었다.

제당과 모직으로 거부를 일군 이병철의 다음 사업 목표는 비료공장 건설이었다. 1959년까지만 해도 매년 미국이 제공하는 대한對韓 원조자금 2억 5,000만 달러 가운데 1억 달러 정도를 비료 도입에 써야 할 정도로 국내의 비료 사정은 절박했다. 이승만 대통령이 미국 원조 당국과 결사적인 싸움을 벌여 충주에 비료공장을 건설하기 전까지 대한민국은 농업국이었지만 화학비료는 거의 전량을 외국에서 사다 써야 하는 안타까운 상황이었다.

충주비료에 이어 두 번째로 계획되었던 나주 비료공장은 미국 측과 의견이 맞지 않아 정부 보유불로 서독에 플랜트를 발주하여 1958년 5월에 겨우 착공되었다. 그러나 이 두 공장이 가동되어도 수요에 비해 공급이 크게 모자라는 상황이었다.

그래서 이병철은 35만 톤 규모의 최신식 비료공장을 건설할 계획을 수립하고, 5,000만 달러에 달하는 건설 자금을 해외 차관으로 해결한다는 사업계획서를 제출하여 이승만 대통령의 재가를 받았다. 때마침 독일은 1950년대 후반에 대외협력기금을 설치하고 해외 원조를 준비 중이었다. 민간 경제계에서 독일 차관 아이디어를 가장 먼저 착안한 이병철은 유럽으로 가서 서독의 크루프 사, 해방 전 일본의 노구치 재벌이 건설한 흥남질소비료공장에 질소 암모니아 제조기술을 판매한 이탈리아의 몬테카티니 비료회사와 차관도입 계약을 맺었다.

호사다마랄까. 세계 최대 규모의 비료공장을 건설하겠다는 원대한 구상은 4·19의 직격탄을 맞았다. 비료공장 건설을 허가한 이승만 대통령이 하야하고, 이병철은 부정축재자 처벌 대상 1호로 지목되는 바람에 이 프로젝트는 불발로 끝이 나고 말았다.

전택보는 해방 전 만주에서 쌀장사를 하다가 일제 말기 함흥에 집결된 수산물을 만주 봉천과 하얼빈, 베이징北京으로 내다 파는 무역에 종사했다. 전택보는 해방 후 '천우사'란 무역회사를 설립하고 본격적으로 무역에 뛰어들었다. 그는 1947년 상하이에서 거액의 오징어 수출대금을 수금했는데, 전택보가 거액의 현금을 가지고 있다는 사실을 눈치챈 중국 공산당 프락치들에게 쫓겨 천신만고 끝에 홍콩으로 탈출했다.

그 무렵 홍콩은 중국 본토의 국공내전을 피해 떠밀려온 피난민들로 우글거렸다. 전택보는 물까지 수입해다 먹는 홍콩이 그 많은 피난민들을 어떻게 먹여 살리는지 유심히 관찰했다. 알고 보니 가정마다 재봉틀을 들여놓고 주부들이 아동복이나 봉제완구, 크리스마스 장식품을 만들어 수출로 먹고살고 있었다.

전택보는 홍콩의 보세가공무역 아이디어에 감동받았다. 홍콩은 모든 원·부자재를 해외에서 수입하고, 노동력을 투입하여 완제품을 만든 다음 다시 해외로 수출하고 있었다. 그는 우리나라도 수출로 산업화를 이뤄야 한다는 꿈을 키웠고, 만나는 사람들에게 자신의 생각을 전했다.

정인욱은 일본 와세다대학 채광야금과 출신이다. 그는 유학 시절 영국, 독일, 프랑스 등 선진국의 산업발전이 석탄산업에서부터 시작되었다는 사실을 깨닫고 귀국해 조선총독부 광산국의 기사로 근무하게 된다.

1930년대 일본 해군은 군함의 증기기관 연료로 유연탄을 사용했는데, 군함 굴뚝에서 발생하는 연기로 위치가 노출되어 고민이 컸다. 이 무렵 평양 부근의 사동탄광에서 생산된 무연탄이 연기가 거의 없어 함선용으로 적합 판정을 받자 조선총독부는 일본 해군성 소속의 지질기사 시라기素木를 동원하여 한반도 전역에서 대대적인 지질조사를 단행했다. 그 결과 태백산 일대에서 대규모 탄전을 발견했다.

중일전쟁이 시작되자 조선총독부는 일본 기업에게 태백산 일대 탄전의 광업권을 넘겨 석탄개발을 추진했다. 조선총독부는 태백산 탄전지역에서 생산된 석탄을 가장 가까운 항구인 삼척과 묵호로 실어내기 위해 민간자본을 유치하여 '삼척철도주식회사'를 설립했다. 그 결과 사설私設철도[7]로 철암선(묵호항~철암 간 60.5킬로미터)[8]과 삼척선(북평~삼척 간 23킬로미터)[9]을 건설했다. 이 철도를 이용하여 동해안으로 운송된 석탄 중 일부는 삼척과 북평에서 사용하고, 나머지는 배에 실어 일본으로 가져갔다.

일본 기업들은 태백산 지역의 석탄을 활용하기 위해 삼척과 북평(오늘날 동해시) 일대에 발전소를 건설하여 전력을 생산했다. 풍부한 전력을 이용하여 석회질소비료와 전극 봉을 생산하는 북삼화학을 세웠고, 삼척 일대의 석회석을 이용하기 위해 오노다시멘트공장(삼척시멘트, 훗날 민영화하여 '동양시멘트'로 개칭)을 건설했다. 또 동해안에서 많이 잡히는 정어리를 원료로 각종 유지공업 제품을 생산하는 동양화학을 건설했고, 양양광산의 철광석을 이용하기 위해 삼화제철소를 건설했다. 그 결과 삼척 일대에 공업지대가 들어서게 된다.[10] 정인욱은 조선총독부에서 일하면서 이러한 사실들을 보고 듣고 경험했다.

해방 후 미 군정청에서 탄광 업무를 맡게 된 정인욱은 국내 4대 지하자원인 석탄, 철, 흑연, 금이 풍부하게 매장된 태백산 일대를 주목했다. 그는 정선-삼척-강릉을 연결하는 삼각지대를 개발하여 석탄과 철광석을 생산하고, 이를 토대로 전력산업과 제철산업을 일으키는 태백산종합개발사업을 구상했다.

태백산 일대 개발을 위해서는 철도 건설이 급선무였다. 당시 강원도 지역에는 1944년 일본에 의해 개통된 중앙선(서울-원주-영주-안동-경주-부산) 철도가 가동 중이었다. 태백산 일대 개발을 위해서는 영주-철암을 동서로 연결하는 태백산맥 관통철도가 필요했다. 그 철도가 가설되면 철암, 장성, 도계를 중심으로 한 태백 탄전지역의 석탄을 수도권으로 운반하는 연계 수송망이 만들어지게 된다.

정인욱을 비롯한 광업인들은 정부에 '산탄지 철도건설'에 대한 건의를 했다. 이승만은 취임 이듬해인 1949년 4월 이 건의를 받아들여 영암선(철암-영주) 철도공사를 착공했다. 영암선은 6·25 전쟁으로 공사가 중단되었다가 휴전 후 재개되어 1955년 12월 31일에 개통되었다.

정인욱은 태백산으로 들어가 강원탄광을 창업하고 석탄을 채굴했다. 또 삼표연탄을 설립하여 태백산에서 캔 석탄으로 연탄을 제조하여 대체연료로 보급했다. 이렇게 되자 밥을 짓고 난방을 하기 위해 산의 나무들을 베어다 때지 않아도 되었다. 이로써 황폐했던 산림이 다시 살아나기 시작했고, 식목일을 정해 대대적으로 나무를 심으면서 대한민국은 세계에서 유례를 찾기 힘들 정도로 산림녹화에 성공한 나라가 되었다.

우리나라의 산림녹화는 광부들이 캔 석탄으로 연탄을 만들어 보급함으로써 성공했으니, 광부들의 목숨과 산림녹화를 바꾼 것이나 다름없다.

태백산종합개발사업은 4·19 이후 불씨가 다시 살아났다. 한국경제협의회가 부정축재자로 몰린 기업가들에게 벌금 대신 태백산 지역을 종횡으로 연결하는 철도를 구간별로 나누어 건설하고, 국가 기간산업 공장을 건설하자는 안을 내놓았기 때문이다. 이 아이디어는 5·16 이후 박정희 정부에서 받아들여져 태백산종합개발사업이 본격 추진되었고, 벌과금을 현금 납부가 아니라 기간산업 공장을 건설하여 주식으로 대납하는 방식으로 연결되었다.

이밖에도 국가발전을 위한 아이디어를 건의한 기업가는 박흥식이다. 박흥식은 국가재건최고회의의 요청에 의해 1961년 9월, 6대 국가발전사업계획을 제출했다. 그 주요 내용은 다음과 같다.

- 서울 인구 분산을 위한 영동지구 개발사업: 영동 지구를 개발하여 20만 가구를 분산 입주시키는 계획(후에 강남 개발 사업으로 현실화되었다).

- 정유사업: 울산에 정유공장 건설로 현실화되었다.

- 수력 전원개발사업: 차관을 들여다 소양강, 충주, 팔당 등 한국 전역을 망라하여 50만 킬로미터를 출력할 수 있는 수력발전소 건설(후에 소양강댐, 충주댐, 팔당댐 건설로 현실화되었다).

- 화력발전소 건설사업: 미국 웨스팅하우스로부터 26만 4,000킬로와트의 화력발전소 건설. 소요자금은 금리가 저렴한 AID 자금으로 충당(후에 화신이 제1호 원자력발전소 건설 때 웨스팅하우스로부터 60만 킬로와트의 가업냉각형 발전기 도입을 성사시켰다).

- 관광사업: 팔당 가든, 한강변 유원지, 서울 근거리에 있는 인천 송도 해수욕장 건설(인천 송도를 해수욕장으로 개발).

- 수입대체산업으로 화학섬유공장 건설: 화신이 경기도 남양주에 인견사 공장(홍한화섬)을 건설했다.

세계 125개국 중
101번째 가난한 농업국가

　민주당 수뇌부가 야심차게 한 정·재계 회의는 1961년 3월 24일이 처음이자 마지막이었다. 그해 5월 16일에 군사쿠데타가 발생했기 때문이다. 장면 정부는 불과 250여 명의 장교단과 3,500여 명의 병력이 일으킨 쿠데타를 진압하지 못하고 출범 8개월 만에 무너졌다.

　군은 국가안보를 수호하기 위해 존재하는 합법적인 폭력집단이다. 적을 제압하고 승리하기 위해서는 군사작전과 관련된 전술 전략뿐만 아니라 행정학, 지리학, 역사학, 군수물자의 생산과 보급, 통신, 대병력을 무장시키고 먹이고 입히고 재우는 병참능력, 부상자들의 미료하는 의학기술 등 당대의 최신 과학기술이 총동원된다. 미국의 영향 하에 창설되고 훈련되어 6·25 전쟁을 함께 치른 군부는 5·16 당시 한국에서 가장 잘 훈련되고 조직화된 근대화 집단이다.

5·16 군사쿠데타가 발생한 1961년 한국의 1인당 국민소득은 87달러로 세계 125개국 중 101번째로 가난한 농업 국가였다. 반면 일제가 건설한 발전소, 제철소 등 공업 인프라와 풍부한 지하자원을 가지고 출발한 북한의 소득은 우리보다 3배나 높은 수준이었다. 재일동포들이 1959년부터 매년 수만 명씩 북송선을 타고 '지상낙원'이라고 선전하는 북한으로 간 이유는 남한보다 북한이 더 잘살았기 때문이다.

사람들은 박정희 정부에 이뤄진 한국의 기적적인 경제성장을 '한강의 기적'이라 부른다. 그리고 한강의 기적은 국가가 민간부문과 시장을 통제하고 이끄는 계도 자본주의Guided Capitalism, 혹은 발전국가 체제('개발독재'라고도 표현한다)를 통해 이루어졌다고 알고 있다. 5·16으로 등장한 군사정권이 강력한 중앙집권적 정부를 구성한 후 경제발전을 위해 자원을 동원하고 재정을 지원하여 정부가 지도한 산업화 정책의 결과가 한강의 기적으로 나타났다는 논리다.

산업혁명의 원조국가인 영국이나 마국의 산업발전사를 보면 기업가는 자본주의와 시장경제의 성장에 필수불가결한 존재다. 우리 사회에서는 산업화 과정에서 정부의 역할(즉 국가주도 성장론)만 강렬하게 존재할 뿐 기업가들의 역할은 알려지지도 않았고, 또 무시되어 왔다. 이런 이유 때문에 기업가는 정부(국가)의 지시에 의해 기업을 설립했고, 권력과 결탁하여 정치자금을 제공하는 대가로 특혜를 받거나 불법 탈법적인 방법으로 자본을 축적했으니 비판 받아 마땅한 존재들이라는 결론에 이르게 된다.

그러나 속내를 자세히 들여다보면 역사적 사실historical fact은 이런 주장과는 다르게 진행되었다. 김인영 한림대 정치행정학과 교수는 한국의 경제발전은 정부 우위가 아니라 '기업 주도', 또는 '정부와 기업의 상호 동의', 혹은 '정부와 기업 사이의 전략적이고 끈끈한 동맹'이라고 표현해야 한다고 주장한다.[11] 박정희 정부 시절 중화학공업기획단장이었던 오원철의 시각도 김인영과 비슷하다. 오원철은 기업을 산업의 주역인 전투사단, 기업 총수(기업가)를 '사단장'이라고 표현했다.[12]

슘페터는 기업가를 새로운 조합New Combination의 수행을 통해 시장 내에서 변화를 실행하는 '혁신가Innovator'로 보았다. 새로운 조합의 수행이란 신상품 개발, 신시장 개척, 신자원의 발견과 개발, 신기술 발명과 산업화, 신제도의 창출 등 다양한 형태다. 즉 기업가란 혁신가로서 새로운 제품과 생산 방법, 새로운 마케팅 전략을 고안하여 이윤을 창출할 기회를 만들어내는 사람이라는 뜻이다.

김인영은 한국의 기업가들은 신상품의 발명이나 산업혁명을 이룩한 혁신가는 아니었지만, 해외에서 개발된 신상품의 생산과 공정기술을 모방, 차용, 개선하는 등 '혁신의 학습'에 뛰어난 자질을 발휘했다고 지적한다. 이러한 학습을 통해 빠른 시간 내에 한국의 산업을 세계 수준으로 성장시킨 공은 관료가 아니라 기업가들에게 돌아가야 한다고 말한다.[13]

박정희와 기업가들의 만남

혁명주체세력은 5월 16일 새벽에 공포한 '혁명공약'에서 "국가 자립 경제 재건에 총력을 경주하여 기아선상에 방황하는 민생고를 해결함으로써 국민의 희망을 제고시킨다"고 약속했다. 군부는 국가를 근대화시키려는 열망은 뜨거웠으나 경제와 산업분야에 대해서는 문외한이었다. 무력을 동원해 정권을 탈취하는 데는 성공했으나 산업을 발전시켜 기아선상에서 헤매는 국민들의 민생고를 해결할 능력은 없었다.

혁명이나 쿠데타 같은 정변의 희생양은 기업가들이었다. 1961년 5월 22일 군사혁명위원회는 포고령 제6호를 발표하고 모든 경제단체의 활동을 전면 중단시켰다. 이로 인해 출범한 지 4개월 된 한국경제협의회도 활동이 정지되었다. 혈기 방장한 청년 장교들은 "부정축재자들을 총살하라"는 혁신계 인사들의 목소리를 반영하여 5월 28일 '부정축재자 처리 기본요강'을 발표하고 주요 기업가들을 탈세 혐의로 체포했다.

혁명주체세력은 불타는 정열, 마구잡이에 가까운 경제운영으로 극심한 혼란을 야기했다. 1962년 6월 9일 밤 10시에 전격 실시한 화폐개혁의 실패가 그 대표적인 사례다. 만약 의욕이 앞섰던 청년 장교들에게 경제발전을 위해서는 기업가들의 경험이 중요하다는 사실을 인식시키지 못했다면, 쿠데타 주동자들은 강렬한 민족주의적 열망에 사로잡혀 이집트의 나세르나 터키의 케말 파샤처럼 전체주의의 길을 걸었을지도 모른다.

쿠데타 지도자 박정희는 이승만, 장면 정부의 정책 자료들을 수집하고 분석했다. 그들은 1960년 12월에 제출된 종합경제회의 회의록과 건의사항을 보았고, 이승만 정부를 거쳐 장면 정부 때 완성한 경제개발계획도 공부했다. 박정희는 학자, 지식인 등 다양한 사람들을 만나 조언을 구했지만 국민의 민생고를 해결하고 희망을 줄 만한 속시원한 대책을 듣지 못했다.

답답한 마음을 가눌 길 없던 박정희는 6월 하순 천우사의 전택보, 경방의 김용완, 강원산업의 정인욱 등 기업가들과 만났다. 전택보는 홍콩에서 체험했던 보세가공무역의 경험을, 정인욱은 태백산 종합개발사업 아이디어를 박정희에게 설명하고 "학계나 언론에서는 한국경제의 앞날에 대해 비관하는 경향이 강하나 우리 경제인들은 그렇게 생각하지 않는다. 우리는 수출과 지하자원 개발로 능히 자립경제를 이룩할 수 있다"고 신념에 찬 목소리로 설명했다.

이날 기업가들은 어느 누구에게서도 듣지 못했던 한국의 발전방향과 전략을 명쾌하게 제시했다. 박정희는 '만악萬惡의 근원'으로만 알았던 기업가들에게 강렬한 인상을 받고 그들의 존재를 다시 보게 되었다.

그는 기업가들이야말로 국민들의 주린 배를 채워줄 실천적인 방법을 가지고 있는 사람들이라는 확신을 갖고, 도쿄에 체류 중이던 '부정축재자 1호' 이병철을 불렀다. 6월 26일, 이병철이 급히 귀국했고, 이틀 후 박정희와 만났다. 이날 이병철은 박정희에게 다음과 같이 말했다.

"부정축재자로 지칭되는 기업인에게는 사실 아무 죄도 없다고 생각합니다. 나의 경우만 하더라도 탈세를 했다고 부정축재자로 지목되어 있습니다. 그러나 현행 세법은 수익을 훨씬 넘는 세금을 징수할 수 있도록 규정되어 있는 전시 비상사태하의 세제 그대로입니다. 이런 세법 하에서 세율 그대로 세금을 납부한 기업은 아마 도산을 면치 못했을 것입니다. 만일 도산을 모면한 기업이 있다면 그것은 기적입니다.

액수로 보아 1위에서 11위 안에 드는 사람만이 지금 부정축재자로 구속되어 있지만, 12위 이하의 기업인도 수천, 수만 명 있습니다. 사실은 그 사람들도 똑같은 조건 하에서 기업을 운영해왔습니다. 그들도 모두 11위 이내에 들려고 했으나 역량이나 노력이 부족했거나, 혹은 기회가 없어 11위 이내에 들지 못했을 뿐 결코 사양한 것은 아닐 것입니다. 따라서 어떤 선을 그어서 죄의 유무를 가려서는 안 될 줄 압니다.

사업가라면 누구나 이윤을 올려 기업을 확장해 나가려고 노력할 것입니다. 말하자면 기업을 잘 운영하여 그것을 키워 온 사람은 부정축재자로 처벌 대상이 되고, 원조불이나 은행융자를 배정받아서 그것을 낭비한 사람에게는 죄가 없다고 한다면, 기업의 자유경쟁이라는 자유경제 원칙에도 어긋납니다. 기업하는 사람의 본분은 많은 사업을 일으켜 많은 사람들에게 일자리를 제공하면서 그 생계를 보장해 주는 한편, 세금을 납부하여 그 예산으로 국토방위는 물론이고 정부 운영, 국민교육, 도로 항만시설 등 국가 운영을 뒷받침하는 데 있다고 생각합니다.

이른바 부정축재자를 처벌한다면 그 결과는 경제위축으로 나타날 것이며, 이렇게 되면 당장 세수가 줄어 국가 운영이 타격을 받을 것입니다. 오히려 경제인들에게 경제건설의 일익을 담당하게 하는 것이 국가에 이익이 될 줄 압니다."[14]

국가와 재벌이 손잡고 출범한 발전연합

박정희는 "부정축재자를 사형에 처하라"는 여론과 혁명주체 세력들의 반대를 물리치고 이병철의 의견을 수용했다. 박정희와 이병철이 역사적인 회동을 한 며칠 후인 1961년 7월 13일, 구속되었던 기업가 13명(이병철, 이정림, 설경동, 박흥식, 홍재선, 최태섭, 이한원, 정재호, 남궁련, 조성철, 김지태, 이양구, 함창희)이 석방되었다. 이때부터 박정희와 기업가들은 한 배를 탄 형국이 되었다. 이른바 국가와 재벌 간의 '발전연합 developmental coalition'이 시작된 것이다.

이틀 뒤인 7월 15일, 석방된 기업가 13명이 모여 '경제재건 촉진회'라는 단체를 결성했다. 이는 군사정권이 석방된 부정축재 기업가들로 하여금 새로운 단체를 만들어 국가건설에 이바지하도록 강력히 권유했기 때문이다. 경제재건촉진회의 설립 취지문에는 "기간공업을 건설하는 실천조직으로 한다"는 내용이 명시되었다. 석방된 기업가들이 국가기간공업 건설 임무를 맡은 셈이다.

국가재건최고희의가 선포한 부정축재특별처리법에 의하면 1961년 12월 31일까지 부정축재 환수금을 현금으로 완납해야 인신 구속을 면하도록 되어 있었다. 당시 벌과금은 27개 기업주에게 378억 800만 환이 부과되었는데, 전체 벌과금의 27퍼센트(103억 400만 환)가 삼성그룹 이병철에게 부과되었다.

군사정부가 부정축재 기업가들에게 부과한 환수금 총액은 당시 국내 통화의 40~50퍼센트에 달하는 거액이었다. 짧은 기간에 엄청난 현금을 동원하는 것이 불가능해지자 이병철은 박정희 의장에게 "경제인들에게 벌금 대신 기간산업 공장을 건설한 다음 그 주식을 국가에 납부토록 해달라"는 '투자명령' 아이디어를 건의했다.

1961년 8월 8일 경제재건촉진회 이정림 회장은 박정희 의장이 이끄는 국가재건최고회의에 다음과 같은 건의문을 제출했다.

최고회의 기획위원회와 경제기획원이 경제개발 5개년계획의 최종적 검토를 하고 있거니와 본회는 이미 발표된 두 개의 계획안 중 민간사업으로 가능한 주요 사업 계획을 건의하오니 특별 조치하시길 바랍니다.

1. 제철공업
본 계획 기간 중에 최고회의 기획위원회는 연간 25만 톤의 생산능력을 갖는 종합제철공장 건설을 계획하고 있으며 경제기획원은 22만 톤의 종합제철 공장 건설을 계획하고 있는 바, 본 회는 민간 기업으로 본 계획 기간을 전후반기로 나누어 연간 20만 톤의 제철공장 두 개를 건설함으로써 목표 연도에는 도합 연간 40만 톤의 제철공장 건설이 가능함을 건의합니다.

2. 시멘트공장

본 계획기간 중에 최고회의 기획위원회는 연간 15만 톤과 20만 톤의 생산능력을 갖는 시멘트공장 2개를 건설할 것을 계획하고 있으며, 경제기획원은 연간 15만 톤과 40만 톤의 생산능력을 갖는 2개의 시멘트공장 건설을 계획하였는 바 본회는 본 계획 기간을 전후반기로 나누어 목표 연도까지는 연간 30만 톤의 생산능력을 갖는 2개의 시멘트공장 건설이 가능함을 건의합니다. 이것은 최종연도의 국내 총수요가 정부에서 계획한 165만 톤을 상회할 것으로 추정되기 때문입니다.

3. 비료공장

최고회의 기획위원회와 경제기획원은 1962~1967년에 이르는 6개년 동안 연간 초안硝安 7만 9,000톤과 인산燐酸 6만 톤의 생산능력을 갖는 제3비료공장과 요소 8만 5,000톤의 생산능력을 갖는 제4비료공장의 건설을 계획하고 있는 바 본회로서는 본 계획기간 중 민간 기업으로 연간 25만 톤의 요소비료 생산능력을 갖는 비료공장 건설이 가능함을 건의합니다.

4. 정유공장

1962~1963년에 이르는 2개년에 최고회의 기획위원회는 연간 545만 배럴의 능력을 갖는 정유공장을 건설할 것을 계획했으며 경제기획원은 목표연도까지는 연간 2억 5,200만 갤론의 생산능력을 갖는 정유공장을 건설할 것을 계획하였는 바 본회로서는 민간 기업으로 국내 수요를 충족시킬 수 있는 정유공장을 본 계획 기간 중에 완성할 수 있음을 건의합니다.

5. 인견사人絹絲공장

1962~1965년에 이르는 4개년에 최고회의 기획위원회는 연간 2,520만 파운드의 생산능력을 갖는 인견사공장을 건설할 것을 계획했으며 경제기획원은 1967년에 이르는 6개년에 연간 2,916만 파운드의 생산능력을 갖는 인견사공장 3개를 건설할 것을 계획했는바 본회는 본 계획 기간 중에 민간 기업으로서 국내 수요를 충족시킬 수 있는 인견사공장 건설이 가능함을 건의합니다.

기간산업 건설계획안을 정부에 제안

이러한 건의문에 이어 중화학공업 건설계획안을 한 단계 발전시킨 '기간산업 건설계획안'을 한국경제인협회 명의로 국가재건최고회의에 제출했다. 이 자료에 나타난 각 기간산업 공장 건설계획은 다음과 같다.

비료공장은 외자 6,500만 달러, 내자 100억 환을 투입하여 연간 생산능력 30만 톤의 공장을 1962년에 착공하여 1964년에 준공시킨다는 계획이다. 이듬해부터는 질소비료는 국내 수요를 충족시키고도 오히려 1,500톤의 여유를 갖게 된다. 이에 반하여 정부안은 거의 비슷한 규모의 자금으로 제3, 제4의 두 개 공장 신설을 꾀하고 있으나 시설 용량이 적을 뿐 아니라 목표 연도에는 그중 한 공장만이 완공할 것으로 되어 있다.

시멘트공장은 정부는 제3, 제4의 두 개 공장 건설에 착수하여 목표연도에 제3시멘트 공장만을 완공할 것으로 되어 있으나, 본 계획에서는 DLF(개발차관기금)로 설치될 현대건설 시멘트 이외에 세 공장을 신설 또는 확장할 것이며, 설비 용량에 비해 자금 규모는 정부 계획의 절반으로 족할 뿐 아니라 이를 전부 2개년에 완공하게 되면 5개년계획의 제4차 연도에는 생산능력이 국내 수요량인 100만 톤을 공급하고도 오히려 70만 톤의 여유를 갖게 된다.

제철공장은 외자 3,200만 달러, 내자 200억 환으로 연간 생산능력 선철 24만 5,000톤, 강괴 21만 6,000톤, 강재 16만 4,000톤의 종합제철공장을 신설할 것인 바 그 용량에 있어서는 정부안과 거의 동일함에도 불구하고 내자에 있어서는 100억 환의 절약을 가져오게 된다.

이 계획서에 상세하게 소개된 한국경제인협회가 계획한 종합제철공장 건설계획은 외자는 해외 차관으로, 내자는 일부 자기자본으로 충당하고, 나머지는 정부 융자로 조달하며 위치는 동해안 지대, 소요 원료는 대부분 국내에서 조달하고 연료만은 미국에서 도입하기로 했다. 공장이 완공되면 내국인 1만 명의 고용 효과를 창출할 수 있을 것으로 기대했다. 이 계획이 훗날 한국 중화학공업 발전사의 뿌리 역할을 하게 된다.

재계의 건의를 받은 국가재건최고회의는 이 건의가 일리 있다고 판단하고, 1961년 10월 21일 부정축재처리법 제18조 2항을 신설해 "부정축재 벌과금을 국가가 필요로 하는 1964년 12월 31일 이내로 공장을 건설하여 주식으로 대납할 수 있다"고 개정했다.

숨통이 트인 회원들은 '기간산업 건설 민간계획안' 작성과 이에 소요되는 자금 조달을 연구했다. 우선 기간산업 공장은 정인욱의 '태백산 종합개발 구상'을 바탕으로 재력 있는 기업가들이 맡는다는 계획을 세웠다. 경제재건촉진회는 1차 프로젝트로 시멘트, 비료, 전기, 제철, 화학, 섬유, 정유를 선정했다. 그리고 정유 분야는 정부가 직접 추진계획을 세우기로 했고, 나머지는 다음과 같이 분야를 나누었다.

- 시멘트: 홍재선(금성방직)

- 비료: 이병철, 정재호(삼호), 김지태

- 전기기기: 이한원(대한제분)

- 제철: 이정림(대한양회), 남궁연(극동해운), 설경동(대한산업), 이양구(동양시멘트), 김영주

- 화학섬유: 박흥식(화신), 김지태(조선견직), 최태섭(한국유리)

- 수산: 김상홍(삼양수산)
- 케이블: 구인회
- 시멘트: 김성곤

이들은 단독 혹은 합작으로 건설하기로 했다. 이를 강력 추진한다는 뜻을 다지기 위해 경제재건촉진회는 1961년 8월 16일 임시총회를 열어 단체의 명칭을 '한국경제인협회'로 변경하고, 초대 회장은 이병철, 부회장은 송대순 대한상공회의소 회장, 국제경제 경험이 풍부한 남궁련 사장에게 맡겼다. 협회는 재계의 대동단결을 위해 문호를 개방하고 김종희, 구인회, 우창형, 서정익, 김용성 등 7명을 추가로 받아들였다. 그해 11월에는 서갑호, 신격호, 권일 등 재외동포 기업인들을 비롯한 20여 명을 더 영입하여 경제개발에 참여하도록 권유했다.

한국경제인협회는 '경세제민經世濟民 혹은 경국제민經國濟民의 뜻을 가진 사람들의 모임'이라는 뜻이다. 이때부터 국내에서 실업인이라는 용어 대신 경제인이라는 용어가 유행하기 시작했다.

'한강의 기적'을
준비하다

　면모를 일신한 한국경제인협회는 이병철 회장을 중심으로 매주 한 번 이상 박정희 국가재건최고회의 의장을 만나 기간산업 건설 문제를 협의했다. 화두는 역시 투자자금이었다. 기간산업 공장 건설에는 막대한 자금이 필요했다.

　당시엔 나라 살림이 극도로 어려워 국가 운영을 국민들의 세금으로 충당하는 것이 불가능했다. 부족한 국가 예산은 미국의 원조에 의존할 수밖에 없었다. 박정희가 5·16을 일으킨 1961년은 전체 국가 예산 중 52퍼센트가 미국의 원조였다.[15] 1960년대만 해도 대충對充자금counterpart fund[16] 없이는 국가 예산 편성이 불가능했다.[17] 당시 우리나라의 형편은 소득이 낮아 국민 전체가 먹고살기도 힘든 형편이라서 저축율도 형편없는 수준이었다. 국내자본으로는 도저히 투자재원 마련이 불가능한 '빈곤의 악순환'을 겪고 있었다.

탈출구는 차관, 즉 외자도입이었다. 기업가들은 이미 이승만 정부 시절 동양시멘트가 DLF 차관(개발차관) 214만 달러를 도입했고, 이병철이 비료공장 건설을 위해 정부로부터 차관도입 허가를 받는 등 외자도입을 통한 공장 건설의 경험을 가지고 있었다. 이러한 경험을 바탕으로 기업가들은 해외로부터 차관을 도입하여 공장을 짓는 '외자도입을 통한 기간산업 건설' 아이디어를 내놓고 박정희를 설득하기 시작했다.

혁명 지도자 박정희는 이 안에 대해 처음에는 거부 의견이 강했으나 이병철, 남궁연 등 기업가들이 수없이 찾아가 설득했다. 박정희는 기업가들과의 만남을 거듭하면서 경제와 산업에 대한 눈을 뜨기 시작했다. 분위기가 무르익자 한국경제인협회는 기업가들의 아이디어를 모아 박정희 의장에게 '외자도입 촉진책'을 건의했다. 그 주요 내용은 다음과 같다.

- 개별 기업들의 교섭으로는 외자도입이 어려우므로 미국, 유럽, 일본 등 세 지역에 외자유치단 파견을 허락할 것.
- 민간 차관에 대해 정부가 지급보증을 해줄 것.
- 민간경제외교를 지원하기 위해 해외 공관에 유능한 상무관을 주재시킬 것.

- 외자에 따른 공장 건설 시 내자는 최대한 융자해주는 동시에 후취 담
  보제도를 마련할 것….[18]

1961년 9월 13일, 경제인들은 5개년계획에 소요되는 외자도입 추진 계획을 마련하여 최고회의에 건의했다. 이 계획이 최고회의에서 승인되어 민간 외자도입 교섭단이 결성되었고, 이병철이 대표를 맡은 미주 교섭단이 11월 2일, 이정림이 대표를 맡은 유럽 교섭단은 11월 8일 현지로 떠났다. 유럽 교섭단에는 정부 대표로 정래혁 상공부장관이 동행했고, 독일에 도착한 후에는 신응균 주서독 대사가 합류했다. 말하자면 경제계가 외자도입 제도를 만들어 군사정부를 이끈 것이다.

미주 교섭단은 현지에서 걸프 등 세계적인 기업들과 협상을 벌였다. 이 과정에서 한국전 당시 미8군 사령관을 역임한 밴 플리트 장군의 헌신적인 지원을 받아 미국의 대표 기업인들을 만날 수 있었다. 후에 걸프가 울산에 정유공장 투자를 결정했다. 독일로부터도 금성사, 한일시멘트, 쌍용시멘트 등이 2,500만 달러의 차관 교섭에 성공했고, 정부가 파견한 교섭단도 독일 정부와 발전설비 등 3,750만 달러의 재정 차관 협정을 체결했다.

당시 미국 기업인들은 한국의 재계 대표들에게 "외자유치를 통해 공업화를 하려면 임해지역에 교통, 전력, 용수, 항만, 노동력 등의 확보가 가능한 특별 공업지구를 먼저 설치하라"고 조언했다.

기업가들이 제안한 울산공업단지 건설

흥미로운 것은 우리 기업가들도 오래전부터 공업지구 건설을 구상했다는 점이다. 이병철은 이승만 정부 시절 세계적 규모의 비료공장 건설을 추진하면서 네덜란드 라인강 하구의 임해공업지대 등을 샅샅이 답사한 후 울산을 적지로 꼽았다. 남궁연도 정유공장 부지 추진과정에서 울산을 꼽았고, 삼양사의 김연수는 1950년 제당공장 부지 선정과정에서 공업단지로서 울산의 잠재력과 가능성을 발견하게 된다. 울산에 대한 김연수의 평이다.

'6·25 전쟁 피난 당시 제당공장을 세우던 1950년대의 울산은 한촌寒村에 지나지 않았다. 그러나 나는 울산이 앞으로 공업지대로 유망할 것으로 내다보고 여기에 산재해 있는 재산을 집중시켜 전력투구를 하기로 했다. 울산은 선박이 자유로이 정박하기에 충분한 수심을 가진 곳이요, 넓은 평야가 공장 도시로서 적격이었다. 나의 예견은 적중했다. 오늘날 울산은 가장 큰 규모의 공장 도시로 발전하지 않았는가.'[19]

기업가들은 울산을 대규모 공업단지 후보지로 결정하고 1962년 1월 11일, '종합공업지대 창설에 관한 제의서'를 최고회의에 제출했다. 이 제안서는 공업지리상 경남 울산읍 인근지역이 공업센터 건설에 가장 적합하며, 공장지대에는 종합제철공장 100만 톤(1차로 30만 톤), 비료공장 50만 톤(1차로 25만 톤), 정유공장(10만 배럴), 발전량 20만 킬로와트, 종합제철이 가동되면 종합기계공장을 건설해 연관효과를 노린다. 이밖에 전기기기, 섬유, 석유화학의 연관공업으로 폴리프로필렌, 에틸렌 등 약 10종의 공장을 건설한다는 내용을 담았다.

당시 일부 경제 관료들은 "국내 어디에나 공장을 세울 땅이 있는데 번거롭게 공업단지를 조성할 필요가 있는가"하고 부정적인 태도를 보였다. 그러나 국가재건최고회의는 전문가 24명으로 구성된 '울산공업도시 신설 안에 대한 연구반'을 조직하고 경제인협회가 제출한 계획안을 검토했다.

건의서가 제출된 지 불과 한 달이 안 된 1962년 2월 3일, 울산 현지에서는 울산공업센터 기공식이 거행되었다. 이날 박정희 의장은 "4,000년 빈곤의 역사를 씻고 민족 숙원의 번영을 마련하기 위해 우리는 이곳 울산을 찾아 여기에 신생 공업단지를 건설하기로 하였습니다…"라고 선언했다.

이어 5월 11일에는 밴 플리트 장군을 단장으로 하여 GM, 포드, 웨스팅하우스, 다우케미컬, 텍사코, 스탠더드 오일 등 28명의 미국 기업인단이 한국으로 날아와 울산 현지를 시찰했다.

이 와중에 1962년 6월 9일, 군사정부는 날벼락 같은 긴급 통화개혁을 단행했다. 통화개혁으로 금융사정은 악화되고 물가가 폭등하는 등 시장이 요동쳤다. 흉작으로 인한 식량난까지 겹쳐 경제 불안이 가중되면서 대외신용도가 급락했다. 그 결과 외자도입 교섭이 중단되는 등 혼란이 야기되었다.

무엇보다 우리 기업들의 해외 신인도信認度가 너무 취약한 것이 문제였다. 정부의 투자명령에 의해 이병철을 비롯한 정재호, 김지태는 울산비료공동투자체를 구성하고 차관 교섭을 위해 일본과 유럽을 순방했다. 외자 5,500만 달러, 내자 50억 환을 투자하여 연산 30만 톤의 대규모 최신 비료공장을 건설한다는 계획은 우리나라의 연간 수출액이 1억 달러 미만이었던 당시로서는 시기상조로 보였다. 결국 차관도입에 실패한 울산비료공동투자체는 사업 추진이 중단되어 1963년 말 환수금을 현금으로 납부하고 해산했다.

제철 분야도 사정은 비슷하여 벌과금은 현금 납부 방식으로 환수되었다. 계획대로 추진된 것은 이한원의 한영공업, 구인회의 한국케이블(후에 금성전선) 정도에 불과했다. 부정축재 환수의 소용돌이 속에서 태창방직의 백남일, 중앙산업의 함창희, 대동공업의 이용범 등은 재벌의 반열에서 탈락하게 된다.

외자도입형 공업화 전략 제안

경제발전사의 고전적 코스에 의하면 한 국가가 산업화의 길로 나가기 위해서는 먼저 농업을 발달시켜자본과 시장을 육성한 다음 수공업과 경공업을 일으킨다. 이것을 바탕으로 중공업中工業을 거쳐 중공업重工業으로 발전해가는 것이 정석이다.

그러나 당시 한국이 처한 환경과 현실은 너무나 절박했다. 한국은 국토의 절반이 휴전선으로 잘려 남북 간에 불균형적인 산업구조가 심화된 데다가, 북한의 남침 위협에 맞서기 위해 막대한 국방비를 부담해야 했다. 이 상황에서 2,500만 인구를 농업으로 부양하기에는 한계가 있었다.

제2차 세계대전 후 식민지에서 독립한 대부분의 국가들은 수입대체산업을 육성하고 외자의 유입을 막아 대외의존도를 낮춰서 독자경제를 구축한다는 후진국 발전 이념을 따르고 있었다.[20] 세계의 석학이나 국제기구에 종사하는 발전전략 전문가들은 후발국이 경제개발을 위해서는 수입대체산업 육성이 바람직한 방법이라고 적극 조언하고 있었다.

국내에서도 한국경제 재건을 위해서는 공업화가 시급하다는 기본 방향에 대해서는 생각이 같았다. 그러나 공업화를 추진하는 구체적인 방책에 대해서는 의견이 갈렸다. 첫째는 외자를 유치하여 기간산업 공장을 세워 수입대체와 수출촉진을 서둘러야 한다는 것, 둘째는 공업화에 선행하여 인구의 대다수가 취업하고 있는 농업을 먼저 개발함으로써 농촌의 구매력과 원자재 공급능력을 배양하면서 경공업에서 중공업으로 균형 있게 성장해야 한다는 것이었다.

정부가 기본방향을 선택하지 못하고 우왕좌왕할 때 이병철은 "한국이 후진성을 탈피하려면 공업화를 서둘러서 생산과 수출을 늘려야 한다. 그러나 국내에는 자본이 없고 기술도 없으므로 선진국에서 차관이나 투자 형식으로 자본과 기술을 도입하여 공장을 건설하는 것이 훨씬 유리하다"라고 주장했다.

이병철의 외자도입을 통한 공업화 전략은 외국의 학자나 전문가들의 조언과는 반대되는 행보였다. 그것은 국가의 운명을 건 한판의 승부였고, 도박과 같은 승부는 멋지게 성공했다. 당시 한국경제를 어떤 방향으로 끌고 갈 것인가에 대한 종합적인 설계와 구체적인 비전을 가진 사람은 이병철이 독보적이었다. 그의 비전은 1963년 〈한국일보〉에 연재한 '우리가 잘사는 길'이란 기고문에 다음과 같이 압축적으로 설명되어 있다.

우리가 아시아의 반공 보루국堡壘國으로서 수원受援태세를 건실하게 확립하여 조야朝野가 합심 노력하면 1억 불 정도의 차관을 매년 확보하는 일은 어려운 일이 아니라고 생각된다. 앞으로 10년 동안 약 10억 불 정도의 차관 획득도 꿈은 아니다. 다음으로 한일회담이 원만히 타결되는 날엔 일본에서 10년간 6억 불을 도입하는 일도 큰 문제가 되지 않을 것이다. 또 그간의 움직임으로 보아 독일, 이태리, 불란서 등지에서 10년간 5억 불 정도의 차관을 확보하는 일은 그렇게 어려운 일이 아닌 줄로 생각되는 바, 이상을 합치면 앞으로 10년간 21억 불 내지 23억 불 가량의 외자도입을 확보할 수 있다는 결론이 나오게 된다. 그리고 발전소 건설 자금만은 영국, 호주, 화란, 포르투갈 등 각국에서 1,700만 불 씩 도합 약 1억 3,000만 불 정도를 차관해 옴이 좋으리라 믿는다.

이상에서 말한 외자도입이 원활하게 달성되면서 3년만 지나면 이미 건설 완료한 공장에서 수익이 나오게 된다. 그것을 매년 2억 불 내외로 보고 이 자금을 다시 민간사업에 재투자할 것 같으면 10년 동안 15억 불 내지 20

억 불에 해당하는 공장 건설 자금을 확보하는 결과가 될 것이다. 만일 우리의 구상이 계획대로 진척되기만 하면 36억 불 내지 43억 불의 투자가 가능할 것이다. 이를 약 40억 불로 추정하면 400만 불 규모의 공장 1,000개를 건설할 수 있다. 그렇게 되면 투자 총액의 약 70퍼센트에 해당하는 28억 불의 연간 생산 증가는 곧 같은 금액의 GNP의 증가를 기대할 수 있으므로 1인당 국민소득 100불의 증가는 무난히 달성될 것이다.

또한 이들이 평균 한 공장에 500명씩 고용한다고 치더라도 고용 증가는 50만 명에 달할 것이며 부양가족을 5인 평균으로 친다면 250만 명이며, 그 밖의 하청 중소 공장과 유통 단계에서의 고용을 합치면 무려 500만 명의 고용 증대를 기대할 수 있게 된다. 즉 농가 인구를 공장에 흡수하여 그들의 생활이 보장받을 수 있게 될 것이다. 이러한 공장 1개에 부과되는 세금을 평균하여 200만 원으로 추정하면 세금 총액이 20억 원이 되는 바, 이렇게 되면 정부의 세수입은 배증한다. 공무원의 급료도 배액倍額 이상 지불할 수 있게 되어 점차로 부정부패도 일소될 수 있게 되고 사회도 명랑하고 건전하게 될 것이다.

농촌의 직접 구제란 한도가 있고 자칫하면 의뢰심을 조장할 우려도 없지 않다. 진실로 농민을 위하는 길은 앞서 말한 바와 같이 1,500만 농민의 3분의 1에 해당하는 500만 명을 공업에 흡수함으로써 현재 420평에 불과한 1인당 경지 면적을 630평으로 확대시켜 농업 생산성을 높이는 한편 농산물 생산비에 절대적인 영향을 주는 비료나 농기구 등을 국내 공장에서 염가로 생산 공급하는 공업화를 촉진함으로써 농민들이 간접적으로 공업

화에 의한 파급 혜택을 받도록 할 수밖에 없다고 생각한다.[21]

우리 기술 우리 자본으로 공업화 추진

백지상태나 다름없던 박정희의 머릿속에 외자도입을 통한 공업화 전략의 구체적 비전, 그리고 그 실천 전략으로 울산공업단지, 구로수출산업단지 건설을 주입시킨 것은 이병철, 전택보, 정인욱, 김용완, 이원만 등을 필두로 한 기업인들이었다.

그러나 축적된 민족자본이 턱없이 부족한 상황에서 고육지책으로 내놓은 외자와 기술 도입형 공업화 전략이 만병통치약은 아니었다. 이 전략은 나중에 우리 경제에 엄청난 후유증을 안겨주는 원인이 되기도 했다. 이 때문에 일부 기업가들은 외자와 기술 도입형 공업화 전략 대신 "우리 자본 우리 기술로 공업화를 추진해야 한다"고 주장했다. 그 대표적 인물이 강원산업 창업자 정인욱이다.

군사정권은 1961년 7월, 민주당이 기본 틀을 잡아둔 계획을 약간 손질해 '경제재건 5개년계획'을 발표하고 그해 12월에 이것을 제1차 경제개발 5개년계획으로 확정했다. 박정희 의장은 경제개발계획의 원활한 추진을 위해 1961년 9월 중순, 재계 대표 20여 명을 초청해 경제개발을 위한 협조를 재계에 당부했다. 김성곤은 당시 상황을 이렇게 설명하고 있다.

'9월 중순 재계 대표를 만난 박정희는 "경제건설에는 거액의 외자가 소요되는데 정부 힘만으로는 감당할 수 없다. 실업계 여러분이 외자도입을 하겠다고 한다면 정부로서는 모든 지원을 아끼지 않겠다"고 약속했다. 외국으로부터의 차관도입 구상은 일찍부터 재계에서 필요성이 제기된 일이긴 했지만, 외국 대기업들이 한국 기업의 상환능력이 부실하다고 보고 있었기 때문에 구체화되지 못한 현안이었다. 군사정권으로서는 차관에 정부가 직접 개입해서 기업가의 사업의욕을 자극시키는 다목적 구상이었다.'22

이날 참석했던 기업인들은 정부가 내놓은 계획에 어느 누구도 이의를 제기하지 않는데, 유독 정인욱만 반대 의견을 내놓았다.

"박 의장, 그건 안 될 말입니다. 우리가 거지도 아니고, 창피하게 외국에 나가서 손 벌리고 구걸하는 식의 거래를 한다는 것은 국가 체면상 있을 수 없는 일입니다. 우리가 허리띠 졸라매고 작업화 고쳐 신고 열심히 뛰면서 우리 기술과 우리 자본으로 공장을 건설하면 못할 것도 없습니다. 우리 기업가와 정부가 힘을 합쳐 열심히 일해 봅시다."23

정인욱의 주장은 중대한 시사점을 던진다. '외자와 기술 도입형 경제개발'이라는 정부 정책에 반기를 들고 나섰기 때문이다. 정인욱의 주장은 자신이 직접 강원탄광을 운영하면서 각종 광산기계와 설비를 독자적으로 개발하는 과정에서 터득한 사업가로서의 경험, 즉 자존심에 기초했다. 그는 왜 우리 기술, 우리 자본으로 경제를 개발하자고 주장했을까?

당시 우리보다 앞서 경제개발을 추진한 타이완은 외국 차관에 의존하지 않고 내자로 외국에서 필요한 기계를 구입하여 경제개발을 추진했다. 그들이 내자를 축적할 수 있었던 이유는 저축에 대한 금리를 물가인상률보다 높게 유지했기 때문이다. 한국의 예금 금리가 10~15퍼센트일 때 타이완은 최고 34퍼센트까지 예금 금리를 주니 은행에 돈이 몰린 것이다.

그렇다면 내자를 이용한 경제개발과 외국 차관을 이용한 경제개발은 어떤 차이가 있을까? 선진국이 개도국에 차관을 제공하는 이유는 그 돈으로 자국의 기계와 설비를 판매하기 위한 목적이 숨어 있다. 기계나 설비의 가격은 국제 시세가 뻔하니까 바가지를 못 씌우지만, 기계나 설비의 운영에 필요한 소프트웨어나 노하우 비용, 인건비 등은 부르는 게 값이다. 그들의 돈을 빌려서 기계와 노하우, 소프트웨어를 구입해야 하는 을z의 입장에선 아무리 비싸도 부르는 대로 값을 치르고 살 수밖에 없다.

외자와 기술 도입형 경제개발을 추진하기 위해서는 필연적으로 많은 비용이 발생했다. 정부는 이것을 국가와 사회가 부담하도록 유도함으로써 기업이 성장하도록 도왔다. 게다가 당시엔 외자도입 자체가 일종의 특혜였기 때문에 정치자금 등 비용이 높아질 수밖에 없었다.

타이완은 자기자본自己資本으로 기계 설비를 구입하니까 차관으로 도입하는 것보다 월등히 유리한 가격과 조건으로 구입이 가능했다.

자기자본으로 사업을 하다 보니 우리처럼 없는 살림에 마구잡이식으로 외국 차관을 들여다 무리하게 일을 벌이지도 않았다. 타이완은 이처럼 자기 능력에 맞는 사업 규모를 추구해 풀뿌리 중소기업형 경제구조가 탄탄하게 뿌리를 내렸다. 이것이 외국 차관을 쓰지 않을 때의 이점이다.

정인욱은 타이완의 경제개발 사례를 명확히 이해하고 있었다. 그래서 "아무리 어렵더라도 우리 기술과 우리 자본으로 경제개발을 해야 한다"고 목소리를 낸 것이다. 군사정권 초기에 권력자 박정희에게 "외자도입형, 기술종속형 경제개발의 길로 나가서는 안 된다"고 면전에서 반대한 기업가는 정인욱 한 사람 뿐이었다.

공보처가 발간한 『제6공화국 실록』은 한국이 외자와 기술도입형 경제개발을 추진한 결과 우리 사회에 '구조적 인플레의 악순환'을 야기했다면서 다음과 같이 분석하고 있다.

1960년대 초 이후 경제개발 추진과정에서 실업 해소를 위한 고도성장 정책이 인플레를 야기했다. 둘째 고도성장을 뒷받침하기 위한 자본동원 과정에서 부족한 투자재원을 조달하기 위해 외자도입, 국내 통화 팽창, 간접세에 의한 강제 저축 방법 등이 동원됐다. 셋째 정부와 기업부문에서 능력을 초과하는 과잉투자가 이루어짐으로써 인플레가 더욱 심화됐다.

문제는 이러한 인플레 구조 하에서는 고정채무가 많을수록 상대적으로 인플레 이득이 크게 나타난다는 점이다. 따라서 기업들은 타인자본을 동원한 채무성장을 당연한 것처럼 여기는 풍조가 만연했다. 『제6공화국 실록』은 '우리 경제의 만성적 인플레 현상은 능력 이상의 성장을 추구한 데 근본적 원인이 있으며, 이것이 우리 경제체질을 약화시켰다'고 분석하고 있다.

반면 정인욱의 우리 자본과 우리 기술에 대한 집착은 종교적 신념을 방불케 했다. 강원탄광이 1962년 국내 최초로 건설한 지하 557미터의 수직갱(광산용 지하 엘리베이터) 건설은 정인욱의 민족 자본가적 집념의 꽃이었다. 당시 수직갱 분야에서는 독일이 세계 최고 수준이었다. 독일은 강원탄광이 수직갱을 건설한다는 정보를 입수하자 무상 차관 제공을 제안했다. 기계는 무상으로 거저 주고, 엔지니어링 기술과 노하우 비용에서 본전을 뽑겠다는 뜻이었다.

정인욱은 "우리는 거지가 아니다. 우리 기술과 자본이 있는데 무엇 때문에 외국 도움을 받는가" 하면서 거절했다. 그리고 탄광에서 벌어들인 자체 자금과 기술을 총동원하여 공사를 강행했다. 요즘 화폐가치로 환산하면 최소 500억 원 이상의 거액이 투입된 대규모 공사였다.

정인욱은 수직갱의 설계와 건설을 진두지휘했다. 수직갱이 완성된 날 정인욱은 떨리는 손으로 '장하다 우리 기술'이라는 휘호를 써서 직원들에게 주었다. 이병철은 강원탄광이 무상 차관을 거절하고 지하 수백 미터에 거액의 자기자본을 투입하여 건설한 수직갱 현장을 돌아보면서 "정 선생은 사업가가 아니라 기업 수도사"라는 말을 남기고 갔다.

기업가들, 군사정부에 수출제일주의 건의

1963년 1월 8일 한국경제인협회 회원들과 박정희 의장의 간담회에서 기업가들은 수출의 중요성을 강조했다. 이날 코오롱 창업주 이원만 사장은 한 시간에 걸쳐 수출산업 육성을 역설했다. 그는 일본에서 가져온 고무 뱀, 포크와 나이프 등을 박정희 앞에 꺼내보였다. 고무 뱀의 꼬리를 잡고 흔들자 뱀 장난감은 살아 있는 뱀처럼 고개를 쳐들고 꿈틀거렸다. 이원만이 박정희 의장에게 말했다.

"일본은 포크와 나이프를 수출해 연간 3억 달러 이상을 벌고 있습니다. 별 기술이 드는 것도 아닙니다. 스테인리스를 형에 맞추어 찍어내고 잘 닦아 광택을 내면 제품이 되는 것입니다. 우리 근로자들의 손재주는 일본에 결코 뒤지지 않습니다. 임금은 일본의 5분의 1도 안 됩니다. 더구나 도시와 농촌 할 것 없이 엄청난 실업자가 있으니 무엇인들 못하겠습니까."

이원만은 가발, 안경, 수세식 변기, 넥타이, 가죽 허리띠, 양복, 양말, 구두, 시계 줄, 양복 단추 등을 만들어 수출하자고 제안했다. 이날 간담회 다음날 박정희는 이원만을 비롯한 경제인협회 회원들을 초청하여 또 다시 대화를 나누었다. 당시 정황을 이원만은 다음과 같이 기록하고 있다.

박정희: 어제 이 선생 말씀을 듣고 아주 기분이 좋았습니다. 공업이 된다고 하니 힘이 절로 납니다. 공업을 하는 데 무엇부터 시작하면 좋겠습니까?

이원만: 우선 공업단지를 만들어야 합니다. 서울 변두리에 100만 평가량의 헐한 땅을 사겠습니다. 일이 끝나면 다 국가에 기부하겠습니다.

박정희: 100만 평은 나라에서 확보할 수 있습니다. 무엇을 합니까?

이원만: 재일동포 가운데도 돈이 많고 외국 시장을 가지고 있는 사람이 있습니다. 그들은 사장이고 기술자이기도 합니다. 순한 사람들입니다. 그 사람들을 이 100만 평 땅에 유치하여 공장을 세우게 합니다. 그 사람들이 돈과 기술과 외국 시장을 가지고 여기에 들어옵니다. 공업단지가 되면 재일동포뿐 아니라 외국인의 공장을 불러 보세가공을 할 수도 있습니다.[24]

이날 박정희는 이원만의 제안을 채택하여 공업단지 명칭을 '한국수출공업단지'라고 정했다. 박정희는 구로동에 육군이 쓰다 남은 땅 100만 평을 확보하라고 국가재건최고회의에 명령했다. 7월 29일 경제인협회는 재일교포들의 자산과 선진기술을 도입하여 서울 근교에 수출산업단지를 조성하기 위해 '수출산업공단 설립계획서 및 건의서'를 정부에 제출했다. 정부는 이 건의에 의해 장관급을 위원장으로 하는 수출산업공업단지 육성위원회를 설치하고 수출산업공단법을 제정했다. 그 결과 서울 구로동이 수출공단 제1호로 지정되었다.

1963년 10월 12일에 한국산업수출공단이 발족되었다. 이원만과 이 정림은 그 길로 일본으로 달려가 전국을 돌며 다음과 같이 동포 실업가들을 설득했다.

"우리 조국에 수출공업단지를 만듭니다. 구로동에 땅을 마련했습니다. 우리가 일본에 와서 성공했으면 이제 금의환향을 해야 합니다. 사정에 따라 환향은 못한다 해도 조국에다 공장을 세워 조국 재건에 이바지할 수 있습니다. 조국에는 일손이 많고 임금도 헐하니 사업을 하면 성공해요. 일인들은 우리를 차별하니 일본이 번영할수록 우리는 일본에서 사업하기가 어렵습니다. 또 이 땅에서 늙어 죽으면 뭣합니까. 자기 나라에 가서 자기 나라 일을 해야지 여기서 무슨 소용 있습니까."[25]

두 사람의 노력 끝에 재일동포 기업가 7~8명이 구로수출산업공단에 투자하기로 결정을 했다. 두 사람은 재일동포 기업가들을 설득하기 위해 홋카이도를 방문했을 때 일본 최고의 농업 분야 전문가인 호소가와細川定治 교수를 설득하여 한국을 방문하도록 주선했다. 이원만이 농업 전문가를 초빙하게 된 이유는 우리 농업이 일본에 비해 30년이나 뒤져 있고, 벼농사의 경우 1정보町步(땅 넓이 단위. 1정보는 약 3,000평)당 생산량이 일본의 절반에 불과하다는 사실을 농업진흥청을 통해 들었기 때문이다. 이원만은 일본의 전문가들을 초빙하여 낙후된 한국의 농업을 선진화시켜보자는 뜻에서 호소가와 교수에게 한국을 도와달라고 호소했다.

호소가와 교수는 이시스카^{石塚喜明} 홋카이도대학 농학부 교수, 히도노리^{弘法健=} 도쿄대학 농학부 교수, 사토^{佐藤健吉} 농촌전화협회 이사를 대동하고 한국에 왔다. 이들의 왕복 여비는 재일동포 기업가들이 부담했고, 한국에서의 체류비는 이정림과 이원만이 제공했다. 일본 농업전문가들은 수원 농업진흥청에서 국내 농업전문가들을 지도하고 서울농대 교수들과 세미나를 가졌다. 그리고 많은 자료를 한국에 제공했다. 이때 호소가와 교수 일행으로부터 많은 것을 배운 한국 기술진들이 연구를 거듭하여 통일벼 개발에 성공함으로써 식량증산에 결정적으로 공헌했다.[26]

수출진흥확대회의 출범

1963년 2월 1일 경제인협회 대표들과 박정희 의장을 비롯하여 최고위원, 정부 각료 등이 한 자리에 모여 흉금을 터놓고 경제개발 5개년계획 추진에 대한 격의 없는 토론을 벌였다. 이날 박정희는 "오늘과 같은 격의 없는 의견교환을 위해 매월 1회 관민 합동회의를 갖자"고 결정했다. 이것이 후에 청와대 수출진흥확대회의의 모태가 된다.

1963년 3월 7일 수출산업촉진위원회가 발족하여 본격적으로 수출 드라이브 정책이 만들어지기 시작했다. 이때부터 수출이 국가의 주요 정책으로 등장했다. 기업가들은 시골 아낙네들의 머리카락을 모아 가발을 만들어 수출했고, 해산물과 과일을 해외에 내다 팔았다.

1963년에는 우리 기업들이 만든 철강재(함석), 합판, 면포 등 공산품 수출이 개시됐다. 기업인들이 줄기차게 외쳐온 보세가공무역이 빛을 발하기 시작한 것이다.

제1차 경제개발 5개년계획이 시작된 1962년 우리나라 수출 총액은 5,481만 달러였다. 수출 품목은 돼지(147만 달러), 생선(345만 달러), 말린 생선(249만 달러), 조개류(181만 달러), 쌀(893만 달러), 김(75만 달러), 생사生絲(396만 달러), 광석(269만 달러), 중석(337만 달러), 철광(385만 달러) 등이었다. 대부분이 천연자원이었던 수출품은 점차 원단과 섬유 봉제품으로 대체되어 갔다. 우리의 젊은 처녀들이 방직공장과 신발공장에서 밤새워 만든 메리야스와 스웨터, 와이셔츠와 드레스 셔츠, 운동화와 구두가 전 세계 시장으로 실려 나가면서 1964년 11월 30일, 드디어 수출 1억 달러를 돌파했다. 이 날을 기념하기 위해 정부는 11월 30일을 '수출의 날'로 정했다.

정부는 수출을 제도적으로 뒷받침하기 위해 기업들에게 연간 수출 의무량을 부과했다. 목표를 달성한 기업은 더 많은 혜택을 주고, 미달한 기업은 제재를 가했다. 정부는 무역진흥공사KOTRA를 설립하고 전 세계 주요 도시에 무역사무소를 설치하여 수출업자들의 해외시장 개척활동을 적극 지원했다.

1965년부터는 매월 정기적으로 청와대에서 대통령 주재 하에 수출진흥확대회의와 월간경제동향보고 회의를 운영했다. 박정희는 서거할 때까지 15년 동안 매월 두 차례 대규모 회의를 빠짐없이 주재하며 수출전선의 선두에 서서 뛰었다. 수출을 국가 전략산업으로 키워야 한다고 종교를 전도하듯 열성적으로 주장해온 기업가들의 노력이 드디어 빛을 보기 시작한 것이다.

우리가 수출 1억 달러를 돌파할 무렵 북한의 수출 실적은 우리의 두 배인 2억 달러, 동남아 국가들 중 5억 달러 이상을 수출하는 나라가 수두룩했다. 우리의 수출실적은 시간이 갈수록 가속도가 붙어 1971년 10억 달러 돌파, 1977년 100억 달러 돌파, 1988년 500억 달러 돌파 등 25년 만에 500배의 수출 신장 기록을 세웠다. 1970년에 처음으로 연간 수출 10억 달러를 돌파하자 박정희는 이날을 기념하기 위해 국가 공휴일로 선포했다. 수출실적 500억 달러를 돌파한 해에 우리는 서울올림픽을 개최하여 전 세계 개발도상국에 희망과 용기를 불어넣었다.

역사적 사실이 이렇게 명백함에도 불구하고 학계나 개발연대의 관료 출신들은 수출과 관련된 모든 공을 박정희와 관료들의 개발독재 시스템에 공을 돌리기에 바쁘다. 그 대표적인 내용은 다음과 같다.

수출드라이브 정책은 1964년 박정희 대통령이 서독을 방문했을 당시 서독 수상 에르하르트가 강력히 권고했다는 이야기도 있고, 박정희 대통령 스스로 수출드라이브 정책을 펴는 서독을 마음속의 모델국가로 삼고 그대로 따라했다는 이야기도 있다. 자원이 부족한 분단국가라는 동병상련의 심정, 그리고 부럽기만 한 서독의 발전된 모습이 박정희 대통령에게 큰 인

상을 남겼을 것이라는 것은 짐작할 수 있다.[27]

1960년대 한국은 산업혁명기였다. 면방직, 나일론, 목재, 제지, 신발, 타이어, 제분과 제당을 비롯하여 시멘트, 정유, 비료공장, 화학공장 등 근대적인 공장 시설들이 속속 건설됐고, 수출과 외자도입, 외국과의 계약 등을 통해 국제 비즈니스를 위한 기본 지식을 축적해갔다. 개별 기업들은 인수 합병, 업종 다각화와 수직 계열화를 통해 대기업화의 길로 나가면서 빈약한 내수 시장과 경기 부침에서 오는 위험을 분산하고 국제경쟁력 확보를 위한 기반을 마련하기 시작했다. 재벌기업의 선단식船團式 운영이 틀을 잡기 시작한 것이다.

한국의 수출이 급속도로 늘어난 이면에는 세계경제가 브레튼 우즈 체제에 의해 황금기를 구가했던 외부 여건과도 무관하지 않다. 제2차 세계대전으로 인류가 전멸할 수도 있는 심각한 파괴와 살육을 경험한 세계 각국은 IMF(국제통화기금)와 IBRD(국제부흥개발은행)를 탄생시켰다. IMF를 통해 미 달러화를 세계의 기축통화로 하고 달러의 금 태환兌換을 보장하여 환율을 안정시켰으며, IBRD를 통해 국제자본의 이동을 원활히 하여 전후戰後 경제부흥을 촉진했다. 이것이 국제 금융질서 회복과 안정에 큰 역할을 했다. 1948년 1월에 발효된 GATT(관세 및 무역에 관한 일반협정) 체제는 자유무역주의를 기초로 한 결과 국제 교역이 대대적으로 확산되었다.

우리나라의 수출이 크게 늘기 시작한 이유는 IMF-GATT 체제가 본격화되어 주요 국가들의 관세율이 평균 50퍼센트 이상 크게 낮아졌기 때문이다. 그리고 일본이 경공업에서 중화학공업으로 이전해 가면서 경공업 분야에서 한국이 일본을 대체할 수 있는 기회가 왔기 때문이다. 우리나라의 국가지도자를 비롯한 기업가들은 전 세계적인 트렌드의 변화로 인한 기회를 적극 활용하여 성공의 길을 질주하기 시작했다.

4장

중화학공업의 발전을 이끈
기업가들

중화학공업의 부재, 취약한 자본구조의 원인

중화학공업 4대 핵심공장 건설

기계공업 불모지에서 일으킨 자동차산업

석유위기에서 국가를 구한 건설업

진취적이고 창의적인 기업가정신 발현

중화학공업의 부재,
취약한 자본구조의 원인

산업혁명의 원조인 영국을 비롯한 서구 선진국들은 산업화 과정을 농업에서부터 시작했다. 농업분야에서 축적된 자본잉여가 상업분야에 투자되었고, 상업자본이 산업자본으로 투자되어 수세기에 걸쳐 산업화가 진행되었다.

반면에 우리나라는 선진국과는 다른 길을 걷는다. 해방 후 국내에 축적된 민족자본은 땅, 즉 토지자본이 유일했다. 그런데 이승만 정부 때 추진된 농지개혁과 그 직후 발생한 6·25 전쟁으로 인해 지주들이 몰락하게 된다.

이승만 정부의 농지개혁은 유상몰수 유상분배 방식이었다. 지주들은 소유하고 있던 농토를 국가에 내놓고, 그 대금을 지가地價증권으로 받았는데, 6·25 전쟁으로 인해 심각한 전시戰時 인플레이션이 발생했다. 대부분의 지주들은 피난지에서 생활이 막막하게 되자 액면가가 폭락한 지가증권을 헐값에 처분하여 생활비로 사용했다. 그 결과 유일한 민족자본이었던 토지자본은 경제부흥과 산업발전을 위한 종자돈으로 전환되지 못하고 지주들의 생활비나 소비자금으로 유실됐다. 불과 11퍼센트의 지주만이 토지자본의 산업자본화에 성공한 것으로 조사됐다.[1]

타이완은 우리나라와는 달리 토지자본의 산업자본화에 성공한 나라다. 중국 본토에서는 저장성浙江省 지주 재벌들이 중심이 된 토착 지주세력들의 강력한 저항으로 인해 토지개혁을 할 수 없었고, 제2차 세계대전 후의 경제 혼란으로 악성 인플레이션이 발생하여 빈부격차가 극에 달했다. 장제스蔣介石가 마오쩌둥毛澤東의 공산당에게 중국 본토를 빼앗긴 것도 이런 이유 때문이다.

장제스 정부는 본토를 잃고 타이완으로 철수할 때 약 150만 명의 본토인이 공산주의를 피해 타이완으로 이주했다. 장제스는 1950년 토지개혁을 실시하고 경제개발계획을 시작했다. 타이완 정부는 경제 및 산업 분야의 핵심 관료 자리를 엔지니어(테크노크라트)들에게 맡겨 철저하게 실리 중심의 경제개발을 추진했다.

장제스 정부는 중국에서 저장성浙江省 토착 지주재벌들에게 혼이 난 경험을 되풀이하지 않기 위해 타이완에서는 의도적으로 재벌을 키우지 않고 중소 지주들을 중소 규모 기업인으로 육성하는 정책을 추진했다. 앨리스 암스덴 미 MIT대 교수는 '타이완의 대기업과 도시

혼잡'이라는 글에서 장제스 정부가 타이완 사람들과 토착민간의 민족문제 때문에 대기업을 고의적으로 육성하지 않았다고 주장했다.

타이완은 중소 규모의 지주들이 농지개혁 때 농지대금으로 받은 지가증권을 산업 자본화하여 중소기업 위주의 산업 발전을 추진했다. 그 결과 타이완은 인구 대비 기업 수가 세계에서 가장 많고, 대물림하는 가족 단위의 중소기업들이 많다.

또 타이완 기업가들은 공장을 건설하거나 새로운 시설에 투자할 때 가능하면 자기자본으로 해결했다. 자신이 감당할 정도의 규모로 사업을 꾸리고, 은행에서 돈을 빌렸을 경우 이를 다 상환하기 전에는 신규 투자를 하지 않았다. 이런 이유 때문에 대부분의 기업들은 재무구조가 비교적 건실했다.

자기자본 위주의 사업전개는 안정성 측면에서는 큰 강점이다. 그러나 자기자본만으로는 불가능한 대규모 기간산업인 제철, 조선, 자동차, 반도체산업 등에서는 명백한 투자 상의 한계가 발생한다. 타이완 기업가들은 안정성을 지나치게 중시한 나머지 한국의 기업가들처럼 막대한 은행 차입이나 타인자본에 의지해 대규모 기간산업을 벌이는 모험을 감수하지 않았다. 그 때문에 타이완은 한국보다 10여 년 먼저 경제개발에 돌입했음에도 중화학공업 분야에서는 한국에 뒤지게 되었다.

우리나라는 6·25 전쟁으로 인한 전시 인플레이션으로 중소 지주들의 지가증권이 산업 자본화하는 데 실패하면서 근본적으로 중소

기업의 뿌리가 취약한 경제구조가 자리 잡게 되었다. 그 결과 개발연대에 국가가 주도하는 대기업 위주의 경제 시스템이 만들어졌고, 산업화 과정에서 정부와 기업의 상호 연대를 통한 발전 동맹 관계가 형성되었다. 즉 정부가 계획을 주도하고, 기업들은 해당 분야에서 기업을 일으키며, 이를 잘 운영하여 국제경쟁력을 확보하고, 이익이 나는 구조로 성장·발전시키는 경영상의 모든 책임은 기업가들의 몫이었다.

또 새로운 기업을 설립하고 투자와 운영자금을 확보하는 것도 기업가의 책임이었다. 한국의 기업들은 박정희 정부 시절 추진된 경제개발 5개년계획 기간 중에 막대한 시설투자를 통해 신사업을 건설하고, 기존 시설에 대한 설비투자를 통해 규모가 확장되기 시작했다.

한국의 거의 모든 산업은 구상 단계부터 내수 시장 위주가 아니라 수출을 염두에 두고 건설되었다. 국제경쟁력을 갖추기 위해서는 '규모의 경제Economy of Scale'가 필수적이었다. 그 결과 기업들의 능력보다 과도한 설비투자가 요구되었다. 자기자본이 부족한 기업들은 차관과 은행 차입금으로 이를 해결하다보니 재무구조가 악화되었다.

개발 초기 단계에서 우리 기업들의 해외 신인도가 낮아 차관도입이 무산되자 정부가 기업들의 차관에 지불보증을 해주었다. 고금리 시대에 해외에서 저리의 차관을 장기적으로 도입할 수 있도록 허가받는 것은 일종의 특혜였다. 초기에는 공장시설을 건설하는 데만 외자를 허용했으나, 얼마 후에는 운영자금을 위한 원부자재 차관 도입까지 허용되었다. 이렇다 보니 사업 준비가 제대로 안 된 기업들까지 해외 차관에 너도나도 참여했다.

1960년대 초 한국의 기업들은 자금 조달의 절반 이상을 외부 자본에 의존했다. 1977~1981년 사이 한국 기업의 총자금 조달에서 외부 자본이 차지하는 비중은 76.7퍼센트였다.[2] 투자의 80퍼센트 정도를 남에게 빌린 돈으로 진행했다는 뜻이다. 이 와중에 사업 타당성이나 상환 능력보다는 정치자금을 제공하는 대가로 준비가 부족한 기업들이 차관 도입을 승인 받는 일들이 벌어지면서 '정경유착政經癒着'이 비판의 도마에 올랐다. 마구잡이로 차관을 도입한 결과 1969년에는 차관도입 업체 83개 중 45퍼센트가 부실기업으로 전락했다.

한국이 선택한 차관도입을 통한 수출 지향적 경제발전 전략은 1970년대 초에 위기를 맞았다. 미국이 지속적인 무역적자를 견디다 못해 1971년 8월 15일 달러화 방어에 나섰기 때문이다. 닉슨 대통령은 미 달러화의 금 태환兌換 금지, 10퍼센트의 수입부가세 신설을 선언하여 자유무역주의에서 보호무역으로 정책을 전환했다. 그 결과 세계경제가 급격히 위축되기 시작했다.

선진국 시장에 의존하여 수출 지향적 발전전략을 추진하던 한국은 글로벌 경기침체로 수출이 급락하면서 경제성장률이 1969년 13.8퍼센트에서 1972년에는 5.7퍼센트로 급락했다. 금리가 치솟아 사채이자가 연리 30퍼센트로 폭등하자 재무구조가 취약한 국내 기업들은 큰 위기를 맞았다.

전경련은 기업이 사채의 질곡에서 벗어날 수 있도록 대통령에게 비상조치를 긴급 건의했다. 박정희 대통령은 지속적인 경제성장을 위해서는 기업의 체질을 획기적으로 개선할 필요가 있다고 판단, 1972년 8월 3일 당시 헌법 제73조에 의한 대통령 긴급명령권을 발동하여 '경제의 안정과 성장에 관한 긴급명령'을 공포하고 다음날부터 시행토록 했다. 이것이 이른바 8·3 긴급조치다.

정부는 8·3 긴급조치를 통해 당시 통화량(M1: 4,172억 원)에 근접한 약 3,500억 원 규모의 사채시장을 정리했고, 사^私금융시장을 제도 금융권 내로 흡수하기 위해 단기금융업법, 상호신용금고법, 신용협동조합법 등 사금융 양성화 3법을 제정·공포했다. 이 법을 제정해 투자금융회사, 상호신용금고, 신용협동조합 등 비은행 금융기관이 잇따라 설립되어 기업들의 자금원 역할을 하게 되었다.

8·3 긴급조치로 기업이 과중하게 안고 있던 채무의 원리금 상환 부담이 경감됨으로써 기업들은 재무구조를 개선하고, 투자를 촉진하는 등 안정적 성장 기반을 구축했다. 경제 쿠데타나 다름없는 긴급조치로 기업의 체질을 개선한 방법은 사유재산 제도와 시장경제를 바탕으로 하는 자본주의적 입장에서 볼 때 결코 바람직한 방법은 아니었다. 그러나 당시 우리 기업들이 빈약한 자본을 가지고 급진적인 산업화를 추진하다보니 원칙을 뛰어넘는 방법이 아니고서는 체질을 개선하기 어려웠다.

8·3 긴급조치는 기업의 연쇄 부도와 금융위기를 미연에 방지하는 역할을 했다. 1972년 5.7퍼센트까지 떨어졌던 경제성장률이 1973년에

는 14.1퍼센트로 회복되면서 경기침체에서 빠져나왔다. 그러나 기업들의 기사회생은 기업에 돈을 빌려준 사람들의 희생이라는 값비싼 대가를 요구했다. 또 과도하게 부채를 짊어진 기업들이 위기가 닥치면 국가가 나서서 해결해 줄 것이라는 기대를 갖게 만들어, 기업가들이 빚을 두려워하지 않는 풍조를 야기했다.

닉슨 독트린이 시동 건 중화학공업

한 나라의 산업발전사에서 경공업이 발달하면 원부자재를 국내에 조달하기 위해 중화학공업으로 이행한다는 것은 일종의 상식이다. 그런데 이 상식을 실천에 옮기는 것이 말처럼 쉽지 않다. 중화학공업은 경공업과는 비교 되지 않을 정도로 많은 투자자금과 고급 기술인력이 요구되는 고도의 장치산업이기 때문이다.

한국의 중화학공업은 1969년 7월 25일에 발표된 닉슨 독트린으로 시작됐다. 닉슨 대통령은 "미국은 앞으로 베트남전쟁과 같은 군사적 개입을 피하고, 동맹국의 안보가 위험에 처할 경우 미국이 핵우산을 제공한다. 핵공격 이외의 공격에 대해서는 당사국이 그 1차적 방위책임을 져야 한다"고 선언했다. 닉슨 독트린에 의해 주한미군 2만 명이 철군하고, 나머지 병력도 언제 철수할지 모르는 상황이 되자 박정희는 방위산업 육성을 결심하고 1971년 11월부터 국산 병기 개발에 나섰다.

북한은 해방 전 일제가 건설해논 각종 중화학공업 시설을 이용하여 6·25 전쟁 때 이미 북한제 따발총[3]으로 무장했다. 북한은 1960년 대 후반에 총기류는 물론 각종 장사정포와 전차, 군함과 잠수함까지 생산했으나, 경공업 위주인 남한은 국내에서 소총 한 자루도 못 만드는 상황이었다.

1년 동안 시행착오 끝에 방위산업을 위해서는 선진국 수준의 특수 철강 소재와 초정밀 가공기술과 비철금속공업, 전자공업 등 중화학공업이 뒷받침되어야 한다는 결론을 얻었다. 이를 건설하려면 10년 이상의 세월과 100억 달러 이상의 투자, 그리고 국가 총동원 체제가 요구되었다.

박정희는 청와대에 '중화학공업화추진 기획단'을 설치하고 중화학공업과 방위산업을 독려했다. 그리고 국가 총동원 체제를 위해 1972년 10월 17일, 비상계엄을 선포하고 국회를 해산하고 헌법 기능을 정지시켰다. 이어 대통령 간선제 및 대통령에게 강력한 권한을 부여하는 유신헌법을 공포했다.

1973년 6월 박정희는 철강, 비철금속, 기계, 조선, 전자, 석유화학을 6대 전략 업종으로 선정하고 8년 간 88억 달러를 투입하여 동남해안 일대와 서해안, 경기만 일대에 20개의 임해공업단지를 조성하여 중화학공업을 지원하고 지역 경제의 발전을 기한다는 계획을 발표했다. 이어 중화학공업을 육성하고 고도성장을 달성하기 위한 장기외자 조달계획(1973~1981)을 수립하고 국민투자기금법 제정, 조세감면규제법을 개정하여 금융과 세제 면에서의 지원제도를 확립했다. 이로써 중화학공업 건설이 본격화 되었다. 정부는 전체 공업에서 중화학공업의 비중을 51퍼센트로 높이고, 1인당 소득 1,000달러, 수출 100억 달러를 달성한다는 비전을 제시했다.

한국이 중화학공업을 추진할 무렵, 선진국에서는 중화학공업이 공해 유발산업이라 하여 눈총을 받고 있었다. 후발국이었던 한국은 중화학공업 건설 과정에서 선발 국가들보다 유리한 점이 있었다. 선진국들은 오랜 세월에 걸쳐 점진적으로 중화학공업이 발전했는데, 그 과정에서 오래된 기계와 설비, 관련 기술이 새로운 것들과 혼재되어 비능률과 생산성 저하로 애를 먹고 있었다.

한국의 중화학공업은 백지 상태에서 모든 시스템을 새로 건설해야 했다. 그 때문에 당대의 첨단과학과 기술이 접목된 최신 설비를 일괄 건설함으로써 생산성과 효율면에서 강력한 경쟁력을 가질 수 있었다. 당시 한국의 기술과 자본 여건, 경제 수준 등을 고려할 때 중화학공업에 뛰어들기에는 시기상조라는 전문가들의 지적이 많았다. 정부는 리스크를 줄이기 위해 중화학공업에 국산 병기 생산, 수출산업 육성이라는 목적을 연계했다.

예를 들면 화약 원료인 질산은 비료를 제조할 때 필요한 원료이기도 하다. 우리나라에서는 질소비료는 요소비료만 생산하고 있었기 때문에 질산은 생산하지 않고 있었다. 그런데 중화학공업 과정에서 건설된 남해화학(제7비료)은 질산을 비롯한 각종 무기無機화공약품의 대량 생산이 가능한 종합화학공장으로 설계되었다. 그 결과 평상시에는 비료를 생산하다가 비상시가 되면 화약 원료 제조로 전환했다. 그리고 남해화학 근처인 여천에 현대적인 화약 공장(한국화약 제2공장)을 건설했다.

중화학공업 개발 5대 전략

당시 오원철 중화학공업기획단장이 기획한 중화학공업 개발의 핵심 전략은 다음과 같다.

첫째, 경제성과 경쟁력이 중요하다. 좁은 내수 시장보다는 세계 시장에서 경쟁할 수 있도록 국제단위 규모를 감안한 대형화를 원칙으로 한다.

둘째, 전략적 수출산업으로 육성하여 시장 애로를 타개한다.

셋째, 기술 기능 인력의 확보와 개발을 위해 두뇌 개발과 기능숙련체제를 혁신한다.

넷째, 선박·기계·석유화학·전자·해양 등 5대 전략산업 기술연구소를 설립하여 중화학공업 개발을 기술적으로 뒷받침한다.

다섯째, 중화학공업은 전후방 연관관계가 크고 용수 전력 교통망 등 대규모 사회간접자본이 요구되므로 그 특성에 따라 적절한 입지에 집단 유치 개발한다.[4]

이 5대 전략에 의거하여 철강 분야는 1973년 7월에 완공된 포항제철을 2·3·4기로 확장해 연산 850만 톤 규모로 확장했다. 특수강은 고급 특수강 등 25만 톤 규모의 생산능력을 갖춘 시설을 1977년 말까지 완공했다. 비철금속은 온산공업단지에 연산 5만 톤의 아연 제련소와 연산 8만 톤의 동鑛 제련소를 1978년과 1979년에 완공했다.

중화학공업은 고가의 설비와 장비, 고급 기술인력이 요구되는 자본·기술집약형 장치산업이다. 경험과 능력이 부족하고 기술인력도 부족한데다 자금력이 일천한 우리 기업들은 이를 감당할 만한 준비가 부족하여 중화학공엡에 참여하기를 주저했다. 박정희 정부는 중화학공업 주요 프로젝트마다 이를 수행할 능력과 의지가 강한 기업을 선정하고, 어느 지역에 어떤 규모의 공장을 지을 것인지를 직접 결정했다.

사업자 선정기준은 엄격했다. 수출을 통해 상당한 자금이 확보되고 경쟁력을 갖춘 기업에 한해 중화학공업 분야 진출을 허용했다. 기업의 자발적인 투자규모를 감안하여 정부의 자금 지원규모를 정했다. 선정된 기업에는 국제경쟁력을 갖출 수 있도록 공장부지 제공, 진입도로 및 관련 인프라 건설, 설비자금 등을 지원했다.

정부의 지원정책에 힘입어 기업들은 조선소, 석유화학 플랜트, 자동차 공장, 전기·전자 공장 등을 설립하면서 본격적인 대기업 집단을 형성하기 시작했다. 1970년대 말 26개 대기업 집단의 계열사는 631개를 헤아렸다. 삼성, 현대, 럭키금성(현재의 LG·GS그룹), 대우 등 10대 기업 집단의 매출액은 총 국민소득의 42퍼센트에 달했다.[5] 1950년대를 풍미했던 삼호, 개풍, 화신, 태창 같은 대기업들은 중화학공업화 과정에서 역사의 뒤안길로 사라지고 삼성, 현대, 럭키금성, 대우, 선경(현재의 SK그룹) 등 5대 대기업의 총자산은 1971년에서 1983년 사이 1,150퍼센트나 증가했다.[6]

1970년대는 중화학공업 건설이 본격화되어 1963년부터 1977년까지 14년 동안 기계공업은 30배, 금속공업 20배, 화학공업 13배, 시멘트 등 비금속 광물 9배, 섬유산업은 24배나 성장했다. 그 결과 우리나라의 중화학공업화율은 1977년에 50.8퍼센트를 기록하여 1978년부터 중화학공업국에 진입하게 되었다.

중화학공업 육성정책 덕분에 1973~1978년 기간 중 경제는 연평균 11퍼센트, 제조업은 연평균 16.6퍼센트라는 높은 성장률을 기록했다. 제조업에서 중화학공업이 차지하는 비율도 1972년의 40퍼센트에서 1979년 55퍼센트로 높아졌고, 수출에서 중화학공업이 차지하는 비율은 1971년 13.7퍼센트에서 1979년 37.7퍼센트로 크게 높아졌다.

1977년 말 한국은 수출 100억 달러를 돌파했다. 서독이 10억 달러 수출에서 100억 달러에 도달하는 데 11년, 일본은 16년이 걸린 데 비해 한국은 6년 만이었다. 북한의 거듭된 안보 위협과 제1차 오일쇼크라는 어려운 여건 하에서 이루어낸 값진 결실이었다.

산업별 경쟁력을 보면 철강은 1999년 포스코(구 포항제철)가 조강 2,654만 톤을 생산, 신일본제철을 누르고 2년 연속 조강 생산 세계 1위를 차지했다. 1999년 국내 철강업체의 총 조강 생산량은 4,104만 톤으로 중국, 미국, 일본, 러시아, 독일에 이어 세계 6위에 올랐다. 같은 해 조선은 세계 선박 수주의 40.9퍼센트를 점유하여 선박 수주량 세계 1위에 올랐다. 2000년 상반기에 국내 조선 7개사의 수주 실적은 전 세계 선박시장의 50퍼센트를 넘어 사상 최대의 호황을 맞았다.

중화학공업은 누구의 아이디어였나?

그렇다면 세계적인 성공사례로 꼽히는 대한민국 중화학공업은 누구의 아이디어에서 비롯되었으며, 어떤 과정을 거쳐 결실을 맺었는가? 지금까지는 중화학공업 하면 정부(관료) 주도, 영도자(박정희)의 결단력이 그 주인공으로 공인을 받아 왔다. 그런데 중화학공업이 지도자 한 사람의 영단에 의해 역사가 이루어졌다고 믿는 것은 너무 순진하고 단순한 시각이다.

중화학공업 건설 아이디어는 1970년대 초 박정희 대통령과 그 참모들의 머리에서 전광석화처럼 떠오른 것이 아니다. 그 뿌리를 파헤치면 1961년 5·16 직후, 소위 '부정축재자들'로 몰린 기업가들이 나타난다. 그 뿌리를 조금 더 추적하면 강원탄광 창업자 정인욱의 태백산 종합개발사업과 김연수의 경성방직이 나타난다. 김연수의 경성방직 사례는 앞장에서 소개했으니 1961년 5·16 직후 기업가들의 중화학공업 비화를 소개한다.

1961년 5월 28일 탈세 혐의로 전격 구속된 재계 인사들이 한 달후 박정희와 이병철의 심야 대담 직후 석방된 것도 앞서 소개했다. 기업가들은 부정축재 환수금을 현금으로 납부하는 대신 제철, 시멘트, 비료, 인견사絹絲, 합성수지, 전기기기, 케이블, 나일론공업 등 국가가 필요로 하는 기간산업 공장을 건설하여 주식으로 대납할 수 있도록 해달라는 방안을 건의했다. 국가재건최고회의는 재계의 건의를 수용했다. 그 결과 1961년 10월 21일, 부정축재처리법 제18조 2항을 신설하여 부정축재 환수금을 현물로 납부하고자 하는 자는 1964년 12월 31일 이내로 공장 건설을 완료하여 주식으로 납부할 수 있도록 했다.

문제는 공장을 지을 자금을 마련하는 것이었다. 당장 돈이 없으니 기업가들은 기간산업 공장 건설을 위해 외자도입의 필요성을 건의했다. 이 건의도 수용되어 1961년 12월 이병철 회장과 이정림 회장이 단장이 되어 한 팀은 미국으로, 다른 한 팀은 유럽으로 떠났다.

당시 재계 인사들이 내놓은 기간산업 공장 건설안은 한국의 중화학공업에 필요불가결한 제철, 비료, 정유 등 핵심 산업을 망라하고 있었다. 당시 우리나라 기업들의 국제 신인도가 너무 낮아 기업의 신용만으로 기간산업 건설을 위한 외자 조달이 불가능했다. 결국 공장을 건설한 후 주식으로 대납한 것은 한두 사례를 제외하고는 모두 실패했다.

중화학공업 아이디어가 본격화된 것은 제1차 경제개발 5개년계획으로 산업의 기초 인프라가 갖춰진 1970년대에 들어서다. 그 때문에 1960년대 초 재계 인사들이 제안한 부정축재 환수금으로 국가 기간산업 공장을 지어 헌납하는 프로그램에서 중화학공업이 시작되었다는 사실은 잊혀진 채 박정희와 관료들의 역할만 부각되어 온 것이 작금의 현실이다.

해방 직후 남한은 전체 전력 수요의 90퍼센트를 북한에 의존하고 있었는데 1948년 북한에서 송전이 중단되어 남한의 산업은 빈사상태에 빠졌다. 일제가 건설한 중화학공업 설비는 거의 다 북한에 편재되어 있었다. 이런 이유 때문에 해방 후부터 1960년까지 전후戰後 복구 과정에서 모든 중화학공업 제품 수요는 100퍼센트 수입에 의존했다.

1961년 5·16 군사 쿠데타 직후 한국경제인협회(전경련의 전신)가 국가재건최고회의에 제출한 '기간산업 건설계획안' 자료에는 당시 국내 철강산업 현황이 다음과 같이 표현되어 있다.

'제철 부문에 있어 국내 유일의 생산 공장인 삼화제철은 20톤 용광로 8기에 연간 생산능력 48만 톤의 용량을 보유하고 있으나 현재 1~2기만을 가동하고 있으며, 제강부문은 6만 2,000톤의 연간 생산능력을 보유하고 있으나 실질적으로는 대한중공업의 50톤 평로平爐 1기만이 제대로 가동되고 있다. 압연시설은 대한중공업 외 27개 공장에서 도합 34만 6,000톤 용량을 보유하고 있으나 특수 강재는 그 최소 경제적 가동 용량이 각각 연산 10만 톤 이상임을 비추어 아직 국내 생산을 도모할 단계에 이르지 못했으므로 부득이 외산外産에 의존할 수밖에 없는 실정이다.'

한국의 공업화 과정에서 종합제철소[7] 건설 프로젝트처럼 오랜 진통과 좌절을 겪은 사업은 찾아보기 힘들다. 중화학공업은 공업화에 필요한 원부자재를 국내에서 공급하고, 수출산업의 부가가치를 높이기 위해 오래 전부터 당위성이 제기되어 왔다. 그 결과 전후방 연관 효과와 성장 기여도, 부가가치 유발 효과, 외화 가득 및 절약 효과, 현재 및 장래의 국내 자원 활용도, 국제 분업 면에서의 가능성 등을 고려하여 제철, 비철금속, 조선, 기계, 전자, 화학 등 6대 전략 업종을 선정했다. 그리고 공장 건설과 운영은 민간이 주도하고, 정부는 재원 조달과 입지, 사회간접자본 시설 확충, 기술 인력 개발 등 민·관 임무분담 체제를 추진키로 했다.

산업사회에서 철강은 '산업의 쌀'이라 불릴 정도로 중요한 위치를 차지한다. 철강산업이 건설되어야 기계공업, 자동차공업 등 연관 산업이 발전할 수 있기 때문에 철강은 국력의 바로미터가 된다. 중화학공업 건설의 핵심은 종합제철소였다. 역대 정부는 철강산업의 중요성 때문에 국제 규모의 종합제철소 건설을 위해 노력했으나 한국의 저열한 경제 산업적 여건으로 인해 표류를 거듭해왔다.

철강업은 거액의 고정자본과 장기 투자가 요구되는 데 비해 타 업종보다 이윤율이 현저히 낮고, 투자금의 회수기간도 길어 민간 기업이 이를 성공시키기는 지극히 어렵다. 때문에 선진국들도 국가자본이나 반관반민半官半民 형태로 운영하는 것이 일반적이다. 하지만 자본 축적이 허약한 한국은 정부조차 종합제철소에 투자할 여력이 부족했다.

철강업은 원자재 다%소비산업이다. 철강 1톤을 생산하기 위해서
는 철광석과 코크스, 석회석 등 3톤의 원자재가 투입되어야 한다. 이
런 원자재는 전량을 수입에 의존해야 하기 때문에, 여기에 소요되는
막대한 외자 동원이 현실적 어려움으로 대두되었다.

이승만의 결단, "우리 돈으로 철강공장을 건설하라"

국내 철강산업의 역사는 일제가 인천 등 항구도시를 중심으로 철
강생산기지를 구축하고 군수물자 생산에 나서면서부터 시작됐다.
1913년 겸이포 제철소를 시작으로 1940년대를 전후하여 흥남제철소,
조선이연 인천공장, 삼화제철소 등이 설립되었다. 삼화제철소는 1943
년 일본 고레가와戶川제철이 강원도 삼척에 소형 용광로 8개를 설치
하여 제철소를 건설했는데, 해방 후 삼화제철소[8]로 이름이 바뀌었다.

종합제철소 건설은 5·16 이후 군사정부의 업적으로 알려져 있고,
'포철' 하면 박태준 신화가 자연스럽게 떠오른다. 그러나 '철강산업 육
성' 의지를 불태운 선구자는 이승만이었다. 이승만이 있었기에 박태
준의 포철 신화가 가능했다는 사실을 아는 사람은 드물다.

이승만은 선진 강국인 미국에서 유학과 망명생활을 하면서 산업
문명의 핵심이 철강산업에 있다는 사실을 깨달았다. 1952년부터 정
전회담이 본격화되자 전후복구 사업을 위해서는 무엇보다 철강재 생
산이 시급하다는 점을 꿰뚫어 보았다. 1953년 이승만 대통령은 내각

에 철강산업 진흥책을 마련하라는 특별지시를 내렸다. 이 지시에 의해 관계부처는 1953년 4월 4일 대통령령으로 인천의 대한중공업공사⁹를 국영기업으로 출범시켰다. 그리고 일제시대 인천에 건설되어 전쟁물자를 생산하다가 6·25 전쟁 때 파괴된 공장의 복구를 위해 연산 5만 톤 규모의 평로平爐¹⁰를 건설하고 제강공장과 압연공장을 재건하기로 결정했다.

당시 우리나라 예산은 미국으로부터 제공되는 원조 자금이 55퍼센트가량 차지하고 있었다. 정부는 철강공장 건설계획을 수립한 후 미국 원조기관에 필요한 자금 지원을 요청했다. 그러나 미국 원조기관은 "전쟁이 끝나지도 않은 상황에서 제강공장 건설은 시기상조"라며 우리 정부의 요구를 거절했다. 보고를 받은 이 대통령은 "철강산업은 전후복구와 국가건설에 필요불가결한 산업이다. 나라 살림이 극히 어려운 상황이지만 만난을 무릅쓰고 자체 보유불로 철강공장을 건설하라"고 내각에 지시했다. 철강공장 건설을 위해 당시로서는 거금인 140만 달러를 투자하기로 결정했다.

이승만 대통령은 전쟁 부상자 치료를 위해 부산에 와 있던 서독 적십자병원장 후버 박사에게 한국의 철강공장 건설에 서독이 기술을 지원해달라고 도움을 요청했다. 이승만이 서독과 교섭에 나선 이유는 미국이 철강공장 건설에 비협조적이었기 때문이다.

그 무렵 서독은 제2차 세계대전에서 패전한 후 복구가 한창이었다. 서독 기업들도 해외 공사를 수주하여 달러를 벌어들이는 일에 전력을 기울이고 있었다. 이승만의 부탁을 받은 후버 박사는 한국의 철강공장 건설계획을 서독 정부에 보고했다. 서독 정부는 일본에서 활동하며 유엔군에 물자를 공급하던 유태인 중개상 사울 아이젠버그Saul Eisenberg[11]를 교섭 상대로 내세워 적극적인 수주 활동을 벌였다. 이때 오스트리아 출신인 프란체스카 여사는 같은 오스트리아 여권을 소지한 아이젠버그를 이 대통령에게 소개하여 아이젠버그가 한국 프로젝트와 인연을 맺는 계기를 만들었다.

1954년 실시된 대한중공업공사의 5만 톤 평로 제강공사 국제입찰에는 미국, 스위스, 서독의 기업들이 참여했는데 서독의 데마그DEMAG 사가 공사를 수주했다. 1956년 2단계로 실시된 380만 달러의 압연공장 건설사업도 데마그 사에게 돌아갔다.

이때부터 서독은 한국의 철강공업과 깊은 인연을 맺게 된다. 공장 건설과 운영을 위해 다수의 한국인 엔지니어와 기술자들이 서독으로 건너가 공부했고, 한국에 파견되어 온 서독의 일급 기술자들이 공장 건설을 도왔다. 이승만은 제강공장 건설공사가 진행되는 현장을 수시로 방문하여 작업을 독려했다. 불철주야 공장 건설을 서두른 덕분에 마침내 1956년 하반기에 평로 제강공장이 완공되어 첫 출강식出鋼式이 거행됐다. 평로 제강공장에 이어 압연공장 건설이 완료되면서 1959년 본격적인 생산이 개시되었다.

그 어렵던 시절 이승만 대통령의 결단에 의해 추진된 대한중공업공사 건설과, 조업을 위해 양성된 철강 전문인력과 관리 책임자들은 박정희 정부 시절 추진된 포항제철 건설 때 총동원되어 일등공신 역할을 하게 된다. 바로 그들이 우리 기술로 연산 103만 톤 규모의 일관 제철소를 설계하여 한국 제철산업이 짧은 기간 내에 세계적인 경쟁력을 가진 분야로 발돋움하게 되었다.

정부는 대한중공업공사의 생산이 본 궤도에 오르자 '제강공업 육성 5개년계획'을 수립하고 연산 20만 톤 규모의 무연탄을 활용한 전기 제철공장을 동해에 건설하기 위해 서독에서 제철 전문가를 초빙했다. 그러나 전기 제철공장을 운영하려면 막대한 비용을 들여야 하는 문제로 인해 계획 자체가 폐기되었다.

대한중공업공사가 정상적으로 가동되었음에도 불구하고 국내의 철강재 수요가 급격히 확대되자 당시 국내 단 하나뿐인 용광로 제철 공장이었던 삼화제철소(강원도 양양철광산 부근에 위치)가 주목을 받기 시작했다. 정부는 삼화제철소의 시설 확장을 위해 외국 회사들과 협상을 벌인 결과 1960년 2월, 서독 데마그가 연산 제강능력 21만 톤의 종합제철소 건설계획안을 제출했다.

당시 데마그의 계획은 외자 3,200만 달러, 내자 200억 환을 들여 일산日産 700톤의 용광로 제철공장, 코크스공장, 제강공장, 압연공장 등 현대적인 종합제철소를 건설한다는 것이었다. 삼화제철소는 이 안을 가지고 서독과 차관 교섭을 추진하는 와중에 5·16 군사 쿠데타가 일어나 중단되었다.

물거품이 된 종합제철소 건설계획

1962년 1월 13일 군사정부가 발표한 제1차 경제개발 5개년계획의 핵심 프로젝트는 비료공장, 시멘트공장, 종합제철소 건설이었다. 당시 발표된 종합제철소 건설계획은 데마그가 수립한 안에 비해 금액이 약간 늘었고, 시기를 1962년부터 1966년까지로 정한 것을 제외하고는 동일했다. 1962년 2월 3일 울산종합공업단지 기공식이 거행됐는데, 울산공업단지는 종합제철소 건설이 핵심 사업이었다.

이 계획이 발표되기 전인 1961년 11월 삼화제철소의 이동준 사장을 단장으로 한 한국 대표단이 서독에 가서 데마그, 크루프Fried. Krupp GmbH, GHH 등을 방문하여 한국의 종합제철소 건설을 위한 협정서에 조인했다. 당시 서독 뮌헨공대에서 유학 중이던 김재관 박사(후에 초대 상공부 중공업 차관보)[12]가 현지에서 대표단과 합류, 서독과의 교섭을 도왔다. 국내에선 최형섭 박사(후에 과기처장관)가 상공부 광무국장으로 임명되어 광무국 내에 철강공업 추진을 위해 금속과를 신설하고 서울공대의 윤동석 교수 등이 참여하여 종합제철추진위원회가 발족되었다.

1962년 4월 정부는 서독의 DKG(데마그·크루프·GHH) 연합체와 한국의 종합제철 건설과 관련한 기술용역 및 공장 건설 예정계획서 작성을 위한 계약을 체결하고 5월에 한국종합제철주식회사를 설립했다. 이 회사는 대한양회의 이정림, 동양시멘트의 이양구, 극동해운의 남궁련, 대한산업의 설경동 등 소위 부정 축재자로 몰린 기업가들이 민간 투자 공동체를 구성하여 종합제철소 건설을 맡기로 한 결정에 따라 민간 투자 공동체가 운영을 책임지기로 했다.

한국과 서독의 협력에 의해 종합제철소 건설이 본격화되자 그 동안 방관하고 있던 미국 측도 6·25 전쟁 당시 유엔군 사령관을 역임했던 밴 플리트 장군을 주축으로 대한對韓 투자단을 구성하고 연산 제강능력 35만 톤의 종합제철소 건설안을 제시했다. 그들은 소요 자금 1억 5,500만 달러의 75퍼센트를 국제개발처AID·Agency for International Development 자금으로 충당할 것을 제의하여 종합제철소 기술계획서 작성 협약을 맺었다.

의욕적으로 추진되던 군사정부의 경제개발계획은 1963년에 외화 고갈, 홍수와 흉작으로 인한 경기침체로 인해 대대적인 수정 작업이 요구되었다. 그 결과 가장 먼저 종합제철공장 건설계획이 중단되었다. 미국 측 차관 제공선인 AID는 한국의 제철산업이 철광석과 코크스탄 등 자원이 빈약하고 경쟁 원리상 일본과 상대가 되지 않기 때문에 종합제철소 건설보다는 철강재를 해외에서 수입하는 것이 유리하며, 제철소 건설비용 1억 5,000만 달러는 다른 산업에 투입하는 것이 유익하다는 보고서를 발표했다.

이 보고서를 토대로 1963년 6월 경제기획원은 한국종합제철주식회사를 해산했다. 종합제철소를 건설하려는 꿈이 물거품 된 것이다. 의욕적으로 추진했던 제1차 경제개발 5개년계획은 거의 모든 부문에서 계획 목표를 초과 달성했으나 종합제철소 건설 계획만은 실패했다.

　종합제철소 건설안이 다시 제기된 것은 제2차 경제개발 5개년계획 때였다. 정부는 4대 목표사업으로 종합제철, 석유화학, 기계공업, 조선을 선정하고 자금 확보를 위해 1967년 3월 미국의 코퍼즈 사가 중심이 되어 서독, 이탈리아, 영국, 프랑스 등 5개국 18개 기업으로 구성된 대한對韓국제제철차관단KISA·Korea International Steel Associates을 구성했다. KISA는 입지가 좋은 포항에 연산 60만 톤 규모의 종합제철소를 건설키로 했다. 공장 설립에 필요한 소요 외자 1억 2,500만 달러는 1968년까지 KISA가 알선하기로 합의했다.

　1968년 4월 1일 포항종합제철주식회사가 설립되어 대한중석 사장이던 박태준이 대표로 선임됐고, 내자로 진행되는 기반시설 공사가 1968년 10월 3일 포항 현지에서 기공식을 갖고 시작되었다.

　기공식 참석을 위해 포항 현지로 내려가는 도중 해임 소식을 들은 장기영 부총리는 기공식에 참석하여 "개천개지開天開地한 지 4,300년 만에 우리나라 최대의 공장을 5개국 차관으로 건설케 되었다. 종합제철의 성패 여부가 제2차 5개년계획의 성패를 가름하는 만큼 강철 같은 무서운 책임감과 철석같은 단결로 이를 성취해 달라"는 요지의 치사를 하고 종합제철 건설의 책임을 박충훈 부총리에게 넘겼다.

　당시 해외 유치 과학자로 한국과학기술원KIST에 초빙되어 온 김재관 박사는 KIST가 종합제철의 기술계획을 맡게 됨에 따라 미국 코퍼즈 사에 출장을 가서 KISA가 제출한 종합제철소 건설안을 검토했다. 그런데 KISA의 건설안은 향후 수요가 증가할 때 공장 확장이 불가능하고, 시설도 구식의 낡은 설비 위주로 설계되어 있다는 사실을 발견했다. KISA의 안은 초기 투자비는 적게 들지만 경제적 규모로의 확장이 불가능하여 현대적인 종합제철소라고 하기에는 문제가 많은 프로젝트였던 것이다.

김재관 박사를 비롯하여 KIST에서 파견된 한국 엔지니어들은 불합리한 건설안의 수정을 요구했으나 KISA 측은 이를 거부했다. KISA 측 안에 대해 세계은행은 "한국의 종합제철소 건설은 타당성이 없고 시기상조"라며 차관 지원을 거부했다. 파리에서 열린 대한對韓국제경제협의체IECOK 총회도 세계은행의 평가에 따라 차관 제공을 거부하여 종합제철소 건설계획은 또 다시 물거품이 되었다.

당시 선진국들은 한국을 비롯한 개발도상국들이 종합제철소와 고속도로 등 정권의 과시나 전시용 사업을 추진하는 것을 못마땅하게 생각하고 있었다. 제2차 세계대전 후 인도, 터키, 멕시코, 브라질 등 선발 개도국들은 100만 톤 규모의 종합제철소 건설에 착수했으나 부실에 빠져 골치를 앓고 있었다. 세계은행 총재 유진 블랙Eugene R. Black은 세계은행과 IMF 연차총회에서 "개발도상국에는 세 가지 신화가 있으니 고속도로 건설, 종합제철 건설, 그리고 국가원수 기념비 건립이다. 세계은행은 이런 사업에 지원하지 않겠다"고 선언했다.

미국의 고위 관료와 전문가들은 한국의 산업 현황으로 볼 때 종합제철소 건설은 시기상조라면서 "철강재는 미국이나 일본에서 사다 쓰는 것이 더 유리하며, 한국은 제철소 대신 기계공업에 주력하라"는

입장이었다. 이것이 KISA의 안이 표류하게 된 근본 원인이었다. 이
무렵 경제기획원 기획차관보 정문도가 종합제철소 건립 실무를 맡게
되었다.[13]

우리 손으로 종합제철소 계획서 작성

박정희 대통령은 경부고속도로와 함께 종합제철소 건설을 필생의
역점 사업으로 추진하고 있던 터에 거듭된 실패는 그에게 큰 좌절을
안겨 주었다. 원점에서부터 문제를 다시 검토하기 위해 1969년 5월
22일, 청와대에서 관계 장관 전원이 참석한 가운데 종합제철소 건설
대책회의가 열렸다.

이날 전문가로부터 브리핑을 들은 박 대통령은 "종합제철소 건설
계획을 외국 기관에 일임하고 결과만을 기다리는 것은 자주성 없
는 태도다. 한국의 전문가들이 자체적으로 건설 계획을 만들어 적
극적인 자세로 외국 투자기관을 설득하라"고 지시했다. 이어 그동안
KISA와 협상을 진행해왔던 박충훈 경제부총리가 해임되고 6월 3일
김학렬 대통령 경제수석비서관이 새 경제부총리에 임명됐다. 정문도
의 증언에 의하면 취임 직후 김학렬 부총리의 방에 걸린 흑판에는
'제철, 석유화학'이라는 글씨가 크게 쓰여 있었다고 한다.

김학렬 부총리는 취임 다음날 정문도 경제기획원 기획차관보를
단장으로, 노인환 공공차관과장을 간사로 하여 '종합제철사업 계획연
구위원회'(이른바 제철사업 전담반)라는 테스크 포스를 구성했다. 제철사업

전담반에는 KIST의 김재관·윤여경 박사, 김철 상공부 금속과 철강계장을 비롯하여 포항제철, 한국은행, 산업은행에서 엘리트 15명이 차출되었다. 위원회가 첫 소집된 날 김학렬 부총리는 "여러분은 일생에 가장 보람 있는 일을 하는 것이다. 다른 일은 일체 생각할 필요가 없다. 불철주야 종합제철만 생각하라. 일이 잘 안되면 한강에 가서 빠져 죽어라" 하고 일장 훈시를 했다.

전담반 멤버들은 작업 내용을 극비에 붙인 채 명동 YWCA 근처의 호텔에서 불철주야 종합제철소 건설안 작성에 매달렸다. 당시 실무 작업에 참여했던 김재관 박사는 종합제철소 건설을 위한 세 가지 원칙을 수립했다.

1. 경제성 있는 대단위 일관작업 설비를 갖춘 종합제철소 건설을 계획한다.
2. 생산성이 가장 높은 최신공법인 연속주조 시설을 대폭 도입한다.
3. 장래 세계적 규모로 확장할 수 있는 현대적 공장배치 계획을 세운다.

윤여경 박사의 증언에 의하면 당시 전담반이 작성한 안은 KISA 안에서 60만 톤이던 연간 생산규모를 100만 톤 이상으로 늘리고, 중간제품까지만 생산한다는 것이 주요 골자였다. 두 달에 걸친 노력 끝에 드디어 우리 기술진의 손에 의해 종합제철소 건설계획안이 완성되었다. 이때 만들어진 포항제철의 연산^{年産} 능력은 연산 103만 톤, 투자 규모는 외자 1억 600만 달러, 내자 633억 원이었다.

전담반이 박정희 대통령에게 건설계획안을 브리핑 할 때의 일이다. 정문도 단장이 설명을 마치자 박 대통령은 "정 차관(박정희는 차관보였던 정문도 단장을 늘 차관으로 불렀다), 정말 이 안대로 종합제철 건설에 자신 있소?" 하고 물었다. 정문도 단장은 "각하, 이것은 하고 못하고의 의지가 문제가 아니라, 어느 누구도 이 안을 부인하지 못하는 현실입니다" 하고 답했다.

정부는 1969년 8월 4일 전담반이 작성한 '종합제철소 건설계획안'을 정부의 정식 방안으로 확정했고, 이것을 8월 중순 열린 한일 각료 회담에 제출하여 일본을 설득, 대일對日 청구권 자금으로 포항제철 건설에 돌입하기로 했다.

정문도 단장과 김재관 박사를 비롯한 전담반 요원들은 한일 각료 회담 대표단보다 먼저 일본으로 가서 일본제철연맹 회원을 비롯하여 야하다八幡제철, 후지제철, 일본강관 등 일본 철강 3사 대표들에게 한국 정부안을 브리핑하고 설명회를 가졌다. 이 설명회에 참석했던 아리가 도시히코有賀敏彦(훗날 포철 기술고문단장)[14]는 "한국에서 종합제철소 건설안을 가져왔다기에 개략적인 개념만 정리한 줄 알았는데 정말 놀랍다"면서 적극적인 지지 의사를 보였다.

또 한국의 종합제철소 건설에 힘을 보탠 사람은 일본 양명학의 대가로서 요시다 시게루吉田茂 수상의 국사國師 역할을 했던 야스오카 마사노리였다. 야스오카는 한국의 제철산업을 위해 미국이 협조하지 않을 것을 미리 예상하고 김주인 당시 공화당 의원에게 "일본이 한국에 제공하게 될 대일 청구권 자금을 뚫어라"는 메시지를 전했다. 야스오카는 포항제철 건설에 대일 청구권자금을 사용할 수 있도록 막후에서 일본 지도부를 적극 설득하여 일본 측이 이를 수락했다. 마침내 1969년 12월 3일 김학렬 부총리와 가네야마 마사히데金山政英 주한 일본대사는 총 외자 1억 2,370만 달러 규모의 '종합제철소 건설 에 관한 한일 간의 기본협정'에 조인했다.

1970년 4월 1일 경북 포항에서는 박정희 대통령과 김학렬 부총리, 각계 인사를 비롯하여 종합제철소 건설기획안을 작성한 전담반원 전원이 참석한 가운데 포항종합제철소 착공식을 가졌다. 1973년 6월 8일에는 착공 3년 만에 국내 역사상 처음으로 대용량 용광로 제철공 장의 화입식火入式이 거행되었다.

포항종합제철소는 1차 확장공사로 260만 톤, 2차 확장공사로 550 만 톤의 생산능력을 확보한 데 이어 1981년 5월에는 생산능력이 850 만 톤에 이르렀다. 이렇게 대규모로 확장공사를 계속하면서도 계획 당시에 만든 공장 배치도는 조금도 변경된 것이 없다. 또 하나 중요 한 것은 고로, 제강공장, 압연공장 등을 수없이 추가 증설하면서도 먼저 세운 공장의 조업은 잠시도 중단하지 않고 한쪽에선 생산, 다른 쪽에선 확장공사가 가능했다는 점이다.

이러한 미래지향적 설계 및 계획은 당시의 제철 선진국들이 한국 정부에 제출한 KISA 안에서는 상상조차 할 수 없었던 것을 한국의 엔지니어와 관리자들이 창조해낸 것이다. 당시 전담반 요원으로 종합제철소 건설계획안을 수립했던 김재관 박사는 우리나라 종합제철 산업의 성공 요인을 다음과 같이 분석했다.

첫째, 6·25 전쟁 이래 역대 정부가 일관되게 제강공업 육성에 국가적 노력을 집중시켰다.

둘째, 사업이 절망적인 상태에서도 좌절하지 않고 나름대로 초석을 하나씩 쌓아 갔다.

셋째, 자주적으로 동원할 수 있었던 '민족자금'(이승만 시절의 국가 보유불, 박정희 시절의 대일 청구권 자금)이 있었다는 점이다.

넷째, 외자 확보가 불가능하여 궁여지책으로 자체 자금을 짜내서 사업을 추진한 것이 오히려 전화위복이 되었다. 즉 외국 회사의 농간에 말려들지 않고 우리의 발전적 의지를 종합제철소 건설안에 마음껏 반영시켜 자주적인 프로그램을 독자적으로 완성할 수 있었다.

다섯째, 20여 년 동안 온갖 시련을 겪으면서 프로젝트 참여자들이 훌륭한 결실을 맺기 위해 총력을 기울였다.

중화학공업
4대 핵심공장 건설

    포항제철에서 우수한 철강재가 저렴하고 안정된 가격으로 생산되면서 우리나라 중화학공업은 가속도가 붙기 시작했다. 포철 건설에 막바지 속도를 올리던 1973년 1월 정부는 본격적인 공업화 발전을 위해 '중화학공업화 정책'을 선언하고 이를 원활히 수행하기 위해 정부 기구를 대폭 정비했다. 상공부를 중화학공업화 체제로 전환한 이낙선 상공부장관은 KIST 소속으로 종합제철소 건설계획 프로젝트의 전담반에서 활약했던 김재관 박사를 초대 중공업차관보로 임명했다. 이 장관은 김재관에게 철강공업을 비롯하여 기계, 자동차, 조선, 전기 등 중공업 발전의 기틀을 확립할 중책을 맡겼다.

    김재관은 이승만 정부 시절 국비 유학생으로 선발되어 서독에서 철강을 공부하고 KIST에서 재직했다. 당시 정부 의뢰로 중공업과 기계공업 육성방안 등을 연구 입안하여 중공업 분야 정책 수립에 독보적인 인물로 주목을 받았다. 이런 면에서 볼 때 이승만 정부 시절의 대한중공업 평로 제철소 건설이 대한민국의 산업혁명을 위한 인재 양성에 얼마나 중요한 역할을 했는지를 실감할 수 있을 것이다.

김재관이 이경서(전 국방과학연구소 부소장)와 함께 1972년에 작성한 '기계공업 육성방안'은 한국 중공업 발전의 좌표를 정확히 설정한 걸작으로 평가된다. 두 사람은 이 보고서에서 한국의 공업화를 한 단계 성숙시키기 위해서는 주물선(주물용 선철)공장, 종합 특수강공장, 중기계 종합공장, 대형 수출선 조선소를 건설해야 한다고 지적했다. 이 방안은 '4대 핵심공장 건설' 프로젝트로 이어져 현대중공업, 한국중공업(현재의 두산중공업), 삼미특수강 등이 출범하는 계기가 되었다.

김재관의 증언에 의하면 우리 정부가 기계공업 육성에 관심을 가지기 시작한 것은 1968년 세계은행이 한국의 종합제철소 건설계획을 시기상조라고 거부하면서 "한국은 종합제철소 대신 기계공업 발전에 주력하는 것이 좋겠다"라고 권고한 것이 계기가 되었다고 한다. 정부는 기계공업 육성을 위해 KIST에 용역을 의뢰했고, 최영화(해리 최)의 주관 하에 기계공업 육성방안이 검토되면서 4대 핵심공장 프로젝트가 제안된 것이다.

1973년 1월에 선포된 정부의 중화학공업화 정책은 한국이 처한 국가 안보적 상황에서 어쩔 수 없는 선택이었다. 월남전의 수렁에 빠진 미국은 닉슨 독트린 발표로 난관에서 빠져나오고자 했다. 닉슨 독트린은 주한미군 철수까지를 포함한 충격적인 내용이었다. 북한 공산 집단의 거듭된 남침 위협에 노출되어 있던 한국은 자주국방을 위해 방위산업 건설이 절실했다.

김학렬 부총리는 당시 경제협력차관보였던 황병태를 책임자로 하여 경제기획원과 KIST의 엘리트들과 작업반을 편성하여 방위산업에 필수적인 4대 핵심공장(김재관 박사 팀이 제안한 주물선 공장, 종합 특수강공장, 중기계 종합공장, 대형 수출선 조선소)을 건설했다. 정부는 중화학공업의 원활한 추진을 위해 관련 기업에게 내국세와 관세 감면, 정책적 금융지원, 수입규제에 의한 국내 판매가격 보조, 행정 지원 등을 시행했다.

정부가 4대 핵심공장 건설계획을 확정하고 이를 추진하는 과정에서 많은 논란이 제기되었다. 기술과 경험이 전무한 상황에서 고도의 기술이 요구되고 자본집약적이며 투자비 회임기간이 긴 중화학공업이 우리 현실에 맞는 것인지에 대한 의문이 제기된 것이다. 당시 국내 실정상 그만한 기술수준과 투자비 확보가 쉽지 않았다.

예를 들어 대형 수출선 조선소를 건설하기 전 우리나라 수출선 건조 실적 중 최대 규모는 대한조선공사(후에 한진중공업)가 건조한 1만 7,000톤 급이 고작이었다. 이런 현실에서 20만 톤이 넘는 대형 수출선 건조는 무모한 발상이라는 비판이 제기되었다.

당시 한국이 대형 수출선 사업에 뛰어들어야 한다고 주장한 사람은 미국 미시간대 교수 출신의 김훈철 박사였다. 그는 "조선공업은 근대에 영국이 쇠퇴하면서 네덜란드, 노르웨이, 독일 등이 이어받았고, 이것이 일본으로 넘어와 일본은 세계 조선시장의 60퍼센트를 점유하고 있다. 이제 일본의 조선공업이 한국으로 넘어올 것이므로 지금 당장은 어렵더라도 조선업을 시작해야 한다"는 주장을 곳곳에 전파했다.

또 한 사람은 정주영이었다. 정주영은 자서전 『이 땅에 태어나서』에서 조선소 건설을 맡을 당시의 심정을 다음과 같이 토로하고 있다.

'조선업 경험은 없었지만 그동안 여러 종류의 건설을 하면서 체득한 경험으로 철판에 대한 설계나 용접은 자신이 있었고, 내연기관을 장치하는 것도 별거 아니었다. 이를테면 배를 큰 탱크로 생각하고 정유공장 세울 때처럼 도면대로 철판을 잘라서 용접을 하면 되는 것이고, 내부의 기계장치는 건물에 냉온방 장치를 설계대로 앉히듯이 선박도 기계 도면대로 제자리에 설치하면 되는 것 아닌가. 말하자면 나는 조선업자로 조선소 건설을 생각한 게 아니라 건설업자로서 조선소 건설을 생각했다.'

1972년 3월 23일 현대조선소 기공식이 거행됐고 1974년 6월에 70만 톤 드라이 도크 2기를 갖춘 국제 규모의 조선소가 준공됐다. 조선소 준공과 동시에 배 길이 320미터, 폭 50미터의 26만 톤 급 초대형 유조선VLCC 두 척이 건조되어 선주에게 인도되었다. 조선소 건설과 동시에 26만 톤 급 선박 두 척을 함께 건조한 것은 세계 조선업계 사상 초유의 모험이었다.

전문가들은 "불가능한 일을 벌이다 큰 문제가 발생할 것"이라며 반대 의견이 빗발쳤지만 정주영은 생각이 달랐다. "반드시 다 지어진 조선소에서 선박을 만들어야 한다는 법 같은 것은 어디에도 없다"면서 자신의 의지대로 밀고 나갔다.

현대조선은 1975년 드라이 도크 3기, 240만 톤 시설 능력을 갖춘 세계 최대 규모의 조선소로 발돋움했다. 당시의 일화를 정주영은 자서전에서 다음과 같이 회고하고 있다.

'2,000명이 넘는 사람들이 다 같이 우리가 조국 근대화에 앞장선 전위부대라는 일체감으로 똘똘 뭉쳐 낮도 밤도 없이 거의 365일 돌관 작업을 해냈다. 대부분의 임직원이 새벽에 일어나서는 여기저기 고인 웅덩이 물에 대충 얼굴을 씻고는 일터로 나가 밤늦게까지 일하고, 숙소에 돌아와서는 구두끈도 못 푼 채 자고는 했다. 하루 이틀도 아니고 공사 기간 내내 그랬던 것을 생각하면 당시 우리 현대 사람들의 그 투철했던 사명감과 강인한 정신력에 지금도 경의와 감사의 염念이 출렁인다.'15

이처럼 드라마틱하게 시작된 한국의 대형 수출선 건조 사업은 울산 현대조선소 준공 이후 불과 10년 만에 세계 2위의 조선국으로 급부상했고, 1999년 세계 선박 수주의 40.9퍼센트를 점유하며 선박 수주량 세계 1위를 차지했다. 현대중공업, 대우조선, 삼성중공업은 200년 조선 역사를 가진 유럽, 100년 역사를 가진 일본 유수의 조선소들을 제치고 생산능력으로 세계 10대 조선소로 발돋움했다.

기계공업 불모지에서
일으킨 자동차산업

한국이 일군 또 하나의 기적과 같은 드라마는 기계 산업의 불모지나 다름없는 상황에서 세계 5대 자동차를 만든 것이다. 자동차산업은 2만여 개의 정밀부품들이 동원되는 종합기계공업으로 관련 산업에 대한 파급효과가 막대하다. 기계공업의 핵심을 이룰 뿐만 아니라 방대한 고용창출 효과도 거둘 수 있다.

자동차를 생산하기 위해서는 철강, 비철금속, 기계, 고무, 유리, 전기제품, 도장 등이 뒷받침되어야 하므로 자동차는 연관 산업 발전에 직접적인 영향을 미치는 선도 산업이다. 또 자동차산업이 발달하면 운수, 정유, 정비, 주유소, 주차장, 터미널, 금융, 보험, 서비스센터 등 파생산업이 발달하여 국가 GDP 신장에도 크게 기여한다. 이런 이유 때문에 자동차를 지배하는 기업이 세계를 지배하고, 선진 각국에서 자동차산업을 국가 전략산업으로 육성하는 것이다.

한국의 자동차산업은 1955년 9월 시발자동차를 조립·생산한 것이 효시다. 서울에서 정비업을 하던 최무성 씨 3형제가 국제차량공업사를 차리고 미군이 사용하던 지프의 엔진과 변속기, 섀시를 바탕으로 드럼통을 펴서 만든 보디를 씌워 국내 첫 승용차인 '시발'을 내놓았다. 4기통 1,323cc 휘발유 엔진과 3단 수동 변속기를 얹은 시발은 국산화율이 50퍼센트나 되었지만, 한 대 만드는데 4개월이나 걸려 생산능력은 월 50대에 불과했다.

비슷한 시기에 출범한 하동환자동차(1977년 '동아자동차'를 거쳐 '쌍용자동차'가 됨)는 미군용 트럭 엔진에 드럼통을 펴서 버스를 제작했다. 이밖에 신진공업사, 국제모터스 등 재생 조립공장이 있었으나 대형 정비소 성격을 벗어나지 못했다.

제1차 경제개발 5개년계획 발표 직후인 1962년 제일교포 박노정이 새나라자동차를 설립했다. 부평에 조립공장을 세우고 같은 해 8월 닛산의 소형 세단 블루버드를 SKD Semi Knock Down 방식으로 수입해 조립·생산을 시작했다. 블루버드는 '새나라'라는 이름으로 1962년 11월부터 1963년 5월까지 2,700여 대를 판매했다.

새나라자동차는 외환사정 악화와 4대 의혹 사건의 여파로 9개월 만에 문을 닫았다. 이 회사는 1963년 11월 중고 지프 엔진과 부품에 차체를 씌운 신성호(시발자동차의 개량형)를 제작한 김창호의 신진자동차에게 넘어갔다. 신진은 도요타와 기술제휴를 맺어 코로나를 조립·생산했고 이어 크라운, 퍼블리카를 선보였다.

1944년 일본에서 귀국한 김철호는 경성정공(후에 기아자동차)을 설립했다. 김철호는 6·25로 인해 부산으로 피난을 가서 자전거야말로 국가적으로 시급을 요하는 제품이라는 생각에 주야를 가리지 않은 연구 끝에 3000리호 자전거 생산에 성공했다. 이어 김철호는 1962년 일본 혼다와 기술제휴로 국내 최초의 모터사이클인 'C100'을 생산했고, 일본 마쓰다자동차와 기술제휴로 배기량 356cc의 삼륜차 K-360을 시작으로 기아 마스터(T600~T2000) 시리즈[16]를 잇달아 성공시켰다.

1967년 12월 정부가 정주영의 현대에 자동차산업 진출을 허가하자 현대는 포드와 기술 제휴로 코티나 조립생산에 돌입했다. 이번에는 아세아자동차(이문환)가 아이젠버그를 배경에 업고 이탈리아 피아트와 제휴하여 '피아트 123'을 선보여 국내 자동차시장은 신진, 현대, 아세아의 3파전이 전개되었다.

고유모델 차의 완전 국산화 전략

1969년에 경인고속도로가 개통되면서 자동차 수요가 늘기 시작하자 정부는 자동차공업육성 기본계획을 발표했다. 이 계획은 '1단계(1967~1969년) 자동차 조립공장 건설 완료, 2단계(1970~1973년) 부품 양산과 엔진 및 차체공장 건설, 3단계(1973~1976년) 완전 국산 표준차 양산체제 확립' 등의 내용을 담고 있었다.

당시 한국의 자동차산업 현황은 선진국 자동차 메이커로부터 모델을 들여다 국내에서 조립·생산하고, 국내에서는 단순 부품들만을 생산·공급하는 구조였다. 자동차의 고유모델은 경쟁에서 강력한 무기이며, 판매 증진을 위한 최선의 수단이자 부품공업을 장악하는 고삐다. 고유 자동차 모델을 개발할 능력이 없는 회사는 모델을 보유한 회사의 단순한 조립이나 부품을 만드는 하청공장으로 전락하든가, 모델을 보유한 회사에 흡수되는 것이 전 세계적 현상이었다.

한국은 자동차산업의 청사진을 작성하는 과정에서 이 점을 유의 깊게 분석한 후 전 세계적으로 보편화된 육성 방식이었던 바텀 업 bottom up 방식이 아니라, 어느 나라도 시도하지 않은 '고유모델 승용차의 하향식top down 양산화 정책'을 창안해냈다. 1970년 9월 김학렬 경제부총리의 위촉을 받은 KIST는 '중공업 발전의 기반'에 관한 연구 보고서에서 "자동차산업은 고유모델 승용차의 개발과 중점적 육성을 정부가 공익사업으로 주도해나가야 한다"고 건의했다.

우리나라가 자동차 완전 국산화, 즉 고유모델 차량을 개발하여 수출산업으로 육성하는 전략을 세우고 이를 고집스럽게 추진한 주인공은 김정렴 대통령 비서실장, 오원철 대통령 경제2수석, 이낙선 상공부장관, 김재관 상공부 중공업차관보였다. 국가 지도부가 자동차의 완전 국산화에 매달린 이유는 세계 어느 자동차 메이커도 후진국의 자동차산업을 육성해주지 않고 자기들 잇속만 차리기 때문이었다. 외국 회사에 의지해 자동차산업을 하겠다는 것은 "호랑이 굴에 가서 어미 호랑이의 양해를 구한 다음 새끼 호랑이를 갖다 키우는

것"처럼 절대 불가능한 일이었다.[17]

이 무렵 중국은 외국 기업에 자국 시장을 개방했는데, 이 과정에서 한국이나 타이완과 협력하는 회사는 제외한다는 '저우언라이周恩來 4원칙'을 발표했다. 이렇게 되자 1970년 12월 국내 자동차시장의 70퍼센트를 점유하고 있던 신진자동차의 합작선인 도요타자동차가 중국 진출을 위해 한국에서 철수했다. 외국의 합작선이 모델과 차체, 엔진, 핵심부품을 공급하지 않으면 자동차 생산이 불가능한 상황에서 도요타가 한국에서 철수하자 신진자동차는 부랴부랴 미국 GM과 합작 계약을 맺고 'GM코리아'로 사명을 변경했다.

1973년 정부가 수립한 중화학공업 육성계획의 주요 목표는 기계공업, 그중에서도 자동차공업이 선도적 역할을 담당하도록 되어 있었다.

초대 중공업차관보로 임명된 김재관 박사는 철강, 조선, 기계 및 자동차공업 육성 업무를 담당했다. 그에게 4개 분야 중 가장 뒤처진 자동차공업을 획기적으로 육성하라는 특별 임무가 주어졌다.

1973년 6월 김재관은 그동안 정부가 추진해온 자동차산업과 관련된 정책을 전면 폐기했다. 그리고 세계 어느 나라에서도 시도하지 않았던 '고유모델 승용차의 하향식 양산화 정책'을 기본 골격으로 하여 '장기 자동차공업 진흥계획'을 수립했다. 1975년까지 국산화 비율을 80퍼센트로 하고, 우리 실정에 맞는 소형차 개발에 주력할 것이며, 국제 경쟁력을 갖출 때까지 경쟁 제품의 수입을 금지한다는 것이 주요 내용이었다.

1973년 7월 12일 상공부는 국내 자동차 4사(GM코리아, 기아, 현대, 아세아 자동차)에 "정부는 한국 자동차공업 장기진흥계획을 수립했으니 각 사는 고유모델 승용차 공장 건설계획을 작성하여 8월 5일까지 제출하라"는 공문을 발송했다.

한국이 선택한 '고유모델 승용차의 하향식 양산화 정책'의 기본 골격은 전통적인 방식과는 정반대되는 전략이었다. 즉 자동차산업에서 가장 어렵고 핵심적인 고유모델 차를 개발, 양산하여 전 세계 시장에서 선발 메이커들과 경쟁한다는 도전적인 구상이었다. 독자적인 고유모델 차의 개발은 선진국 메이커의 예속 상태에서 벗어나 자주적인 성장을 하기 위해서는 반드시 넘어야 할 산이었다.

당시 우리나라의 총 자동차 등록 대수가 17만 대, 국내 자동차 회사의 연간 총 조립 생산 실적이 3만 대가 안 될 때였다. 국내 자동차 업계는 고유모델 승용차를 독자 개발하기 위한 설계도와 5만 대 이상 생산을 위한 5,000만 달러의 시설투자를 담보하는 투자계획서를 제출하고, 그대로 시행하겠다는 약속을 하라는 공문이 날아들자 "자동차공업의 기본도 모르는 사람들이 우리 실정도 모르면서 너무 앞서는 요구를 하고 있다"고 아우성을 쳤다.

정부는 고유모델 승용차 생산 메이커로 GM코리아, 기아, 현대 등 3사를 지정했다. 그 직후인 1973년 10월에 중동전쟁이 발발하여 제1차 석유파동이 밀어닥쳤다. 세계의 자동차산업은 불황에 빠져들면서 생산을 감축했고 공장들은 잇따라 문을 닫았다. 경기가 크게 위축되자 한국의 자주적인 자동차공업 정책에 미온적인 태도로 일관했던 GM코리아가 고유모델 개발 계획을 포기했다. 대신 그들은 GM 계열사인 오펠의 모델과 부품을 들여다 조립·판매하기로 결정했다. 뒤를 이어 기아도 고유모델 생산을 포기하고 일본에서 부품을 들여다 브리사를 조립·생산키로 했다.

마지막 주자인 현대자동차는 조립생산 실적이 연간 7,000대도 안 되는 소규모인 데다가, 2년 여 동안 추진했던 포드와의 합작계획도 1973년에 무산되면서 고립무원의 처지였다. 정주영은 정부의 고유모델 자동차 개발 정책에 적극 호응하여 단 3주 만에 연간 5만 대 생산을 목표로 하는 포니 자동차 생산계획서를 제출했다.

한국 자동차산업이 성공한 이유

당시 현대의 국산 부품 사용 비율은 30퍼센트였는데, 대부분이 타이어와 배터리 등 단순 부품이었고 주요 부품은 모두 수입에 의존하고 있었다. 이런 형편에 연간 5만 대 생산은 충격적인 수치였고, 투자 비용도 1억 달러가 요구되었다. 모기업인 현대건설의 연간 공사 수주액이 50억 원, 현대자동차의 자본금이 17억 원에 불과한 상황에서 1억 달러 투자는 그룹의 존망이 걸린 문제였다.

회사 관계자들은 국산 모델 개발은 타당성이 없고 시장성도 거의 없다면서 반대했다. 그러나 정주영은 생각이 달랐다. 정주영은 승용차, 버스, 트럭 등 모든 차종을 생산하는 종합자동차공장 건설계획서를 상공부에 제출했다. 그리고 청와대를 찾아가 오원철 당시 대통령 경제2수석에게 "1억 달러를 들여 일류 자동차 공장을 짓겠다. 국민차도 만들겠다. 두고 보라"고 말했다.

현대는 정주영의 진두지휘 하에 국산 자동차 개발과 공장 건설에 박차를 가했다. 정주영의 자동차산업 기본 방침은 첫째, 고유모델 승용차를 개발하여 수출 주력 상품화한다. 둘째, 외국 기업과의 자본 제휴는 하지 않는다. 셋째, 종합자동차공장을 건설하되 새로운 승용차는 완전 국산화한다. 넷째, 규모를 국제경쟁력이 가능한 규모로 한다는 것이었다. 그리고 영국의 유명한 자동차 엔지니어 조지 턴불을 현대자동차 부사장으로 영입하여 고유모델 승용차 생산을 맡겼다.

1973년 9월 현대는 이탈리아의 설계 전문 용역회사인 이탈리아 디자인 회사와 설계계약을 체결하고 한국의 미래형 자동차 모델 디자인을 의뢰했다. 스타일링은 자동차 디자인의 거장 조르제토 주지아로[18], 차체 설계는 알도 만토바니가 담당했다. 그리고 엔진기술 및 엔진공장 건설은 미쓰비시에 맡겼다.

설계와 엔진 등 핵심부품을 외국에서 사다 장착하는 한이 있더라도 고유모델 승용차를 만든다는 정책에 의거, 이탈리아 디자인에 미쓰비시 엔진을 탑재한 형태로 탄생한 대한민국 최초의 고유모델 승용차가 포니였다. 고유모델 승용차의 개발 및 생산은 세계 16번째, 아시아에서는 일본에 이어 두 번째였다.

1976년 2월 첫 선을 보인 연료절약형 승용차 포니는 폭발적인 인기를 끌었고, 생산 개시 직후부터 해외에 수출되어 큰 호응을 얻었다. 이어 현대차는 엔진을 독자개발하는 데 도전했다. 기술진들은 미쓰비시와 포드 자동차를 분해하여 부품들을 모방 설계하는 역엔지니어링 과정을 거쳐 관련 기술을 습득했다.

1983년 정주영은 '알파 프로젝트'라고 명명된 새 엔진 개발에 돌입했다. 기초적인 기술만을 도입하고 기본 설계에서부터 최종 제품 개발에 이르는 전 과정을 독자적으로 추진한 결과 1990년 11월, 자동차의 심장에 해당하는 엔진을 자체적으로 설계·개발하는 데 성공했다.

포니가 전 세계에 수출되어 성공을 거두자 고유모델 승용차 개발을 포기했던 기아와 GM코리아(후에 대우자동차)도 독자모델 개발에 뛰어들면서 우리나라 자동차산업은 급속한 성장세를 타기 시작했다. 한국은 1990년 최초로 세계 10위의 자동차 생산국에 진입한 이래 1991년 9위, 1992년 7위, 1995년 5위, 1997년에는 프랑스를 제치고 일본, 미국, 독일에 이어 세계 4위를 달성해 자동차산업을 시작한 지 불과 20년 만에 국가 주력 산업으로 확고한 뿌리를 내렸다.

수출에서도 괄목할 만한 성장을 보였다. 1999년 반도체(188억 달러)에 이어 자동차가 111억 달러 수출로 단일 품목 수출 2위를 차지했고, 전 세계 190개국에 자동차를 수출하는 국가 기간산업으로 성장했다. 김재관 박사는 한국의 자동차산업이 선진국 자동차회사에 예속되지 않고 자주적으로 성공을 거둔 이유를 다음과 같이 밝혔다.

첫째, 자동차산업 발전에 가장 큰 걸림돌이었던 도요타가 '저우언라이 4 원칙'에 의해 자발적으로 한국에서 철수했기 때문이다. 만약 도요타가 한국에서 계속 사업을 했다면 우리나라 자동차산업은 설 땅을 잃었을 지도 모른다.

둘째, 중동전쟁으로 인한 석유파동으로 세계의 자동차회사들은 4~5년간 혹심한 불황에 빠져 신규 투자를 할 여력이 없었다. 이로 인해 한국의 고유모델 승용차가 세계 시장을 파고들어 성장할 수 있는 틈새가 생겼다.

셋째, 석유파동으로 인해 에너지 절약 운동이 벌어지면서 한국이 전략적으로 육성한 유류절약형 소형차가 히트할 수 있는 기회가 만들어졌다.

석유위기에서
국가를 구한 건설업

1970년대의 경제성장 과정에서 빼놓을 수 없는 것이 중동전쟁과 이란 혁명으로 촉발되어 전 세계 경제와 산업을 충격에 빠뜨린 두 차례의 석유위기다. 아랍 산유국들의 석유자원 무기화로 인해 우리나라는 1974년 1월 14일 대통령이 긴급조치를 발표해야 할 정도로 국가적 위기 상황을 맞았다.

그런데 원유 가격이 폭등하는 충격 속에서 다른 나라들이 마이너스 성장을 기록할 때 한국은 1973년 13.2퍼센트, 1974년 8.1퍼센트라는 높은 경제성장을 보였고, 수출은 1973년 98.6퍼센트, 1974년 38.3퍼센트나 늘었다. 광복절 경축식장에서 대통령 영부인이 저격을 당해 사망하고 민청학련 사건, 정치적 격변으로 인한 긴급조치 발동, 1973~1975년 사이 도매물가가 100퍼센트나 상승하는 물가 광란을 딛고 기록한 기념비적인 수치다.

　이처럼 불가사의한 성장의 이면에는 한국 건설업의 중동 진출이라는 비장의 카드가 숨어 있다. 제2차 세계대전 이후 독립한 신생국가들은 거의 대부분 건설업의 자생력을 키우지 못해 선진 강대국들에게 자국의 건설 일감을 내주었다. 반면에 우리나라 건설업은 대단히 빠르게, 그리고 제대로 발전하여 철도, 항만, 고속도로, 대규모 주택단지 건설 등을 수행했다. 또 해외 건설시장에 진출하여 막대한 외화를 벌어들였다. 이런 이유 때문에 1970년대 후반에 세계은행은 "한국의 경제발전은 건설업자들이 선도했다"는 보고서를 발표하기도 했다.

　우리 건설업체가 최초로 중동에 진출한 것은 1973년 삼환기업이었다. 삼환기업이 수주한 사우디아라비아의 카이마-알울라 간 고속도로는 총 길이 146킬로미터로, 해발 700미터의 암석으로 뒤덮인 고원 사막지대에 낙타 발자국만 희미하게 남아 있는 오솔길을 따라 현대식 고속도로를 건설하는 작업이었다.

　삼환기업 직원들은 사막의 독거미와 전갈 등 해충과 싸워가며 측량작업을 개시했다. 공사 용수는커녕 마실 물조차 없어 수백 킬로미터 떨어진 지역에서 물을 길어다 공사를 진행했다. 현지 날씨는 섭씨 40~50도, 폭염과 용수 난으로 고생하며 3여 년의 노력 끝에 1977년 12월 준공식을 가졌다.

　삼환기업이 갖은 고생 끝에 예정된 기한 내에 현대식 고속도로를 건설하여 건설업에 대한 한국의 신용이 크게 높아졌다. 이 프로젝트를 계기로 국내 기업들이 속속 중동 건설시장에 진출했다. 한국의 해외 건설은 1978년 한 해 동안 1966~1977년까지 12년간의 해외 수주 누계액인 75억 달러를 상회하는 81억 달러의 수주고를 올렸다. 이어 1979년에는 64억 달러, 1980년 83억 달러, 1981년 137억 달러, 1982년 133억 달러의 수주고를 올렸다.

삼환기업이 사우디아라비아에 진출한 이후 국내 건설 기업들이 해외에서 벌어들인 달러는 1970년대 두 차례의 오일쇼크를 자력으로 극복하고 지속적인 경제 개발을 추진하는 데 결정적인 기여를 했다. 공사 수주뿐만 아니라 중동 국가들과의 교역량도 급속히 증대됐고, 100만 명이 넘는 고용을 창출했다. 중동 진출 근로자들이 벌어들인 외화, 한국 건설업의 국제화된 기술 능력과 경험의 축적은 한국경제의 세계적 도약을 위한 강력한 무기가 되었다.

진취적이고 창의적인
기업가정신 발현

한국은 군사 쿠데타로 인한 혼란, 8·3 사채동결 조치, 두 차례의 석유위기, 북한의 지속적인 남침 위협, 중화학공업 육성에 따른 업종 간 불균형 등 숱한 난관 속에서도 경이적인 성장을 계속했다. 1962년 제1차 경제개발 5개년계획이 시행된 이래 1인당 국민총생산GNP은 1962년 87달러에서 1979년 1,674달러로, 수출은 1962년 5,500만 달러에서 1979년 150억 달러로 무려 275배나 늘었다.

같은 기간 동안 수출은 매년 40퍼센트씩 늘었고, 30여 년 간 연평균 8퍼센트가 넘는 초고속 성장을 지속했다. 세계은행이 분석한 결과에 의하면 한국은 1965년부터 1980년 사이에 국민총생산은 27배, 1인당 소득은 19배, 수출은 275배나 폭증했다.

이 과정에서 선진국 기업이나 국제 원조기구, 국제 금융기관 등의 정책 제언이나 조언, 압력도 경우에 따라서는 거절했다. 해외에서 원조나 차관을 빌어 어렵게 산업화 투자를 해야 하는 개발도상국이 원조나 차관을 제공하는 선진국과 국제기구의 뜻을 따르지 않는다는 것은 말처럼 쉬운 일이 아니다.

1953년의 네이산 보고서, 1961년 세계적인 발전전략 전문가 월터 로스토우 등은 한국 정부에 농업 우선의 근대화 전략을 추진하라고 조언했으나 우리 국가지도부는 이를 단호히 거절하고 공업화를 진행했다. 이승만은 미국의 반대를 무릅쓰고 철강공장, 시멘트공장, 비료공장 건설을 강행했으며, 박정희는 온갖 난관을 뚫고 종합제철소와 고속도로를 성취해냈다.

기적과도 같은 한국의 성장은 세계 경제발전사에서 일종의 돌연변이에 해당한다. 경제학에서는 결코 권하지 않는 정치적 독재와 관치경제 아래서 경제적 도약을 이루었고, 주류 경제학에서는 부정하는 유치산업 보호 육성정책을 통해 산업화를 이루었으며, 경제학이 가장 우려하는 경제력 집중과 경제적 불균형을 감수하고 성장을 이루었기 때문이다.[19]

최중경은 이러한 한국의 경제발전은 불가사의이자 수수께끼라고 말한다. 한국은 서구 지식인들이 주장하고 국제기구가 설파한 경제발전 공식을 그대로 따르지 않고 우리 실정에 맞는 전략을 직접 만들어 사용했다는 것이다. 그의 주장을 소개한다.

"한국은 수입대체 전략 대신 수출드라이브 전략을, 일시적 전면개방과 규제철폐를 추구하는 신자유주의 대신 점진적인 개방과 규제의 단계적 완화를 선택했다. 서구 전문가들이 타당성이 없다고 한 경부고속도로 건설, 포항제철 설립, 중화학공업을 밀어붙였다. 또 서구식 민주주의의 조기 도입보다는 개발독재를 통한 자원동원과 배분의 효율 극대화를 먼저 추구했다. 서구의 조언을 받아들였던 남미의 여러 나라들은 외환위기가 반복되는 큰 홍역을 치렀고, 우리보다 좋은 조건에서 출발한 동남아 국가들도 더딘 경제성장을 경험했다. 거꾸로 한 한국이 오히려 앞서가고 있는 것이다."[20]

한국의 경제발전은 선진국의 온정 어린 원조와 조언에 의해 이루어진 것이 아니라 서구 선진국의 충고와 일정한 거리를 두었기 때문에 가능했다는 것이 최중경의 주장이다. 최중경은 "우리가 기아선상을 헤맬 때 국제원조기구나 미국을 비롯한 선진국의 원조가 큰 도움이 된 것은 사실이나 선진국들은 개발도상국들이 자기들 어깨 위로 성장해서 국제 시장에서 경쟁하게 되는 것을 원하는 것 같지는 않다"고 말한다.[21]

이승만과 박정희가 국제원조기구와 선진국 전문가들의 충고대로 철강공장과 고속도로를 건설하지 않고 농업 위주의 발전전략을 채택했다면 자원이나 자금, 기술이 부족했던 한국은 아시아의 빈곤국가 대열에서도 후미에 위치하고 있을 것이다. 한국이 농업화를 통한 근대화를 추진해야 한다고 점잖게 충고했던 서구의 발전전략

전문가들은 한국이 중화학공업을 성공시켜 선진국 대열에 오르자 "한국은 서구 전문가들이 하라는 대로 하지 않아서 성공했다"고 말을 바꾸었다.

우리 정부는 지난 2004년부터 한국의 경제발전과 산업개발 노하우를 개발도상국에게 전수하기 위해 경제발전경험 공유사업 KSP·Knowledge Sharing Program을 시행하고 있다. 그것은 서구 전문가들의 충고나 조언에 의지하지 않고 우리의 관료와 기업가, 지도자들이 독자적으로 일군 독립적인 발전모델이다. 그 때문에 한국과 비슷한 처지에 있는 동남아와 아프리카, 중남미의 개발도상국들은 물론 중국과 러시아 등도 한국의 발전모델을 배워가서 토착화시키고 있다.

기업가들의 역할

한국의 산업화는 정부와 기업가들의 연합 및 합작 방식으로 진행되었다. 박정희 정부가 추진한 산업혁명은 이병철의 외자도입을 통한 공업화 전략, 전택보의 보세가공을 통한 수출산업화 전략, 정인욱의 태백산 종합개발을 통한 중공업 육성 전략에 큰 영향을 받았다. 이 세 사람을 비롯한 여러 기업가들은 수시로 박정희와 만나 경제개발 아이디어와 산업화 구상, 기업 육성 등을 주제로 진지한 대화를 나누었다.

5·16 군사 쿠데타 직후 기업가들에 대한 박정희의 인식은 탈세를 일삼는 부정축재자, 혹은 정권에 기생하여 이권을 따내는 바람직스

럽지 못한 존재 등 부정적인 경향이 강했다. 그리하여 부정축재 기업가들을 체포하여 강력하게 처벌하려 했다. 그런데 기업가의 역할에 대한 이병철의 진지한 설명을 듣고 이들의 도움 없이는 국민들의 민생고 해결은 물론 산업화와 경제발전이 불가능하다는 사실을 절실히 깨달았다.

이후 한국의 비약적인 성장이 가능했던 것은 어떤 산업분야든 수출을 목표로 발전전략을 수립하고 정부와 기업이 합심하여 이를 실천했기 때문이다. 수출지향의 중화학공업 건설 정책이 성공을 거둔 이유는 정부가 수준 높은 발전전략을 수립하면 새로운 사업기회에 과감하게 도전하고, 모험적인 투자를 전개하는 등 드높은 기업가정신이 발현되었기 때문이다.[22]

중화학공업 건설은 정부의 발전전략과 정책적 의지도 중요했지만, 위험을 무릅쓰고 새로운 사업 분야에 도전한 기업가들의 개척 정신이 없었다면 결코 실현될 수 없었다. 경험과 자본, 고급 기술과 인력 등이 부족한 상황에서 중화학공업에 뛰어든 기업가들의 결단은 높은 평가를 받아야 한다.

지금까지 한국의 산업화 성공과 경제성장을 논하는 과정에서 수많은 전문가들은 정부의 역할이 결정적 역할을 했다는 점을 강조해 왔다. 이러다 보니 박정희와 동시대의 테크노크라트들이 구국의 영웅처럼 신격화되기에 이르렀고, 박정희와 정부(혹은 관료) 못지않게 기업가들도 중요한 역할을 했다는 사실은 거의 알려지지 않았다.

정주영은 자서전 『이 땅에 태어나서』에서 "울산 조선소 건설을 두고 혹자는 중화학공업 선언에 따라 정부가 현대를 지정해서 조선소를 만들도록 했다고 하는데, 그 얘기는 반은 맞고 반은 틀리다"고 기록하고 있다.

몇 가지 사례를 들어보자. 이병철의 비료공장 건설은 4·19와 5·16의 정치적 격변기를 거치면서 두 차례나 실현 직전에 무산되었음은 앞장에서 소개한 바 있다. 1963년 12월 선거에서 박정희가 대통령에 당선되어 민정으로 이양한 직후 박정희 대통령은 이병철에게 비료공장 건설을 촉구했다. 이병철이 "혼자 힘으로는 역부족"이라고 답하자 "정부가 적극 뒷받침을 할 테니 비료공장을 지어 달라. 필요한 것은 무엇이든 전적으로 돕겠다"고 말했다. 『호암자전』을 통해 당시 정황을 엿보기로 한다.

"대통령이 혼자 애써준다고 해서 될 일이 아니다. 행정부는 물론 거족적인 뒷받침이 필요하다. 행정부의 적극적 협조 없이는 이와 같이 큰 사업은 성사되기 어렵다"고 말했다. 박 대통령은 즉석에서 장기영 부총리 겸 경제기획원장관을 불러 "이 사장이 비료공장을 짓기로 했다. 장 장관이 전책임을 지고 뒷받침하시오" 하고 지시하는 것이었다. 장 장관은 "최선을 다해서 지원하겠습니다"라고 다짐했다.

며칠 후 청와대에서 기별이 있어 갔더니, 박 대통령은 "결심해주어 고맙다. 어차피 비료공장은 이 사장이 건설해야 할 터이니 서둘러 달라"고 말했다. 더 이상 거절할 수도 없어 "역부족이지만 한번 해 보겠다"고 승낙했다. 박 대통령은 만족한 표정으로 동석한 장 장관에게 "이 사장이 일단 약속한 이상 비료공장은 안심해도 된다. 정부가 지원할 일이 있으면 적극적으로 뒷받침하겠다"고 거듭 약속했다.[23]

비료공장 건설을 기획한 것은 박정희와 행정부 관료들이었지만, 사업자금을 동원하고 공장을 지은 다음 운영하여 이익을 내는 사업으로 육성·발전시키는 것은 기업가 이병철의 몫이었다. 이병철은 이때부터 비료공장의 규모(세계 최대 규모인 36만 톤), 비료의 종류(요소, 암모니아), 설계기술 확보, 기계 구입, 소요자금 동원 등을 추진해나갔다.

창의력과 패기

조선소도 마찬가지였다. 정주영에게 조선소를 건설하라고 지명한 것은 박정희와 당시 정부 관료들이었다. 그러나 정주영이 사업계획을 검토하고 자금과 인력을 투입하여 건설에 돌입하기 전까지 대통령과 관료들이 아무리 훌륭한 계획을 세웠어도 그것은 단지 '서류상의 도상 계획'에 불과했을 뿐이다. 실제로 사업에 필요한 기술과 인력의 확보, 공장의 입지, 투자자금 동원, 판로 개척, 마케팅 등은 전적으로 정주영의 몫이었다.

정주영은 정부로부터 조선소 건설 제안을 받기 전인 1966년에 요코하마조선소, 가와사키조선소, 고베조선소를 시찰하고 조선산업을 구상한 바 있다. 정부가 정주영에게 조선소 건설을 권유했을 당시의 정황을 정주영의 자서전을 통해 살펴본다.

'이미 시작된 포항제철에서 생산하는 철을 대량으로 소비해줄 사업으로 고故 김학렬 부총리는 나에게 조선소 건설을 권유했는데, 삼성에게 거절당하고 나한테 돌려졌다는 설도 있었다. 어쨌거나 나는 나대로의 판단이 있었기 때문에 처음에는 그저 못 들은 척했는데, 권유의 강도가 점점 심해지더니 나중에는 아예 성화가 불같았다. 그러잖아도 혼자 꿈꿔오던 조선소 건설에 대한 내 꿈을 정부의 강력한 의지가 슬슬 부추겼다. 정부가 꼭 해야겠다는데…. 그렇다면 한번 해보겠노라고 대답해 놓고 나는 곧장 차관을 얻으러 나섰다.'[24]

정주영은 미국과 일본의 금융기관에 조선소 건설을 위한 차관을 요청했으나 일언지하에 거절 당했다. 일본은 한국이 자신들의 자금과 기술을 빌려 세계 조선시장에 진입하는 것을 막으려 했다. 정주영이 자금 동원에 실패한 사실을 청와대에 보고하자 박 대통령은 이렇게 말했다.

"이건 꼭 해야만 하오. 정 회장! 일본, 미국으로 다녔다니 이번에는 구라파로 나가 찾아봐요. 무슨 일이 있어도 이건 꼭 해야 하는 일이니까 빨리 구라파로 뛰어가요."

정주영은 우여곡절 끝에 유럽 금융기관으로부터 조선소 건설자금

유치에 성공했고, 처음 생산되는 선박을 구입해줄 선사船社도 확보했다. 작업 물량을 미리 확보하여 조선소 건설과 선박 건조를 동시에 추진했다. 조선소를 먼저 짓고, 그 후에 선박을 건조하는 통상적인 방식으로 진행했다면 현대는 막대한 이자를 감당할 길이 없어 조선소를 짓다가 쓰러졌을지도 모른다.

현대가 무수한 난관을 돌파하며 조선소와 선박 건조를 동시 추진하고 있을 때, 우리나라에서 가장 존경받는 경제학자이자 경제 사령탑인 태완선 경제부총리가 "현대조선소가 성공하면 내 열 손가락에 불을 붙이고 하늘로 올라가겠다"고 공개석상에서 발언했다. 그 정도로 대형 조선소 건설은 불가능에 가까운 고난도 프로젝트였다. 그러나 정주영은 모든 여건이 미비하니 조선소는 불가능하다는 체념 대신 실현 가능한 아이디어를 총동원했다.

초대형 선박을 건조한 경험이 없던 정주영은 덴마크 조선소 부사장으로 재직했던 세계적인 명성의 조선 전문가를 사장으로 영입했고, 영국, 덴마크, 스웨덴 등에서 우수한 조선 기술자들을 고용하여 26만 톤급 유조선VLCC 건조를 맡겼다. 조선소가 본격 가동되었을 때 세계적인 경기침체로 조선 산업이 불황에 빠지자 정주영은 고부가가치 선박, 해양 플랜트, 철골구조물 등으로 사업영역을 다각화하여 손실을 만회했고, 또 현대 산하 계열사들의 지원으로 적자를 메워가며 성장을 지속했다. 모든 전문가들이 불가능하다고 여긴 프로젝트를 이처럼 기발한 방식으로 성공시킨 것은 기업가정신의 승리라고밖에 설명할 길이 없다.

정주영 회장의 기상천외한 창의력과 패기는 거의 전설적이다. 이러한 패기와 창의력이 없었다면 불과 3년 만에 모래가 흩날리는 백사장에 조선소를 건설하여 세계를 놀라게 할 수는 없었을 것이다. 경부고속도로 건설에 착수할 당시 그는 박정희 대통령에게 자기가 구상한 공법을 사용하면 비용을 크게 줄일 수 있다고 설명하여 재원 조달에 고심하는 박정희 대통령에게 용기를 주었고, 실제 정주영 방식으로 비용을 크게 절감했다. 서해안 매립공사에서 중고선을 끌어다 마지막 구간을 틀어막는 '정주영 공법'도 그의 발상이었다.

민관 합동으로 성공사례 만들어

정주영의 창의력과 박정희의 리더십이 합작하여 빛을 발한 대표적인 작품이 소양강댐이다. 일제시대 부전강·장전강 발전소와 수풍발전소를 설계한 구보다 유타카久保田豊는 패전 후 일본공영日本工營을 설립하여 세계 최고 수준의 엔지니어링 전문기업으로 성장했다. 구보다의 일본공영이 한국에서 건설되는 초대형 소양강댐의 설계를 맡았다.

구보다 회장은 소양강댐을 콘크리트와 철근을 이용한 중력댐으로 설계했는데, 시공업자인 현대건설의 정주영 사장이 이 공법에 반기를 들었다. 당시 우리나라는 시멘트, 제철산업이 걸음마 단계여서 중력댐으로 건설하려면 막대한 양의 콘크리트와 철근을 일본에서 수입해야 하므로 공사비가 엄청났다. 정주영은 철근과 콘크리트로 된 중력댐보다는 소양강 주변에 지천으로 널려 있는 흙과 모래, 자갈을 이용하여 사력砂礫 댐을 쌓는 것이 안전성도 훨씬 높고 비용도 30퍼센트나 절감할 수 있다고 주장했다.

갑론을박을 벌이는 와중에 박정희 대통령은 "댐 건설 방식에 대해 원점에서 재검토하라"는 지시를 내렸다. 본격적인 기술 재검토가 진행된 끝에 정주영이 주장한 사력댐 방식이 채택되었고, 그 결과 공사비를 30퍼센트나 절감했다. 구보다 회장은 자신보다 더 뛰어난 의견을 제시한 정주영을 찾아가 정중히 예를 표하고 사과했다.

자동차산업도 마찬가지다. 정부 주도론자들은 한국의 자동차산업이 성공한 것은 정부의 훌륭한 지도와 관료들이 주도면밀한 계획을 세웠기 때문이라고 주장한다. 그러나 정주영이 1975년 최초의 고유모델 자동차인 포니의 개발에 돌입하기 전까지 정부의 지도와 계획은 일종의 도상계획서일 뿐이었다.

정주영은 포니 개발 과정에서 수많은 위험요인을 안고 주요 부품인 엔진과 트랜스미션 등을 국산화했다. 이때부터 현대자동차의 국산화율이 해마다 높아졌고 국제 경쟁 규모를 갖추었다. 정주영이 포니와 스텔라를 자체 개발하여 생산에 돌입함으로써 정부의 자동차공업 육성 계획은 실행 단계로 들어가 빛을 본 것이다.

한국의 정보통신산업 성공도 민관 협력체계의 결실이었다. 1980년 12월, 전두환 정부는 중화학공업 위주의 중후장대형 산업구조에서 탈피하고 미래 성장산업인 정보통신IT산업에 대비하기 위해 컴퓨터,

반도체, 전자교환기를 3대 전략산업으로 육성하는 '전자산업 육성방안'을 마련했다. 이 계획에 의해 민관 합동 방식으로 전자교환기TDX 개발에 착수했다.

전자교환기 개발은 정부 측의 전자통신연구소 개발 인력과 국내 기업 중 교환기 생산 경험이 있던 삼성, LG, 동양전자통신, 대우 등 4개사의 전문 인력 1,000여 명과 240억 원의 예산이 투입되어 4년 여에 걸쳐 국가 총력전을 벌인 끝에 거둔 결실이었다. 국내 자체 기술로 전자교환기 개발에 성공함으로써 수입에 의존하던 전자교환기를 국산으로 공급하여 막대한 수입대체 효과를 얻었고, 베트남, 중국 등 여러 나라에 수출하여 외화 획득원 역할을 했다.

전자교환기 개발 과정에서 양성된 인력들이 후에 이동통신, 초고속 정보통신망 구축에 투입됨으로써 IT 분야의 선진국으로 부상하는 전기를 마련하게 된다. IT 분야에서의 성공은 유망한 분야를 선택한 다음 이 분야를 집중 개발하여 파급효과를 얻는 '선택과 집중 전략'이 거둔 값진 결실이다.

이로써 한국은 1986년부터 전자산업 제품 수출이 기계와 섬유 제품을 추월했다. 오늘날 한국이 정보통신 후진국에서 단숨에 반도체와 휴대폰, 초고속통신망 등 IT 강국으로 올라선 것은 5공 시절 민관 합동으로 관련 기술과 인프라를 독자 개발하여 완비한 덕분이다. 당시 사회를 휩쓴 구호가 '산업화는 늦었지만 정보화는 앞서가자'는 것이었다. 한국의 IT 관련 기술은 일본을 추월하여 일본보다 5년 정도 앞서게 됐다.

정부의 반대를 무릅쓰고 사업 추진

경제 전문가들은 성공적인 경제 발전을 위해서는 첫째 확고하고 안정적이며 비전 있는 리더십, 둘째 잘 짜인 경제발전계획, 셋째 경제발전계획을 실행하는 데 필요한 유능한 관료집단, 넷째 경제발전계획을 실행하는 데 필요한 자금의 확보 등 네 가지 요소가 필수적이라고 말한다.

우리나라의 산업화 추진 과정을 보면 이 네 가지 요소에다가 '경제발전계획을 실행에 옮겨 성공시킨 기업가의 존재'를 추가해야 한다. 심지어 기업가가 정부의 반대를 무릅쓰고 도전하여 국가의 핵심 산업으로 정착시킨 사례들도 있다. 이병철의 반도체산업 도전기는 기업가와 정부와의 관계에 대한 새로운 시각을 극명하게 보여준다.

이병철은 1969년 1월 온갖 비난과 반대 여론을 무릅쓰고 전자산업에 참여했다. 삼성전자가 겨우 컬러 TV를 만들어 수출에 나설 무렵 이병철은 반도체와 교환기 사업에 도전장을 내밀었다. 이병철의 반도체산업 대한 도전기는 그의 사업가로서의 명예와 삼성그룹 전체의 운명을 건 일대 모험이었다.

이병철이 반도체사업 참여를 결정한 시기는 고희를 맞은 1980년이었다. 당시 일본을 방문 중이던 이병철은 전후戰後 일본 경제부흥계획의 입안자 중 한 사람인 이바나 슈조稲葉秀三 박사와 대화 도중 그로부터 "앞으로의 산업은 반도체가 좌우한다. 경박단소輕薄短小한 물건을 만들어야 한다"는 의견을 들었다. 그 후 1982년 미국의 산업 시설을 돌아보면서 이병철은 '반도체산업은 늦으면 늦을수록 뒤진다'는 생각이 굳어져 현지에서 본사에 전화를 걸어 사업 착수를 지시하면서 본격화되었다.[25]

반도체는 업業의 특성상 대규모 투자에도 불구하고 제품 수명 주기가 짧아 위험 부담이 큰 분야다. 삼성이 반도체사업 진출을 선언했을 때 이미 일본과 미국 기업들이 기술적 우위를 차지하고 있어 우리 정부 관계자들은 성공 가능성에 대해 의문을 품었다. 아니 방관 혹은 반대했다는 표현이 더 적합할 것이다. 사공일 대통령 경제수석의 증언이다.

"내가 경제수석으로 근무하던 어느 날 청와대에 있는 나의 조그만 사무실로 이병철 회장이 찾아왔습니다. 그는 한 뭉치의 서류와 책들을 들고 왔고, 나에게 그것들을 보여주며 '사공 수석, 우리는 반도체산업에 투자해야 해요. 이 산업으로 한국경제가 살아날 수 있어요. 우리를 도와주시오' 그러더군요. 사실 반도체에서 거둔 삼성의 성공은 이 회장의 대담한 투자와 삼성의 노력에 의한 것입니다. 그때당시 한국 정부는 팔짱을 끼고 서 있었다는 표현이 옳습니다."[26]

이병철은 어떤 사업이 되었든 사업성 검토 과정에서 삼성 비서실이 해당 사업에 대한 검토 보고서나 참모들의 의견이 부정적일 경우 아무리 자기가 투자하고 싶은 사업이라도 포기했다. 그러나 반도체만은 예외였다. 이병철은 참모들의 부정적인 의견에도 불구하고 반도체사업 참여를 선언했다.

그가 반도체사업을 결심한 것은 1970년대 두 차례의 석유파동으로 큰 위기에 몰렸던 우리나라의 취약한 경제체질을 경험했기 때문이다. 게다가 1976년 위암 수술 후 투병생활을 하며 기업과 국가를 위한 마지막 봉사로 반도체사업을 하기로 결심했다. 이병철은 선우휘 조선일보 주필과의 대화에서 반도체사업에 뛰어든 이유를 다음과 같이 밝혔다.

"톤 당 부가가치를 보면 철은 톤 당 340달러, 석탄 40달러, 알루미늄 3,400달러, 텔레비전 2만 1,300달러, 반도체는 톤 당 85억 달러. 소프트웨어 톤 당 426억 달러. 뭘 해야 될 건지 분명하게 안 나오느냐 이거지."[27]

반도체사업 참여 과정에서 이병철은 일본의 기술자, 설비 관계자와의 면담, 업계와 연구소 등을 돌며 얻은 산더미 같은 자료를 항공편으로 실어다가 일일이 붉은 줄을 그어가며 공부한 후 해당 부서 기술자에게 주고 숙지하도록 했다. 삼성전자는 1983년 12월, 미국의 마이크론테크놀로지로부터 기술을 도입하여 세계 세 번째로 고집적 반도체인 64KD 램RAM을 자체 개발했다. 그리고 해외에서 1억 4,000만 달러라는 엄청난 차관을 빌리는 등 1988년까지 총 8억 달러를 쏟아 부었다.

반도체사업에서 정부의 역할은 미미했다

이병철은 18개월이 걸린다는 초대규모 집적회로VLSI·Very Large Scale Integration 공장을 6개월 만에 완공하라고 엄명을 내렸다. 삼성 뿐만 아니라 우리나라에 반도체 경험자가 있을 리 만무했다. 그럼에도 이병철은 최일선에서 사업을 독려했다. 이러한 이병철의 스타일은 전투를 이용하여 전사戰士를 양성하는 '칭기스칸 식 이전양전법以戰養戰法'이다.

6개월 만에 초대규모 집적회로 공장 건설을 완료하고 1라인(64KD 램)과 2라인(256KD 램)이 가동되어 제품을 쏟아냈다. 삼성의 64KD 램 양산 소식을 접한 미국, 일본의 반도체 업계는 큰 충격을 받아 덤핑 공세로 시장 방어에 나섰다. 반도체 가격의 폭락으로 삼성은 3년 연속 수천억 원의 적자가 발생했다. 그룹 전체가 반도체 때문에 망할지도 모른다는 비명이 곳곳에서 들려왔다. 그러나 이병철은 사업성이 지극히 불투명하다는 삼성 비서실의 절망적인 보고서를 손에 쥐고도 1MD 램 공장 건설을 강행했다.

그 무렵 이병철은 폐암으로 사형 선고를 받았다. 그는 생전에 반도체 호황을 보지 못하고 눈을 감았지만, 반도체가 삼성은 물론 한국을 먹여 살리는 사업이 될 것이란 직관을 갖고 있었다. 정부가 반도체산업 육성에 두 팔을 걷어붙이고 나선 것은 1985년이었다. 정부는 이 해에 반도체사업 종합육성대책을 마련하고 300억 원의 연구비를 투입하여 관·산·학·연官産學研 공동으로 4MD 램 공동개발에 뛰어들었다. 1989년 2월 4MD 램 개발에 성공했고, 관련 기술을 민간 기업에 이관했다.

삼성은 1991년 16MD 램을 자체 개발하여 반도체 선진국 대열에 올라섰다. 이후 1992년 세계 최초로 64MD 램 개발, 1994년 256MD 램, 1996년 1GD 램을 개발하면서 세계 기술을 선도하기 시작했다.

1987년 9월 한 조간신문에 '삼성의 반도체는 모두 외국 제품의 복제품에 불과하며, 단순히 모방하는 기술로는 결코 반도체사업에서 성공할 수 없다'는 기사를 게재했다. 이병철은 이 기사를 보고 삼성 기흥 사업장으로 달려가 임원들에게 "우리가 남의 것을 베꼈다는 게 사실인가. 영국은 증기기관 하나를 개발해 100년 동안 세계를 제패했다. 그런데 기껏 남의 것을 모방하기 위해 반도체사업을 했느냐" 하고 엄중히 꾸짖었다. 그는 즉석에서 반도체를 국산화할 수 있는 라인 건설을 지시했다.[28]

이날 이후 삼성전자는 베끼기를 그만두고 창조에 나서 세계 굴지의 반도체 왕국을 건설했다. 삼성의 역사에서 이날은 반도체 신화의 씨앗을 뿌린 날로 기록되었다. 1999년 이래 삼성전자는 '황의 법칙'[29]을 입증하면서 세계 반도체 역사를 새로 쓰고 있다. 한국의 반도체 산업의 성공 요인에 대해 평택대학 경영학과 변병문 교수는 다음과 같이 분석한다.

첫째, 초창기의 상당한 손실에도 불구하고 대량생산을 위한 연구 개발과

대담한 설비투자

둘째, 메모리 장치와 같은 몇몇 전략적 품목의 선택과 집중

셋째, 동일 재벌그룹 내에서 금융을 포함한 다른 계열사들의 지원

넷째, 한국 기업이 가지고 있는 양질의 인적 자원

다섯 째, 연구기술 인력 훈련을 위한 정부의 보조

이 분석에 의하면 '연구기술 인력 훈련을 위한 정부의 보조'를 제외하면 이병철의 반도체산업 추진과정에서 정부의 지원이나 역할에 대한 흔적은 찾아보기 힘들다. 이런 사례는 자동차산업의 성공 과정에서도 비슷하게 나타났다. 김인영은 "관료들이 계획한 자동차산업 육성계획안이 계획대로 실천된 적이 없으며, 국내 기업이 반도체를 제조하는 것을 관료들이 반대했다"고 지적한다.

한국에서 가장 성공작이라고 평가되는 반도체와 자동차산업은 정부 주도의 중화학공업 추진의 산물이라는 시각과 함께 기업가의 '모험을 불사하는 진취적이고 창의적인 결단'으로 결실을 맺었다는 것이 정확한 해석이다. 이석채 전 대통령 경제수석도 "자동차산업과 전자산업은 정부로부터 재정적 및 행정적 지원을 거의 받지 못한 상태에서 이루어진 것"이라고 솔직하게 밝히고 있다.[30]

결론적으로 한국형 발전모델은 '경제에 대한 국가의 통제와 개입'이 아니라, 국가의 통제와 개입에도 불구하고 사기업이 주도적으로 경제운용을 해왔다는 데서 찾아야 한다.[31]

한국의 산업화는 해양화

우리나라는 조선소도 없는 상황에서 지폐에 인쇄된 거북선을 내세워 선박부터 먼저 수주했고, 조선소 도크 건설과 함께 한쪽에서 배를 건조하는 기상천외한 방식으로 진행했다. 지상 최대의 공사라고 불리던 사우디아라비아 주베일 항만 공사 때는 초대형 해상 구조물을 국내에서 제작한 다음 바지선으로 중동까지 끌고 가서 설치했다.

바다를 통해 산업용 원료와 과학기술은 물론 서구식 문화와 문물, 종교와 합리적 가치관을 받아들였다. 이것을 생산으로 연결하기 위해 해안가인 포항(제철), 울산(조선, 자동차, 석유화학) 창원(기계), 거제(조선), 여수(석유화학), 당진(제철, 자동차) 등에 대규모 임해공업단지를 건설했다.

바다를 통해 수출품을 실어냈고, 바다에서 부를 캐기 위해 조선산업과 해운산업을 조직적으로 육성했다. 그 결과 우리나라는 불과 60여 년 만에 세계 10위권의 해양력을 보유한 해양국으로 발돋움하게 되었다. 그것은 한 마디로 '해양화 혁명'이었다.

이때부터 대한민국을 상징하는 말은 은둔의 나라, 고요한 아침의 나라가 아니라 수출과 무역, 임해공단과 VLCC, 반도체와 IT, 간척과 해외건설, 개방과 성장이 되었다. 이제 한국은 전 세계의 바다를 항해하는 대규모 선박 10척 중 4척을 한국에서 건조하는 조선 1등국이 되었고, 세계 5위권의 선복량을 보유한 해양 강국이 되었다. 짧은 기간에 대륙문명에서 해양문명으로 극적인 전환에 성공한 이유는 우리 민족의 DNA 속에 장보고와 이순신 같은 영웅을 탄생시킨 해양

민족으로서의 유전자가 살아 있었기 때문이다.

국제무역의 새로운 패러다임인 자유무역협정FTA 시대에도 해양의 중요성은 높아질 수밖에 없다. 이유는 해상 물류가 다른 어떤 운송수단보다 손쉽고 운송비가 훨씬 저렴하기 때문이다. 1톤의 철광석을 육상에서 100킬로미터 운반하는 비용과 해상에서 1만 킬로미터를 운반하는 비용이 비슷하다. 수송수단의 대형화, 고속화가 빠르게 진행되어서 해상 물류비는 점점 더 낮아지는 추세다. 아담 스미스는 이미 200여 년 전에 해양무역이 대륙무역보다 더 싸기 때문에 긴 해안선과 항해 가능한 하천을 많이 보유한 해양국가가 국부 축적에 더 유리하다는 점을 통찰한 바 있다.

5장

한국 특유의 **기업가정신**

한국 기업가들의 유교사상

독립운동에 앞장선 기업가들의 애국심

사업보국 정신

청교도 정신

신용은 생명

사명감으로 일군 기업

한국인에 대한 자부심

부국강병의 길

한국 기업가들의 유교사상

이 세상의 모든 기업은 이윤을 전제로 생산활동을 한다. 이윤을 내지 못하는 기업이나 기업가는 존재할 필요가 없다. 그러나 세인들은 기업의 이윤추구 행위에 가혹한 비판을 한다. 마르크스는 탐욕스러운 자본의 본성에 대해 이렇게 비판했다.

"이윤이 10퍼센트라면 자본은 여러 곳에서 쓰이게 되고, 이윤이 20퍼센트라면 자본은 적극적이 된다. 50퍼센트의 이윤이 보장되면 자본은 모험을 마다하지 않는다. 100퍼센트의 이윤이 있으면 자본은 인간의 모든 법률을 무시하며, 300퍼센트의 이윤이 있으면 어떠한 범죄도 서슴지 않는다."

학자들은 한국의 기업가정신 중에서 가장 강렬한 특징으로 '사업을 통해 국가에 보답한다'는 사업보국을 지적한다. 초창기 기업가들은 나라를 잃고 일제치하에서 일본인들에게 피눈물 나는 차별대우에 시달렸고, 사농공상의 유교적 신분질서에 신음했다. 나라를 잃으면 어떤 꼴을 당한다는 것을 적나라하게 체험한 기업가들은 독립운동을 꿈꾸었고, 사정이 여의치 않자 독립운동 대신 사업을 일으켜 국민들에게 희망을 준다는 생각을 가지게 되었다. 해방이 되어 대한민국이 건국되자 신생 조국을 위해 사업을 일으켜 이 나라를 건강하고 부강하게 발전시키겠다는 사업보국의 신념을 가지게 된 것으로 보인다.

창업세대의 기업가들은 이윤 창출을 최우선으로 하는 오늘날의 기업경영 방식과는 크게 달랐다. 피터 드러커는 『자본주의 이후의 사회』라는 저서에서 한국에 대해 이렇게 평하고 있다.

"전쟁에 시달린 한국이 스스로를 주요 경제 강국으로 전환시킨 그 속도는 전례를 찾을 수 없는 승리입니다. 이것은 경영자의 헌신, 고된 일을 마다않는 노동자, 기업가정신, 그리고 무엇보다 경영의 승리입니다."

황명수는 한국에서 시대별로 기업가정신이 어떻게 형성되고 변천되어 왔는가를 상세히 연구했다. 그 결과 한국 기업가들의 기업동기, 행동양식(사업보국, 국익우선)이 형성되는 데 있어 유교정신(충효사상)의 영향이 매우 크며, 유교사상과 한국경제의 발전과는 밀접한 관계가 있다는 점을 발견했다.

『한국의 기업가정신과 기업성장』의 저자 강신일과 이창원도 한국의 기업가정신이 유교문화와 깊은 연계를 맺고 있음을 지적한다. 즉 유교권 사회에서는 희생과 어려움이 따르더라도 대의명분을 추구하고 가치 있는 일을 달성하려는 정신이 강하기 때문에 '기업을 하려는 의지'나 기업가정신이 발휘될 수 있는 여지가 많다는 것이다. 또 유교적 전통 하에서는 재산富의 축적이라는 경제적 유인보다 사회적 존경이나 인정, 권력 같은 비금전적 유인이 보다 높게 평가되어 기업가들의 활동과 행태를 정당화시켜 주는 역할을 한다는 것이다.

한국의 대표적인 기업가 이병철, 정주영, 김우중을 심리적으로 연구한 김태형은 이들 기업가들의 공통점으로 돈을 삶의 목적으로 삼지 않은 것, 이윤추구에서 나름대로 정도正道를 걸으려고 노력한 점, 사대주의를 반대하고 자기 민족에 대한 강한 신뢰, 물질 중심이 아닌 사람 중심 추구, 노동자 후대 등을 지적했다.[1]

이병철과 유교의 만남

삼성그룹의 창업자 이병철과 유교의 관계는 곳곳에서 그 편린이 드러난다. 이병철의 조부祖父 이홍석은 영남의 거유巨儒로 불리던 허성재의 제자로서 시문詩文과 성리학에 능한 유학자였다. 이병철은 어린 시절 조부가 설립한 문산정文山亭이란 서당에서 한학을 공부했다. 이병철의 부친 이찬우는 청년기에 서울에서 독립협회 활동을 했고, 기독교청년회에 출입하며 후에 대통령이 된 이승만을 만나 교유했다.

이병철은 스스로 '난독亂讀'이라고 표현할 정도로 독서에 열중했는데, 그가 접한 수많은 책 중에서 가장 감명을 받은 책, 혹은 가까이 두고 좌우명으로 삼는 책을 들라면 서슴지 않고『논어』라고 말했다. 그는 "나의 생각이나 생활이 논어의 세계에서 벗어나지 못한다고 하더라도 오히려 만족한다"고 말할 정도다. 그가『논어』에 푹 빠진 이유는 "인간이 사회인으로서 살아가는 데 불가결한 마음가짐을 알려주기 때문"이다.[2]

뼈 속까지 유교적 소양이 몸에 배어 있는 이병철이었기에 삼성의 직원들이 어른 앞에서 담배를 피거나, 인사를 않거나, 예의에 어긋난 행동을 하면 반드시 지적해서 고치도록 했다. 한 번은 이병철이 경영하던 중앙일보의 모 기자가 낮에 술을 마시고 회사로 들어와 문을 걷어찬 일이 있었는데, 이병철이 이를 목격하고 그 기자를 해고했다.

삼성그룹이 성균관대학교를 인수한 것도 이 학교의 유교적 전통을 이용하여 도의문화 창달을 꾀하기 위해서였다. 이병철은 대학의 발전을 위해 많은 투자를 했다. 그런데 공대 신설과 수원 캠퍼스로 이전하는 과정에서 학내 분규가 발생했다. 흥분한 학생들이 학생처장의 멱살을 잡은 사실이 알려지자 이병철은 즉각 회의를 소집하여 "학생이 스승의 멱살을 잡는 학교를 위해 돈을 쓸 필요가 없다"면서 대학 운영에서 손을 떼라고 지시했다.

사농공상의 신분질서가 엄격한 사회에서는 물질보다 정신, 실리보다 명분이란 가치관 때문에 빈곤이 고착된다. 지금까지는 주자학과 자본주의, 논어와 시장경제는 어울리지 않다는 것이 정설이었다. 그런데 이병철은 이 이질적인 두 요소를 접목시켜 가능성을 증명해냈다. 어떻게 이것이 가능했을까?

이병철은 제일모직 설립 과정에서 유교적 가부장의 모습, 인간적 기질을 유감없이 보였다. 그는 모직 제품은 고가품이므로 그것을 만드는 사람의 자질이 뛰어나고 사명감이 투철해야 한다고 생각했다. 생산직 여공들이 좋은 환경에서 즐거운 마음으로 일해야 작업능률도 오르고 품질도 좋아진다는 생각에서 기숙사 등 복지시설에 많은 공을 들였다.

당시로서는 획기적인 스팀 난방과 수세식 화장실을 설치했고, 복도에는 고급스런 회나무를 깔아 차분한 느낌이 들도록 했다. 연못과 분수도 만들었고 공장 전체를 잘 다듬어 정원으로 꾸몄다. 기숙사 주변에는 갖가지 꽃과 나무로 가득했고, 정원을 관리하는 조경사를 따로 두었다. 가족들이 면회를 오면 정원 앞에서 기념촬영을 자주 하여 전속 사진사도 고용했다.

건물 안에는 미용실, 세탁실, 목욕실, 다리미실, 도서실 등등이 갖춰져 있었다. 24시간 개방되어 있는 목욕탕은 한꺼번에 200~300명이 사용할 수 있는 대규모 시설이었다. 기숙사에서는 교양 함양을 위해 저녁에는 외부에서 교사를 초빙하여 영어와 수학, 한문 등 교양강좌를 열었다.

이병철은 도쿄 유학 시절 톨스토이의 작품을 탐독했는데, 그의 영향을 받아 집안일을 돌보던 가노家奴 30여 명을 해방시킨 사실도 자서

전에 기록되어 있다. 그는 노비 해방에 대해 '그동안 한 일 가운데 다소나마 자랑스럽게 생각하는 일'이라고 표현했다.

이런 모습은 이병철이 와세다대학에서 유학하던 시절 한 동안 사회주의에 심취했었기에 가능했던 것으로 보인다. 그는 대구에서 삼성상회를 개업했을 때 유학 시절 만난 친구 이수근을 지배인으로 임명하고 경영을 전부 친구에게 맡겼다. 이수근은 열과 성을 다해 회사를 키웠는데, 그는 사회주의자로서 좌익 운동에 투신했다가 월북했다.

이병철은 젊은 시절 심취했던 사회주의적 이상향을 자신의 회사에서 실천하고 싶어 했고, 그것이 제일모직 기숙사에 나타난 것이다. 그리고 이수근의 사회주의 운동을 보며 자신은 사업에 정열적으로 매달렸다. 그가 사업을 하는 목적은 기업을 통해 뜻을 세우고, 그 뜻을 실현하여 국가와 사회 발전에 공헌한다는 '사업보국' 정신이었다.

이병철의 휴머니스트적인 면모는 월남전 당시 삼성의 월남 진출 여부를 가리는 데서도 드러났다. 그 무렵 삼성의 주요 참모들은 "월남전을 기회로 삼아 회사의 위상을 국제적으로 키워야 한다"며 강력하게 월남 진출을 건의했다. 그러나 이병철은 과장급 직원 한 사람을 월남으로 보내 현지조사를 맡겼다. 장남 이맹희는 아버지가 과장한 사람을 월남에 보내는 것을 보고 "삼성은 월남에 진출하지 않는다"는 뜻으로 해석했다. 이병철은 남의 나라 전쟁을 이용하여 사업을 키워서는 안 된다는 자신의 의도를 그런 식으로 표출한 것이다.

이병철이 기숙사나 공장 조경, 복지에 세심하게 신경을 썼음에도 불구하고 4·19 이후 여공들은 '악덕 기업주 규탄' 데모를 벌였다. 흥분한 여공들이 파업을 벌이는 모습에 이병철은 큰 충격을 받았다. 그는 여공들의 데모를 유교적으로 해석했다. 가장에 대한 자식들의 반항 혹은 도전이라고 생각한 것이다.

그는 이후 사업 전개과정에서 '노조를 필요로 하지 않는 삼성'이라는 원칙을 고집스럽게 밀고 나갔다. 그의 지론은 종업원이 회사에 애착을 갖도록 신경을 써주고 보살펴주면 노사협조는 절로 된다는 것이다. 이병철의 '노조 없는 경영'은 노동운동을 신성시하는 사람들이 볼 때 노동탄압이 되지만, 다른 편에서 보면 유교적 가부장제 문화와 자본주의 시장경제 문화의 결합을 통한 새로운 경영 질서의 모색으로 평가된다. 그는 자신이 생각한 질서를 정착하기 위해 노력했다. 지금도 삼성은 일부 계열사를 제외하고는 노조 없이도 복지 면에서 다른 기업들을 월등히 앞서고 있다. 한국적 현실에서 노조가 기업운영의 필수 조건이 아닐 수도 있다는 사실을 보여주고 있는 것이다.

국가 우선의 가치관

이병철은 서당 교육과 신식 교육을 두루 경험했다. 그가 태어난 1910년에 한일합방이 됐고, 일제의 지배 아래 잔뼈가 굵었다. 유학한 곳도 도쿄였고, 사업가로 첫 출발한 시기도 일제시대였다. 이병철의 기업가적 기질 중 특이한 점은 그의 가치관 속에 '국가'라는 개념이

늘 강렬하게 꿈틀거리고 있었다는 점이다.

"제가 회의 때 강조하는 게 있습니다. 삼성이 중요하냐, 국가가 중요하냐. 국가가 중요하다. 국가가 부흥하면 삼성 같은 건 망해도 또 생길 수 있다. 그러나 국가가 망하면 삼성은 영원히 없어진다. 그러니 국가가 우선 아니냐."[3]

이런 국가 우선주의적 발언들은 그의 어록집 『기업은 사람이다』의 곳곳에서 발견된다. 이병철이 나라를 생각하는 마음은 일제 식민지 경험, 해방과 분단, 6·25 전쟁을 겪는 과정에서 자연스레 생긴 것으로 추측된다. 그의 자서전을 보면 나라 잃은 설움을 처음 자각한 것은 도쿄 유학을 떠나는 부관釜關 연락선 위에서였다. 그가 일등 선실로 들어가려 하자 일본인 형사가 "조선인이 무슨 돈으로 일등 선실을 기웃거리느냐, 건방지다"는 말에 큰 충격을 받은 것이다.

이때 이병철은 나라가 망했다는 사실의 참뜻을 처음으로 실감했다. 이러한 민족의식은 와세다대학 유학 시절 한층 강화되었다. 그는 나라 잃은 충격을 경험한 후 독립투쟁 대신 사업을 통해 극일克日하는 쪽으로 방향을 정했다.

이병철의 생애 첫 사업은 26세 때인 1936년 봄 마산에서 정현용, 박정현과 동업으로 시작한 '협동정미소'였다. 동업을 택한 이유는 사업자금이 부족한 것도 원인이었지만 "조선인은 단결심이 없다. 그러므로 공동사업 같은 것은 바랄 수 없다"는 일본인들의 고정관념을 깨기 위해서였다. 일본인들에게 '조선 사람도 동업이 가능하다'는 사실을 보여주기 위해 상호도 협동정미소라 지었다.

이병철은 기업을 일으키는 과정에서 철저히 일본을 따라 배웠다. 그는 삼성 계열사의 고위 경영자들에게 "일본이 한국경제 발전의 모델이며, 일본을 배우면 틀림없다"고 수없이 강조했다. 신라호텔을 세우기로 결심했을 때 그는 5년에 걸쳐 일본의 유명한 호텔은 다 돌아보고 호텔 지배인을 만나 방 하나의 사이즈를 얼마로 하는가, 침대는 어느 회사 것이 좋은가, 객실 문손잡이 장식에 이르기까지 세세한 것을 공부한 후 신라호텔을 지었다.

중식의 경우 요리 책임자를 일본 오쿠라호텔에 보내 4개월 동안 연수를 받은 후 중국 식당을 열었다. 일식당의 경우는 자신이 직접 일본의 유명한 우동가게나 초밥가게에 가서 맛을 본 후 마음에 들면 신라호텔 일식당 주방장을 그곳에 보내 비법을 배워오도록 했다. 일본으로부터 많은 것을 배우면서도 이병철은 일본을 이겨야 한다는 점을 잊지 않았다. 그는 1980년 전경련 강연에서 자신의 사업성과가 일본을 앞지른 사례를 다음과 같이 설명했다.

"제일모직은 전체 규모로 보면 일본보다 작을지 모르지만 한 장소에서 가장 합리적으로 원료에서 최종제품까지 생산할 수 있는 공장은 세계에 없습니다. 세계에서 일본과 경쟁해서 일본보다 제품 값을 더 많이 받았습니다. 또 하나 흑백 TV입니다. 지금 내쇼날이다 뭐다 아무리 해봐도 우리한테 손들고 말았습니다.

다음이 제당입니다. 제일제당이 일산日産 1,300톤, 일본에서 제일 큰 것이 일산 1,000톤, 수출로 봐도 제일제당이 세계에서 수주를 제일 많이 하고 있습니다. 다음은 용인자연농원(에버랜드)입니다. 동물원 하나만 갖고 일본에서 제일 큰 우에노 국립공원과 비교한다면 좀 작을지 모르나, 전체 규모를 합하면 세계에서 디즈니랜드를 빼고는 제일 큽니다. 이것도 일본을 이겼습니다."

이병철은 일제 때는 장사를 하여 돈이나 벌면 된다는 생각이었다. 그런데 국가의 중요성에 눈을 뜨기 시작한 것은 해방 후 대구 폭동을 경험하면서부터다. 당시 이병철은 대구에서 무역업을 하는 삼성상회와 조선양조를 운영하고 있었다. 1946년 10월, 좌익이 주동이 되어 대구 폭동이 일어났다. 이병철이 운영하던 무역회사와 양조장도 습격을 당해 회사 운영이 마비되고 공장도 크게 부서졌다. 마치 좌익 혁명의 전야와 같은 상황에서 이병철은 "군경 당국의 대응이 조금만 늦었더라도 대구 시내의 유력자들은 사업가를 포함하여 몰살되었을 것"이라고 회고한다.[4] 이병철은 얼마 후 상경하여 이화장으로 이승만 박사를 찾아갔다. 이날 이승만은 청년 사업가 이병철에게 이런 말을 했다.

"남쪽만이라도 선거를 하는 것이 옳다고 생각하지 않는가. 분단된 채로 정부를 수립한다는 것은 몸을 베는 것보다 더 괴로운 일이지만, 공산당과의 협상에 구애 받아 시기를 잃기라도 한다면 그야말로 그들 계략에 빠지고 말게 된다. 민족의 운명에 관계되는 일이야. 기필코 남한에만이라도 민주정부를 수립해야 한다…"

사업보국을 결심하다

이병철은 이승만 박사와 만난 날을 잊지 못한다고 회고했다. 그에게 강한 국가관을 심어주고 사업 이외의 세계에 깊은 관심을 갖게했으며, 이날 면담을 계기로 사업보국의 신념을 굳히게 되었기 때문이다. 당시의 심경을 이병철은 자서전에서 다음과 같이 밝히고 있다.

'온 국민이 갈피를 잡지 못하고 우왕좌왕하고 있는 상황에서, 확고한 신념에 사는 지도자가 있다는 것은 얼마나 다행한 일인가. 국민 한 사람 한 사람의 생존이 국가를 떠나서 있을 수 없듯이, 사업 또한 마찬가지다. 사업을 통해서 국가사회 발전에 기여하고 싶다. 그것 없이는 나의 인생은 뜻이 없다.'5

이병철이 국가라는 개념에 대해 깊은 충격을 받은 사건이 또 있었다. 그는 1946년, 11명으로 구성된 시찰단의 일원으로 일본을 방문했다. 패전 후 경제건설을 위해 안간힘을 쓰던 일본 경제계가 한일 무역을 증진하기 위해 기업가들을 초청한 것이다. 도쿄에 도착한 이병철은 두 달 정도 체류하며 일본의 실상을 체험했다. 모든 공장은 붕괴되어 있었고, 고층건물은 하나도 남아 있지 않았다. 도쿄 한복판에서 백주에도 매춘부들이 손님을 끌 정도로 풍속이 타락한 패전 일본의 참혹한 모습에 이병철은 큰 충격을 받았다. 그는 당시의 심정을 이렇게 토로한다.

'모든 것은 나라가 기본이 된다. 나라가 잘되고 강해야 모든 것이 잘 자란다. 따라서 무역을 하든 공장을 세우든 나라에 도움이 되는 것이 결국은 그 사업에도 도움이 된다. 그러니까 참다운 기업인은 보다 거시적인 안목으로 기업을 발전시키고 국부國富 형성에 이바지해야 한다. 이것이 바로 참다운 기업정신이다. 패전 일본을 돌아보면서 나는 이런 생각을 하게 되었다.'6

1947년 이병철은 사업 거점을 서울로 옮겨 삼성물산공사라는 무역회사를 설립했다. 주로 오징어와 한천 등을 마카오와 홍콩, 미국 등지에 수출하고 면사, 철판, 재봉틀, 실 등 수백 품목을 수입했다. 삼성물산은 승승장구하여 창업 1년 반 만에 업계 선두에 오르게 된다. 그것도 잠시, 6·25 전쟁이 났다. 이병철은 '서울 사수'라는 정부의 약속을 믿고 피난을 떠나지 않았다가 일제치하에서 3개월 동안 모진 고생을 하게 된다.

당시 삼성물산은 인천에 설탕, 용산 창고에는 재봉틀 같은 수입품을 상당량 보관하고 있었는데 공산군에게 모조리 강탈당했다. 심지어 이병철이 구입하여 이틀 밖에 타지 않은 시보레 승용차도 빼앗겼다. 후에 보니 남로당 당수를 지내다 월북한 박헌영이 자기 승용차로 거리를 누비고 다녔다. 그는 인공人共 치하에서 숨어 지낼 때의 심정을 전경련 강연에서 다음과 같이 말했다.

"피난을 못 가고 적치敵治 90일을 체험하고 보니 공산주의가 책에서 보던 것과 말로 듣던 것과는 너무나 차이가 있었습니다. 도저히 인류사회에선 있을 수 없는 사회였습니다. 그때 자유민주주의와 국가가 얼마나 소중한가를 깨닫게 됐고, 내 인생관도 바뀌었습니다. 국가가 있고 나서야 사업도 있고 가정도 있다고 생각하게 됐습니다.”

얼마나 고생이 심했으면 이병철은 인천상륙작전으로 서울을 탈환한 맥아더 장군을 '세계사상 위대한 군인', '한국의 은인'이라고 칭송했을까. 그는 말로만 칭송한 것이 아니라 맥아더 장군의 공덕을 기리기 위해 경기도 용인의 호암미술관 앞뜰에 맥아더 장군 동상과, 그가 인천상륙작선을 지휘하는 부조를 새겨 놓았다.

부산으로 피난 간 이병철은 재기하여 제일제당을 일으키고, 제일모직을 성공으로 이끌어 거부巨富의 칭호를 받았다. 당시 제일제당과 제일모직이 납부하는 세금이 국가 전체 세수의 4퍼센트를 차지할 정도였다. 돈을 벌어 일신의 안락을 추구하는 것이 목표였다면 그 정도로도 충분했을 것이나, 그는 축재보다는 사업을 통해 조국의 발전에 기여하는 것이 목표로 삼았기에 제당과 모직의 성공에 안주하지 못했다. 당시의 심정을 이병철은 자서전에서 다음과 같이 밝히고 있다.

'기업가는 기업을 구상하여 그것을 실현시키고 합리적으로 운영하면서, 국가가 무엇을 필요로 하는가를 발전적으로 파악하여 하나하나 새로운 기업을 단계적으로 일으켜 갈 때 더없는 창조의 기쁨을 가지는 것 같다. 그 과정에서의 흥분과 긴장과 보람, 그리고 가끔 겪는 좌절감은 기업을 해본 사람이 아니고서는 절실하게 그것을 알 수는 없을 것이다. 황무지에 공장이 들어서고 수많은 종업원이 활기에 넘쳐 일에 몰두한다. 쏟아져 나오는 제품의 산더미가 화차와 트럭에 만재되어 실려 나간다. 기업가에게는 이러한 창조와 혁신감에 생동하는 광경을 바라볼 때야말로 바로 살고 있다는 것을 다시금 확인할 수 있게 하는 더없이 소중한 순간인 것이다. 기업가의 이러한 끊임없는 도전과 의욕이, 국가경제 발전에 하나하나 초석이 되고 원동력이 되는 것 아닐까.'[7]

'사업으로 국가에 보답한다'는 이병철의 사업정신에 대해 삼성 출신 인사들은 "식민지 시절의 체험과 해방 후의 혼란, 6·25 전쟁의 세파에 담금질 되며 가슴에서 우러나온 이병철 회장의 기업가 철학"이라고 설명한다. 이후 이병철은 곳곳에서 국가의 중요성을 강조하는데, 그 대표적 어록은 다음과 같다.

"전 생애를 통한 나의 기업 활동에서 배우고 확인할 수 있었던 것은 기업의 존립기반은 국가이며, 따라서 기업은 국가와 사회발전에 공헌해야 한다는 점이다. 그래서 나는 지난 40여 년간 사업보국을 주창해 왔다."(1982년 보스턴대학 명예 박사학위 수여식 기념연설)

"국가가 부강해야 국민이 행복하다는 것은 당연한 이치다. 나는 외국의 원조가 없더라도 자립해나갈 수 있는 국부 조성을 위하여 일생을 바치려고 각오한 사람이다. 지금 우리나라 형편으로는 자본금 1억 원 이상의 회사라면 대소를 막론하고 사회와 국가를 위해 공헌해야 할 신성한 의무가 있다는 것을 잠시도 잊어서는 안 된다."(1970년 12월 합동참모대학 강연)

"GNP의 5퍼센트를 차지하는 삼성의 사장은 단순히 삼성의 사장이라고만 생각할 수 없다. 국가의 사장이라고 생각하고 일하자."(1977년 1월 25일 삼성그룹 사장단 회의)

이병철의 사업보국에 대한 의지는 반도체사업 참여에서도 강렬하게 드러난다. 그가 돈벌이만을 생각했다면 반도체 말고도 수많은 기회가 있었다. 돈을 크게 벌 수 있는 수많은 업종과 기회를 뿌리치고 그가 반도체에 뛰어든 이유는 '국가적 사업이고 미래 산업의 총아이기 때문'(1982년 11월 1일 반도체 회의에서)이었다. 그는 반도체사업 참여를 결정하면서 이렇게 선언한다.

"반도체사업을 하기로 확정한다. 어디까지나 국가적 견지에서 우선 삼성이 먼저 한다. 삼성의 이익만을 생각해서 하는 것이 아니다. 뒤이어 컴퓨터를 한다. 이 역시 국가적 견지에서 하는 것이다. 이익을 확보하고, 두 가지를 병행해서 추진하기로 오늘 선언한다."(1983년 2월 10일 반도체 회의에서)

독립운동에 앞장선
기업가들의 애국심

한국의 기업가 중에는 적극적으로 독립운동에 뛰어들어 사업과 독립운동을 겸한 사례들도 발견된다. 그 대표적 인물이 1897년 설립된 한국 최초의 제약회사 동화약방(현재의 동화약품)의 창업자 민병호, 민강 부자父子다.

민병호 부자는 '좋은 약을 국민에게 널리 이용할 수 있도록 하겠다'는 목적으로 회사를 설립했다. 그래서 회사의 사시社是도 '우리 민족의 건강은 우리 손으로 지킨다'로 내걸었다. 회사 이름 동화同和는 '민족이 합심하면 잘살 수 있다'는 민족화합의 정신을 담은 것이다.

동화약방은 궁중 비방을 이용하여 활명수를 만들었는데, 초대 사장 민강은 회사 경영보다는 독립운동에 열정을 쏟았다. 1909년 안희제, 김가진, 김홍량과 함께 독립운동 단체인 대동청년단을 조직하여 지하공작을 통한 독립운동을 벌였다. 그는 대동단과 상하이 임시정부가 국내 비밀 행정부서로 만든 서울 연통부를 동화약방 공장(서울 순화동 동화약품 본사 자리)에 설치했다. 그리고 연통부를 통해 각종 정보와 군자금을 임시정부에 전달했다. 활명수 판매수익은 대부분 독립운동 자금으로 상하이 임시정부에 전달되었다.

민강은 1919년 3·1 운동 이후 한성임시정부 수립 운동에도 가담했으며, 대동단이 의친왕 이강을 상하이로 탈출시켜 임시정부에 합류시키려다가 실패했다. 이 사건으로 민강은 체포되어 1년 6개월간 옥고를 치렀다. 1922년에도 연통부가 일제에 적발되어 민강과 동화약방은 갖은 고초를 겪었다. 민강은 그 후 계속된 독립운동으로 여러 차례 옥고를 치르다 1931년 11월 4일 건강이 악화돼 사망했다.

3·1 운동 때 민족 대표 33인 중의 한 사람이자 정주 오산학교 설립자, 신간회 105인 사건의 주인공 이승훈도 젊은 시절 유명한 거상巨商이었다. 그는 어린 시절 유기상점의 사환으로 장사의 이치를 터득했고, 청년 시절에는 부보상(보부상)으로 숟가락과 유기제품을 짊어지고 다니며 행상을 했다.

자금이 축적되자 잡곡, 명태, 운송 등으로 사업을 확대했고 유기공장, 도자기공장을 운영하여 거상의 반열에 올랐다. 그러다 인생 후반기에는 사업을 접고 독립운동과 교육운동에 투신하게 된다. 이승훈은 행상으로 번 돈으로 고향에 유기공장을 건설하는 과정에서 자본이 부족하자 정주의 거부 오희순으로부터 자금을 빌려 공장을 세웠다.

오희순은 압록강을 넘나들며 인삼장사를 하던 행상이었는데, 중국으로 가는 사신을 수행하여 연경(오늘날의 베이징)에서 인삼 무역으로 벼락부자가 되었다. 그의 아들 오치은은 우리나라에서 민간인 최초로 화력발전소인 신천주식회사를 설립하고 전기사업을 했고, 도자기 회사도 설립했다. 오치은은 구국운동에 막대한 자금을 희사했고, 상하이 임시정부에 독립자금을 지원했다. 또 부보상 출신 독립운동가 이승훈이 오산학교를 설립할 때, 그리고 안창호가 대성학교를 설립할 때 거금을 지원했고, 105인 사건에 연루되어 투옥생활을 했다.

경남 의령이 고향인 안희제는 독립운동자금 조달에 평생을 바친 독립운동가이자 지사형 기업가다. 그는 1909년 조선의 국권회복을 위한 비밀결사단체인 대동청년당을 결성했다. 1910년 러시아로 망명하여 안창호, 신채호 등과 독립운동의 방향을 논의했으며, 독립운동자금 조달을 위해 1914년 귀국하여 부산 중앙동에 백산상회를 설립했다.

이 상회를 통해 독립운동단체의 연락처 제공 및 상하이 임시정부 수립 후에는 자금조달기관으로 활동했다. 1933년에는 발해의 옛 수도인 동경성에 발해농장을 세워 한국인 소작농들의 자립을 도왔다. LG그룹 창업자 구인회는 고향 진주에서 문을 연 구인회상점을 경영하던 시절, 일제의 탄압을 무릅쓰고 할아버지의 친구인 안희제에게 당시로서는 거액이었던 1만 원을 독립자금으로 헌납했다. 태평양전쟁이 막바지로 치닫던 상황에서 독립자금을 헌납한 것은 목숨을 건 모험이나 다름없었다. 구인회는 사업 진행 과정에서 사회공헌을 늘 염두에 두고 있었다. 그의 말이다.

"락희화학은 달면 삼키고 쓰면 뱉는다는 식의 경영을 해서는 안 됩니다. 사람도 크면 철이 드는 법인데, 기업도 이만큼 성장했으면 기업을 키워 준 사회에 기여하고 공헌하는 일을 잊어서는 안 됩니다. 크게 볼 때 기업이란 어느 특정 개인의 재산이 아니라 우리 사회 인류가 다 같이 그 혜택을 누리는 재산이라는 인식이 있어야 합니다."

"돈을 버는 것이 기업의 속성이라 하지만 물고기가 물을 떠나서는 살 수 없듯이, 기업이 몸담고 있는 사회의 복리를 먼저 생각하고 나아가서는 나라의 백년대계에 보탬이 되는 것이어야 한다. 그러기 위해서는 우리도 기업을 일으킴과 동시에 사회에 도움이 되는 일을 찾아야 한다. 그런 기업만이 대성할 수 있다."

김용주는 식산은행 포항지점 근무 시절 포항청년회라는 단체를 만들어 노동야학을 개설하고 문맹자들을 깨우치는 교육을 시작했다. 이것이 문제가 되어 1926년 동료들과 함께 치안유지법 위반으로 체포되었다. 동료 두 사람은 실형을 선고받았으나 김용주는 기소유예로 풀려났다. 이 사건이 계기가 되어 김용주는 식산은행을 사표내고 삼일상회를 개업하게 된다. 그가 회사 이름을 삼일상회로 내건 것은 3·1민족운동의 정신을 본받는다는 뜻에서 붙인 것이다.

삼일상회는 철도화물 운송업, 수산물 위탁, 무역 업무를 하는 회사였는데, 사업이 날로 번창하여 일본, 만주, 타이완까지 거래를 넓혔다. 이 과정에서 삼일상회라는 회사 명이 문제가 되었다. 일본 경찰은 회사 명칭이 반反시국적이고 불온하다면서 상호를 변경하지 않으면 구속하겠다는 협박에 못 이겨 사명을 포항무역주식회사로 바꾸게 되었다.

해방 후 김용주는 귀속재산 기업인 조선우선郵船주식회사의 관리인에 임명되었다. 이 회사는 정부 수립 후 대한해운공사로 창설되어 김용주가 초대 사장에 취임했다. 그는 1946년 대한상공회의소와 한국무역협회 창설에도 앞장섰다. 정부 수립을 앞두고 메논 박사가 이끄는 유엔한국위원단이 서울에 와서 활동했다. 이때 상공회의소 멤버들이 메논 단장을 비롯한 유엔한국위원단의 각국 대표들을 개별적으로 설득하여 남한만의 총선을 통한 정부 수립 쪽으로 의견을 유도했다.

출판인 정진숙이 을유乙酉문화사라는 출판사를 창립한 것은 1945년이다. 광복된 해의 간지干支가 을유년이었는데, 이를 사명으로 정한 것은 집안 어른인 정인보의 조언에 따른 것이다. 당시 문맹자가 80퍼센트나 되는 참혹한 현실을 개선하기 위해 을유문화사는 1946년 한글글씨본『가정글씨체첩』을 첫 작품으로 발간했다. 이어 두 번째로 발간한 것이 『조선말큰사전』이다. 이 책은 조선어학회(현재 한글학회)가 10여 년에 걸쳐 집필했으나 일제에 의해 압수당했던 원고를 1945년 9월 서울역 조선통운 화물 창고에서 기적적으로 찾아내 출간하게 되었다.

사업보국 정신

세계의 경제학자들은 한국의 기업가정신 중에서 가장 강렬한 특징으로 '사업을 통해 국가에 보답한다'는 사업보국을 꼽는다. 초창기 기업가들은 나라를 잃고 일제치하에서 일본인들에게 피눈물 나는 차별대우에 시달렸고, 사농공상의 유교적 신분질서에 신음했다. 나라를 잃으면 어떤 꼴을 당한다는 것을 적나라하게 체험한 창업자들은 독립운동을 꿈꾸었고, 사정이 여의치 않자 독립운동 대신 사업을 일으켜 국민들에게 희망을 준다는 생각을 가지게 되었다. 해방이 되어 대한민국이 건국되자 신생 조국을 위해 사업을 일으켜 이 나라를 건강하고 부강하게 발전시키겠다는 사업보국의 신념을 가지게 된 것으로 보인다.

강렬한 민족의식 가졌던 박흥식

박흥식은 친일 혐의로 건국 후 반민특위에 체포되어 곤욕을 치른 기업가다. 그러나 그의 일생을 보면 민족의식이 대단히 강했던 사람임을 알 수 있다. 박흥식은 일본 순경의 고문에 의해 형을 잃고, 그 충격의 여파로 부친까지 잃었다. 그는 17세가 되었을 때 모친과 함께 평양에 있는 매형 집에 가는 길에 3·1 운동을 체험했다. 당시 상황에 대해 박흥식은 다음과 같이 회고했다.

'나는 처음 노도와 같은 시위 군중의 뜻하는 바가 무엇인지 얼핏 이해하기 어려웠다. 그러나 군중 속에 끼어서 열화같이 낭독하는 독립선언문을 들었을 때에는 나도 모르게 뜨거운 피가 용솟음치는 것을 느끼지 않을 수 없었다. 그리고 우리 겨레의 순수한 열망이 일경과 일헌日憲들의 잔인한 총탄 앞에 무참히 쓰러져 가는 것을 똑똑히 눈여겨보았다. 그때 나는 많은 것을 느끼고 생각했다. 문제는 우리나라가 막강한 힘을 가진 일제의 침략과 압제에서 벗어나려면 거기에 맞설 수 있는 힘을 길러야 했다. 그 힘이란 공허한 하늘을 찌르는 빈주먹이나 허공에 무산되는 비통한 절규가 아니라, 무엇보다 먼저 후진하고 가난한 겨레의 살림을, 다시 말하면 피폐하고 쇠락해진 민력民力을 배양해야 한다고 생각했다.'8

박흥식은 화신백화점을 일으켜 민족상권을 지켜냈다. 그는 직원 채용 과정에서 애국선열이나 애국자의 후손들을 우선 채용했고, 조선총독부의 언론 탄압으로 조선일보에서 쫓겨난 주요한을 스카우트 해 요직을 맡겼다. 당시 박흥식은 주요한에게 이렇게 말했다고 한다.

"지금 일본의 거동을 보니 아무래도 언론에 대한 탄압이 점차 심해질 것 같다. 언론을 통해서 우리 민족을 위해 일하는 것도 좋은 일이지만 나는 일제로부터 우리 상권을 지키고 민족자본을 형성하기 위해 고군분투하고 있는 중이다. 나를 도와줄 수 없겠는가."

1935년 1월 27일 종로 네거리에 위치했던 화신백화점이 화재로 인해 불타자 박흥식은 그 자리에 지하 1층, 지상 6층의 근대 르네상스 양식의 백화점 건물을 신축했다. 이 과정에서 건물 설계를 조선의 신예 건축가 박길룡[9]에게 맡겼다. 건축 전문잡지 ≪공간≫은 이에 대해 '피압박 민족 중의 자산가가 처음 하는 큰 역사를 더 이름이 있었을 외인外人에게 맡기지 않고 동족의 젊은 건축가에게 맡긴 것은 확실히 의의 깊은 일'(1967년 4월호)이라고 평했다.

박흥식은 이승만 정부 시절 흥사단계로 몰려 정치적 어려움을 겪기도 했다. 그가 흥사단계로 분류된 이유는 도산 안창호와 인연 때문이다. 사실 박흥식은 1910년 사망한 형이 안창호가 설립한 평양 대성학교 제자라는 사실 외에는 안창호와 일면식도 없는 관계였다. 그런데 화신에서 일하던 주요한으로부터 "안창호가 대전형무소에서 수감[10]생활을 하던 중 "도산 선생이 위가 좋지 않아 그대로 놔두면 겨울을 못 넘기고 옥사할 것"이라는 이야기를 듣고 당시 조선총독 우가키 가즈시게宇垣-成에게 석방을 탄원했다.

그는 안창호를 석방해주면 생활을 모두 책임지겠다고 보증하자 우카기 총독이 임시 석방시켰다. 박흥식은 안창호를 자신의 가회동 자택으로 모셔왔는데, 집에 와보니 전국에서 몰려온 30여 명의 일본 경찰들이 천막을 쳐놓고 삼엄한 경계를 펴고 있었다. 이날부터 박흥식은 고등계 형사들의 요시찰 인물이 되었고, 그가 운영하는 화신연쇄점의 전국 조직망이 독립운동의 비밀결사가 아닌가 하여 감시를 당하기 시작했다.

박흥식은 쌀장사와 인쇄소로 돈을 벌자 가장 먼저 고향인 평안도 용강에 유치원과 중등교육과정의 용강농업학교를 설립했다. 그 후에 그는 존폐 기로에 있던 협성실업학교를 인수하여 광신학교로 성장시켰다. 협성실업학교는 1905년 11월 평안도 출신의 애국지사인 이갑, 유동열, 유동작 등 17명이 발기하여 설립한 서우속성사범학교와 1907년 1월 함경도 출신의 애국지사 이준, 오상규 등 20여 명이 세운 한북의숙이 통합한 서북협성학교의 후신이다. 1912년 소위 105인 사건 때는 설립자와 교사, 많은 학생들이 관련되어 학교 운영이 마비되기도 했다. 일제는 1918년 4월 학교가 불온사상의 온상이라는 명목으로 폐교시켰는데, 3년 후 교명을 바꾸어 재건했다.

1937년 6월에는 수양동우회 사건으로 교장 김여석과 교사 7명이 검거되어 경영난에 봉착했다. 이렇게 되자 협성재단 이사였던 박흥식이 학교를 인수했다. 당시 상황에 대한 박흥식의 회고다.

'내가 굳이 일제의 사나운 감시의 눈초리를 무릅쓰면서까지 기어코 이 반일反日학원을 인수 경영키로 결심한 데는 내 나름대로의 생각이 있었기 때문이다. 나는 이 학교의 역사와 사정을 너무나 잘 알고 있었다. 그러므로 나는 이 항일 독립투쟁의 정신으로 일관되어온 학교를 다시 일으켜 이 나라의 내일을 짊어질 민족의 동량棟樑들을 길러내야 되겠다고 마음먹었던 것이다.'11

박흥식은 학교를 인수한 후 1940년 3월 낙원동의 협소한 구舊교사에서 회기동 이왕직 소유지 땅에 신新교사를 건립하여 이전했다. 1940년 7월 일제의 압력에 의해 교명을 광신으로 바꾸었다.

일제는 전시체제를 더욱 강화하여 내선일체內鮮一體를 내세우더니 이름을 일본식으로 개명하는 창씨제도를 공포하고 강행했다. 많은 사람들이 일본식으로 이름을 바꾸었으나 박흥식은 해방될 때까지 창씨개명을 하지 않았다. 그뿐만 아니라 만주국 경성주재 명예총영사, 중추원 칙임참의, 귀족원 의원을 맡으라는 압력도 격렬하게 저항해가며 거부했다.

박흥식이 귀족원 의원 자리를 거절하자 고이소 쿠니아키小磯國昭 일본 총리대신(전임 조선총독)이 도쿄에서 서울로 장거리 전화를 걸어 "지금이 때가 어느 때요? 두말 말고 좋은 낯으로 권할 때 수락하라"고 명령했다. 박흥식은 "지난날 제가 말씀드리기를 저는 앞으로 어떤 일이 있더라도 정치에는 관여하지 않고 실업에만 정진하겠다고 했을 때 뭐라고 하셨습니까? 분명히 좋은 생각이라고, 그럼 그 길로만 정진하라 하지 않았습니까. 이제 와서 저더러 새삼스럽게 정치에 관여하라는 말씀입니까?" 하고 거절했다. 귀족원 의원 교섭을 끝까지 거부한 사례는 박흥식과 김성수 두 명 뿐이었다.

산업을 일으켜 국력을 키우려던 김연수

사업보국이라는 한국적 기업가정신의 원형은 삼양사의 창업자 수당秀堂 김연수의 일생에서도 적나라하게 발견된다. 김연수의 부친은 호남을 주름잡는 거부였다. 1910년 나라가 망하자 김연수의 부친은 사재를 털어 20여 년간 긴 세월을 연구한 끝에 국사國史 17권을 편집하여 널리 반포할 정도로 민족의식이 강한 인물이었다.

김연수가 사업으로 산업을 일으켜 국력을 키우고자 마음을 굳힌 것은 일본 유학을 위해 도쿄에 갔을 때였다. 그는 오사카를 비롯한 철도 연변에 즐비하게 세워진 큰 공장들을 바라보며 충격을 받았다. 그는 수많은 공장들을 보면서 귀국하면 공장을 세우고 크게 산업을 일으키겠다고 생각했다. 그가 사업에 투신하고자 결심한 과정은 다음과 같다.

'낙망과 자포자기의 풍조가 휩쓰는 속에서도 그 당시 청년들은 제각기 애국하는 길을 택했다. 더러는 일본 관헌과 싸우며 독립운동을 했고, 더러는 문화 사업에 투신, 미개한 민족을 일깨우려 했으나 나는 실업계에 투신했다. 그것은 우리나라가 너무나 가난하고 후진국이기 때문에 경제적인 기반이 전무해 이 분야에서 근대적 산업을 일으켜 조국의 국력을 키워보겠다는 일념에서였다. 나는 우리나라가 후진성을 극복하고 선진국의 기술을 도입, 경제 자립만 할 수 있다면 조국 광복도 쉽게 얻을 수 있다고 생각했다."[12]

김연수는 양반 지주 가문에서 태어나 편히 살 수 있었음에도 각고의 노력 끝에 교토제국대학을 졸업했다. 이것은 당시 부잣집 자제들 치고는 희귀한 사례다. 일본 유학 시절 그는 부유한 집안 덕분에 넉넉한 생활을 했는데, 가난하지만 머리가 뛰어난 동포들이 일본에서 공부할 수 있도록 열심히 도왔다. 김연수가 도움을 주어 일본 유학을 마친 사람은 서춘, 연희대에서 교편을 잡다가 납북된 이순택, 교토제대 토목과를 졸업한 이희준 등이었다. 수백 명의 인재가 김연수의 도움으로 일본 유학을 다녀온 사실이 그의 반민특위 재판 과정에서 밝혀지기도 했다.

그는 유학생들을 본격적으로 돕기 위해 사업에 성공한 후인 1939년 7월, 당시로서는 거액인 34만 원을 출자하여 '양영회'라는 장학기구를 설립했다. 자연과학의 연구 장려, 공업기술의 양성, 육영사업 등의 인재를 키우기 위해 해외 유학생에게는 월 50원, 국내 대학생에게는 월 40원의 장학금을 지급했다. 당시 한 달 하숙비가 12원, 쌀 한 가마가 10원 정도였고, 경방 사원의 월급이 47원 할 때여서 장학금 월 50원은 꽤 큰돈이었다.[13]

김연수는 교토제국대학 경제학부를 졸업하고 1921년 귀국해 형

김성수의 권유로 경성직뉴 전무직을 맡으면서 사업을 시작했다. 그는 사업하는 틈틈이 고향에 내려갈 때마다 조선총독부가 토지조사 사업으로 선조 대대로 물려받은 우리 농민들의 농토를 일본인들에게 넘기는 상황과 마주쳤다.

김연수는 춘궁기春窮期에 속수무책으로 굶고 있는 가난한 소작인들의 모습을 보며 1924년 삼수사(삼양사의 전신)를 설립하고 장성농장 개발에 나섰다. 김연수는 1925년 5월 줄포농장, 1926년 5월에는 고창농장을 개설했고, 1931년에는 회사 명을 '삼양사'로 바꾸었다. 사명을 바꾼 직후인 1931년 4월, 김연수는 고향 근처의 함평과 해리에서 바닷물을 막고 간척사업을 벌여 200만 평의 농지를 개간했다. 변변한 건설장비도 없이 오로지 사람의 힘으로 열악한 조건을 이겨내며 간척사업에 성공한 것이다.

당시 삼양사가 전례가 없는 간척사업을 벌이자 주변에서는 "그런 어려운 공사를 하느니 차라리 기존의 농지를 사들이는 게 훨씬 이익"이라면서 사서 고생을 한다고 비판이 쏟아졌다. 그러나 김연수는 "우리의 강토는 너무 비좁다. 한 치의 땅이라도 늘려야 한다"라는 꿈을 갖고 그 일을 추진했다. 간척사업으로 겪은 소중한 경험은 몇 년 뒤 만주 땅의 황무지 개간사업의 밑거름이 되었다.

만주를 향한 꿈

만주를 향한 김연수의 꿈은 그가 일본 유학을 마치고 귀국한 26

세 때 만주시찰단의 일원으로 만주를 여행하면서부터 시작되었다. 만주의 비옥하고 드넓은 땅과 마주한 순간, 김연수는 땅 없는 조선 농민을 이주시켜 이 신천지에 농사를 지어야 한다는 강렬한 영감을 받았다.

당시 만주 일대에는 농토를 잃은 조선 농민들이 대거 이주하여 잡역을 하거나, 중국인들의 농토를 빌려 소작을 하여 힘겹게 살아가고 있었다. 일제는 1931년 만주로 이주한 우리 농민들을 미끼로 삼아 만보산 사건[14]을 조작했고, 이를 이용해 만주사변을 일으켜 괴뢰 국가인 '만주국'을 창설했다.

당시 만주 일대에 거주하는 한국인은 150~200만 정도로 추산된다. 김연수는 희망 없이 살아가는 동포들을 하나로 묶는 일이 시급하다고 판단했다. 그리하여 1936년 3월 만주 봉천에 '만주 삼양사'를 설립했고, 1939년에는 '남만방적'을 건설했다.

기업가로서의 자질이나 경영능력, 국민의 신망 등으로 볼 때 일제 치하에서 조선 재계를 이끈 리더는 김연수였다. 호남 지주 집안 출신인 그는 토지자본을 바탕으로 출발하여 산업자본으로 이행함으로써 정통적인 진화 과정을 밟아온 국내에서 몇 안 되는 희귀한 사례다. 김연수는 자신의 경영관을 다음과 같이 밝힌 바 있다.

"기업을 하는 사람이 다 같은 생각은 아니겠지만 나의 경우는 몇 가지 신조가 있다. 첫째는 이 사업이 민족적으로 필요한 것인가, 둘째는 영속성이 있고 발전성이 있는가, 셋째는 그 종업원들이 그 보수로 생활할 수 있는 가, 넷째는 시설은 수명이 한계가 있으므로 투자에 대한 이윤을 검토해야 한다."15

그는 또 이렇게 말했다.

"기업은 영리를 추구하는 집단이긴 하지만 국가와 민족 없이 황금의 노예가 되는 것처럼 불행한 일은 없다. 또 기업은 온 국민과 같이 호흡하고 공존하지 않는다면 그 의미가 없다. 인촌(김성수)은 늘 나에게 국가 민족의 복리를 우위에 두고 개인의 이익이나 공명심을 위해 일하지 말라고 말씀하셨다. 내 생애를 통해 이 말을 그대로 실천했다고는 생각하지 않으나, 나는 가형을 말씀을 지키려고 노력했다. 아니 이 말씀은 이제는 삼양의 정신으로 우리 아들딸들에게도 전하여지고 있다."16

이러한 애국심과 사업보국, 위공무사爲公無私 정신은 창업 1세대의 기업가들에게서 흔히 발견되는 덕목이다. 김연수의 경방은 일제 때는 민족기업으로서 일본과 맞섰고, 해방 후에는 남북분단과 중국 대륙 공산화로 북한 지역과 만주 지역에 투자해놓았던 남만방적, 삼양사를 비롯하여 엄청난 재산을 상실했다.

자유당의 경방은 정적政敵인 한민당의 돈줄이라 하여 세무사찰을 1년에 몇 차례씩 받았다. 심지어 미국의 원조물자로 들어오는 원면 배정을 받지 못해 공장 가동이 중단되었으며, 은행 융자는 꿈도 못 꾸었다. 이러한 경방의 이력을 보면 권력과의 유착에 따르는 과실의 향유는커녕 늘 견제와 감시, 고난과 설움을 피할 수 없었던 기업이 아니었나 하는 생각이 든다.

이승만에게 영암선 철도 건설 건의한 정인욱

'한국의 석탄왕'이라 불린 강원산업의 창업자 정인욱의 일생도 사업보국의 정신을 보여주는 전형적인 사례다. 황해도 곡창지대인 재령평야에서 대부호의 장남으로 태어난 정인욱은 일본 유학을 떠나 1938년 와세다대학 채광야금과를 졸업했다. 그가 제철과 광산학을 전공으로 택한 이유는 일본 유학시절 방학을 맞아 집으로 가는 경부선 기차를 탔는데 헐벗은 산을 보고 큰 충격을 받은 데서 비롯된다. 그는 일본처럼 산에 나무가 우거지게 할 수는 없을지 생각하다가 '석탄을 캐서 연료로 공급하면 나무를 베어 땔감으로 쓰지 않을 것이다'는 생각에 전공을 채광야금학으로 정했다.

그가 와세다대학에 입학할 무렵은 일본 군국주의자들이 부국강병 논리를 내세울 때였다. 부국강병을 위해서는 철강과 석탄이 절대적으로 필요했다. 철강과 석탄은 산업혁명을 가능케 한 동력이자, 군함과 대포로 상징되는 제국주의적 질서를 창조한 원천이었다.

정인욱도 이병철과 비슷하게 일본 유학 시절 사회주의에 눈을 뜨게 된다. 그가 심취했던 사회주의는 계급혁명이나 민중해방과 같은 전투적 사회주의가 아니라, 일제치하에서 억압받는 처지에 대한 민족주의적 자각, 약자를 돕고 불의에 항거하며 정의와 평화를 갈구하는 기독교적 이상주의, 혹은 휴머니스트적 인본주의의 길이었다.

그는 자신의 이상을 학문적으로 파고들고자 채광야금과를 졸업하고 철학과에 편입하여 공부를 계속했다. 귀국한 그는 조선총독부의 촉탁으로 전북도청 광산계에 근무하다 해방을 맞았고, 미군정청 산하 상무부 석탄과장으로 발탁됐다.

해방된 조국이라는 기쁨도 잠시, 나라에 땔감이 부족해 위기가 닥쳤다. 정인욱은 남한에서 유일한 자립 에너지로 쓰이는 석탄을 개발하여 성장의 동력으로 삼아야 한다고 생각했다. 석탄을 캐서 발전소에 공급하여 전기를 생산하고 공업을 일으키고, 또 장작 대신 석탄을 공급하여 생활연료로 사용하면 산림이 황폐화 되는 것을 막을 수 있다고 보았다.

석탄 개발을 위해서는 태백준령을 넘는 철도와 도로의 건설이 필요했다. 그는 만나는 사람마다 "태백산 부근에 매장된 석탄을 개발해야 한다"고 설득했고, 직접 현장으로 달려가 채탄작업을 독려했으며 탄광 탐사를 위해 태백 탄전지대를 헤매고 다녔다. 그리고 자원 전문가들과 함께 이승만을 찾아가 산탄지 철도건설을 건의했고, '국가발전은 광업에서부터'라는 사실을 역설했다. 이승만은 대통령 취임 직후 정인욱의 아이디어를 실천에 옮겨 1949년 4월 영암선(영주-철암) 철도건설이 시작되었다.

　1950년 11월 1일 임시수도 부산에서 대한석탄공사가 창립되어 정인욱은 생산이사에 임명됐다. 그는 회의 때마다 태백산 개발을 외쳤다. 그러나 전쟁으로 국가 재정이 파탄 난 상황에서 막대한 자금이 소요되는 태백산 개발을 추진할 여력이 없었다. 설득에 지친 그는 1951년 10월 6일 사표를 내고 맨주먹으로 강원도 철암으로 달려갔다. 자신이 직접 탄광을 개발하기 위해서였다. 삶은 감자나 옥수수를 싸들고 새벽부터 밤늦도록 해발 1,000미터가 넘는 산을 헤매다가 거대한 탄맥을 발견하게 된다.

탄광촌에 노동자들의 이상향 건설

　그는 개광 후 5년간 철암 현장에서 광부들과 똑같이 생활했다. 계속된 증산으로 강원탄광이 성장을 거듭하자 정인욱은 직원들에게 업계 최고의 대우로 보답했다. 근로기준법이 시행되기 훨씬 전부터 강원탄광은 직원 자녀들에게 중고등학교는 물론 대학을 졸업할 때까지 100퍼센트 장학금을 지원했다. 회사가 이익이 나기 시작하자 정인욱은 가장 먼저 광원들의 사택 신축에 막대한 자금을 투입했다. 철암 강원탄광 바로 옆의 산기슭에 널려 있던 돌을 이용하여 수백 동의 최신식 단독주택을 지어 직원들을 입주시켰다.

　'돌구지 사택'이라 불린 이 주택단지는 언론에 소개되면서 명물이 되었다. 1960년대 중반에 《사상계》 잡지가 강원탄광 돌구지 사택을 취재하여 게재했다. 기사가 나간 얼마 후 평양방송은 "남조선 탄광촌에 노동자들의 낙원이 건설됐다. 정인욱은 매우 양심적인 자본가"라고 방송을 했다. 이렇게 되자 "정인욱 씨가 혹시 사회주의자 아닌가" 하는 소문이 돌기도 했다.

정인욱이 다른 사업가들처럼 이윤추구에만 관심이 있었다면 돌구지 사택 지을 돈과 직원 복리후생비로 서울시내 요지의 부동산을 매점매석하여 재산을 수십 배로 늘렸을 것이다. 그러나 정인욱의 소망은 "광부들 사택에서 피아노 소리가 나는 것을 듣고 싶다"는 것이었다. 그는 철암 탄광촌에 자신이 오래 전부터 꿈꾸었던 '노동자들의 이상향'을 건설했다. 강원탄광의 돌구지 사택을 둘러보고 감동한 박태선 장로가 신앙촌을 건설하면서 돌구지 사택과 똑같은 집을 지어 화제가 되기도 했다.

사업가로서 정인욱이 추구한 것은 '우리 기술과 우리 자본'에 대한 신념이었다. 그는 엔지니어로서의 창의력과 기술을 총동원하여 기계를 만들고 생산 방법을 고안해냈다. 그는 늘 직원들에게 "이지 고잉 easy going 하지 말라"고 강조했다. 외국에서 돈 주고 사오거나 빌려온 기술이 아니라, 실패와 시행착오를 거듭하고 시간이 걸리더라도 우리 자본과 우리 머리로 기술을 개발해야만 참다운 기술발전을 이룰 수 있다는 주장이었다.

정인욱은 특히 나무에 대한 애정이 지극했다. 대한석탄공사 총재 재직 시절 그는 기구를 개편하여 조림사업을 담당하는 임무소^{林務所}를 설치했다. 나무를 많이 사용하는 광산회사, 제지회사, 농기계 회사 등은 자신들이 연간 사용하는 양만큼 의무적으로 조림해서 그 실적에 따라 산림벌채 허가증을 내주는 제도를 시행했다. 또 산림행정 담당부서를 농림부에서 내무부로 이관, 산림 감시를 엄격히 하고 목재 밀반출을 차단했다. 덕분에 황폐 일로를 걷던 산림이 무차별한 벌목의 피해를 덜 입게 됐다.

정인욱은 석탄공사 총재를 사임하고 1959년 12월 15일 강원탄광으로 돌아갔다. 탄광에서 장기개발계획을 구상하던 중 4·19와 5·16이라는 격변기를 맞았다. 5·16 이후 군사정권은 국가재건최고회의를 발족했고, 그 산하에 '국가기획위원회'를 구성, 군사정권의 국가정책을 뒷받침하도록 했다. 박정희 국가재건최고회의 의장은 정인욱을 국가기획위원으로 임명하고 혁명정부의 경제개발계획에 참여시켰다.

그가 기획위원이 된 사연이 있다. 정인욱이 대한석탄공사 총재로 재직하던 시절 군 장교들은 후생사업(군 트럭을 이용해 민간 물자를 운반해주는 사업)과 관련하여 석탄공사를 자주 드나들었다. 그중에는 쿠데타 주동세력에 속했던 장교들도 더러 있었다. 그들은 정인욱의 단호한 업무추진 능력과 청렴한 정신에 깊은 감명을 받아 5·16 후에 정인욱을 불러낸 것이다.

정인욱은 지질학자 김옥준 박사와 함께 광업부문을 맡아 석탄증산을 제도적으로 뒷받침하는 '석탄개발임시조치법'과 '광업개발조성법', '탄좌법' 등을 잇달아 내놓았다. 이런 조치로 인해 소규모 영세탄광을 통합하여 대규모로 늘리고 정부가 철도부설, 송전선 설치, 자금

지원을 하는 9개의 탄좌가 설립됐다. 탄좌 설치 과정에서 정인욱은 "법의 취지를 살리기 위해선 살신성인해야 한다"며 강원탄광이 소유하고 있던 30개 광구를 아무 조건 없이 국가에 헌납했다.

이 법을 시행함으로 정부가 수송과 전력공급을 책임졌고 우리나라 탄광의 생산성이 급격히 향상되었다. 이로써 무연탄 전성시대가 열렸다. 덕분에 에너지 자립으로 막대한 외화를 절약해 다른 산업분야에 투자할 수 있는 여력을 만들었으며, 황폐했던 산림이 울창하게 변해갔다.

막스 베버 같은 사업가

인플레가 만연하던 시기에 자기 자금만으로 사업을 한다는 것은 어리석은 사람이나 다름없었다. 그런데 정인욱은 외국 차관뿐만 아니라 은행 돈, 즉 타인자본을 쓰지 않는 것으로도 유명했다. 그가 은행돈을 싫어한 이유는 무리해서 사업을 확대하려 하지 않았기 때문이다. 정인욱은 은행 돈만 쓰지 않은 것이 아니라 부실기업 인수라든가 부동산 투자, 소비재산업이나 금융업 등은 철저히 외면했다.

강원산업은 성장 과정에서 전주제지, 코카콜라, 교보생명 등을 인수하라는 제의를 많이 받았다. 회사 경영진은 "강원산업은 업종이 사양산업, 기간산업에 편중되어 있기 때문에 업종전환이 요망되고, 또 경기 불황 시 위험분산을 위해 사업 다각화가 필요하다"며 강력하게 인수를 건의했다. 그러나 정인욱은 "서비스업이나 금융업은 내가 아니어도 다른 사람이 할 수 있다. 나는 오직 기간산업의 길을 간다"면서 거부했다.

그는 또 부동산 투자를 극도로 혐오했다. 김현옥 서울시장이 재임 시절 여의도 땅을 분양하는 과정에서 정인욱에게 "2만 평을 가져가라"는 요청이 왔으나 한 마디로 거절했다. 다른 기업들은 정부 보호하에 차관과 기술 도입으로 나날이 번창하고 있을 때 강원산업은 우직 단순하게 제 갈 길을 갔다. 이런 모습을 지켜보면서 당시 경제기획원이나 상공부 간부들은 "정인욱은 돌밭을 가는 소石田耕牛", "막스 베버 같은 사업가"라고 평했다. 자본주의와 프로테스탄트의 윤리를 몸으로 실천하는 기업가라는 뜻이다.

그는 국가기획위원으로서 석탄 산업을 본궤도에 올려놓았다고 판단되자 다시 철암으로 돌아가 자신의 사업에 열중했다. 혁명정부에서는 실물경제에 정통한 정인욱이 필요했다. 김종필 당시 중앙정보부장은 정인욱에게 "경제기획원장관이나 상공부장관을 맡아 달라"고 세 차례나 입각을 권유했지만 모두 거절당했다. 박정희는 권력 주위로 눈 한 번 안 돌리고 제 갈 길을 가는 정인욱을 깊이 존경해서 만날 때마다 "정 선생"이라고 깍듯이 예의를 지켰다.

입각 제의를 물리친 정인욱은 삼표연탄을 창업하고 연탄 생산에 나섰다. 당시만 해도 연탄공장은 구공탄 틀에 삽으로 분탄을 퍼 넣고 손으로 때려 찍는 수동식이 대부분이었다. 정인욱은 1년이 넘는 연구와 노력 끝에 연탄을 고속으로 생산하는 윤전기식 연탄 제조기를 개발했다. 이것은 신문사의 윤전기처럼 원료의 하화下貨에서부터 공장 반입, 배합, 제조, 출하, 차량적재에 이르는 전 과정이 고속 자동으로 이루어지는 획기적인 발명품이었다. 1966년 겨울 강추위가 몰아닥쳐 연탄 파동이 났을 때, 삼표연탄은 하루 수백만 장의 연탄을 찍어 공급한 덕에 서울시민들이 동사를 면하고 따뜻한 겨울을 날 수 있었다.

정인욱은 연탄 성능개량을 위해 집에 오면 손수 연탄을 갈았다. 이 과정에서 연탄이 운반과정에서 깨지지 않도록 성분배합을 새로 했으며, 연탄을 갈 때 구멍을 저절로 맞출 수 있도록 측면에 요철을 팠다. 또 상하탄上下炭이 눌어붙지 않도록 연탄의 아래 윗면에 오목하게 홈을 팠다. 이런 것들은 삼표연탄 특허였는데 "국민의 목숨과 관련된 기술이니 특허권 행사를 하지 말라"고 지시하여 우리나라 연탄의 질적 향상에 도움을 주었다.

청교도 정신

유일한은 한국 기업 중에서 사회공헌을 가장 먼저 실천에 옮긴 기업가이자 '유한양행'의 창업자다. 유일한은 아홉 살 되던 1904년 멕시코로 가는 한국순회공사 박장연을 따라 미국으로 가서 네브라스카주 침례교 신자의 양자가 되었다. 네브라스카에서 초중고등학교를 마치고 미시간대학에 진학하여 경영학을 전공했다. 국내 기업사에서 초중고등학교와 대학을 모두 미국에서 마친 창업주는 유일한 한 사람뿐이다.

유일한이 최초로 시작한 사회공헌

그는 미국 유학 과정에서 자본주의 시장경제와 개척 정신, 청교도 정신, 미국식 실용주의와 합리주의를 체득했으며, 자신이 귀국하여 유한양행을 창업한 후 이런 정신을 실천하는 데 앞장섰다. 그는 대학 시절 만난 중국계 소아과 의사 메리 우와 1924년에 결혼했는데, 후에 메리 우는 유일한이 제약회사를 창업하여 운영하는 과정에서 부인이 많은 조언을 했다.

유일한은 대학 졸업 후 세계 최대의 전기·전자 회사 제너럴 일렉트릭GE의 회계사로 근무하다가 퇴사하여 디트로이트에서 대학 동창과 합작으로 '라초이La Choy'라는 식품회사를 차렸다. 판매 제품은 숙주나물과 죽순 통조림이었는데, 사업이 번창하여 4년 후에는 자본금 200만 달러의 중견기업으로 성장했다.

1926년, 미국으로 떠난 지 20년 만에 귀국한 유일한은 종로 2가 국일관 골목에 유한양행이란 제약회사 겸 잡화수입 판매회사를 창업했다. 선교사로 내한하여 세브란스 의대에 근무하던 올리버 에비슨 Oliver R. Avison[17] 학장은 유일한에게 연희대로 와서 강의를 맡아달라고 제안했으나 유일한은 "건강한 국민, 병들지 않는 국민만이 주권을 회복할 수 있다"면서 거절하고 제약회사를 설립했다. 그가 제약회사를 창업한 이유는 전염병으로 인해 수많은 사람들이 목숨을 잃는 모습을 보고 충격을 받았기 때문이다.

유일한은 1935년 일본보다 앞서 프론토실이라는 설파제(항생제의 일종)를 도입·판매하여 큰 성공을 거두었고, 소사에 근대적 제약공장을 세웠다. 또 만주, 중국, 동남아까지 사업망을 확장하여 고려인삼, 나전칠기, 슬리퍼, 공예품 등을 수출했고, 해외 유명 메이커로부터 맨

소래담, 아스피린, 안티프라민 등을 도입 개발하여 일본 약품을 누르고 국내 시장을 석권했다.

사업이 번창하자 유일한은 1936년 6월, 회사를 주식회사 체제로 개편하고 총 주식의 52퍼센트를 종업원들에게 공로주로 배분했다. 이것이 국내 최초의 종업원 주주제도이다.[18] 그는 미국 수출시장 개척을 위해 도미했는데, 이 와중에 중일전쟁, 태평양전쟁이 발발하여 귀국이 어려웠다. 이 기간 동안 유일한은 남캘리포니아대학 대학원과 스탠포드대학원에서 상학과 법학을 공부했고, 일본과 전쟁을 벌이는 미국을 돕기 위해 미 중앙정보국CIA의 전신인 전략첩보국OSS·Office of Strategic Service의 첩보 공작 활동에도 참여했다.[19]

전략첩보국은 산하의 극동작전국FETO과 중국에서 활동할 요원을 양성하기 위해 일본어, 중국어, 영어, 한국어를 동시에 구사할 수 있는 동양인을 모집했다. 이 과정에서 일본과 적대 관계에 있던 한국 출신 유학생이나 교민들을 선발했는데, 미 국립문서보관소NARA가 공개한 한국계 요원 명단에 유일한의 이름이 올라 있다.

이 문서에 의하면 유일한은 전략첩보국 산하의 침투훈련부대FEU에서 활동했다. 유일한은 한국 내 침투훈련부대 활동을 위한 비밀 정보 업무를 수행했으며, 이 임무가 대단히 중요하여 유일한을 전략첩보국 요원으로 선발한 모병관은 "이 사람이 수행해야 할 임무의 특성상 신분이 노출되면 큰 위험에 처할 수 있는 만큼 통상적인 신고 절차를 거치지 않고 비밀리에 신고할 수 있도록 하라"고 인사부에 요청했다.

1945년 해방이 된 후 귀국한 유일한은 회사를 재건하는 와중에 상공인들의 모임인 대한상공회의소가 결성되자 초대 회장을 맡았다. 그는 대한상의 초대 회장으로서 자신이 미국에서 생활하며 체득한 청교도 정신과 미국식 실용주의와 합리주의가 바탕이 된 기업가정신을 국내에 뿌리내리기 위해 많은 노력을 했다.

유일한은 평소에 "국가, 기업, 교육, 가정 이 모든 것은 그 순위를 정하기가 매우 어려운 명제들이다. 그러나 내 입장은 국가, 교육, 기업, 가정의 순위가 된다"고 강조했다. 그는 사업을 하면서 늘 국가를 최우선으로 생각했고, 그 다음으로 교육을 강조했다.

유일한의 사업 목표는 "있는 힘을 다하여 정성껏 좋은 제품을 만들어 국가와 동포에 봉사하고, 정직 성실하고 양심적인 인재를 배출한다. 기업 이익은 첫째 기업을 키워 일자리를 만들고, 둘째 정직하게 납세하며, 셋째 남는 것은 기업을 키워준 사회에 환원한다"는 것이었다. 유일한은 이러한 목표를 입으로만 외친 것이 아니라 초지일관 실천에 옮겼다.

그는 1969년 10월 30일, 사장에서 퇴임하고 전문경영자에게 회사운영을 맡겨 소유와 경영의 분리를 실천했다. 유언으로 평소 입던 양복을 수의로 입혀 달라고 했으며, 아들에겐 재산 대신 "대학까지 졸업시켰으니 앞으로는 자립해서 살아가라"는 말을 남겼다. 사후死後 공개된 유언장에 의하면 자기 소유주식 전부를 사회사업과 교육 사업을 위해 교육신탁기금에 기증했다.

신용은 생명

사업으로 대성하여 일가를 이룬 기업가들은 사업 전개 과정에서 '신용'을 생명처럼 여겼다. 사업에 있어 '신용은 목숨이나 다름없다'는 사실은 개성상인이나 그 후예가 아니어도 깊은 철학으로 뿌리내리고 있었다. 두산그룹의 사명인 두산斗山은 '한 말 한 말 차근차근 쉬지 않고 쌓아 올려 산 같이 커져라'는 뜻이다.

신용을 중시하는 사례는 6·25 전쟁 당시 부산에서 전시무역을 하던 조홍제의 사례에서 엿볼 수 있다. 당시 조홍제는 삼성물산에 재직하며 해외에서 의약품, 생필품 등을 수입해왔는데, 설탕의 경우 현품 도착 직전에 킬로그램당 3,800원으로 구두로 정하고 대금을 미리 받아두었다. 그런데 전시 인플레이션으로 인해 한 달도 못되는 사이에 도매 시세가 킬로그램당 1만 500원 선으로 폭등했다.

업계에서는 삼성물산이 가격을 재조정하거나 계약을 취소할 것이라고 예상했다. 당시는 그것이 당연한 조치였기 때문이다. 그런데 조홍제는 약속한 전량을 킬로그램당 3,800원에 넘겨주었다. 당시의 심정을 조홍제는 이렇게 말했다.

'동서고금을 통해 장사란 한 푼의 이익을 위하여 십 리 길을 뛴다고들 하지만 그렇다고 인간의 신의를 저버리면서까지 이익에 매달려야 하는가? 나는 그렇게 보지를 않는다. 돈보다는 사람이 앞서기 때문에. 흔히 상도의商道義가 땅에 떨어졌느니 모리, 폭리배가 득실거리느니 하는 말을 듣지만 그렇게 된 근본 원인은 결국 사람보다 돈을 앞세우고 돈이라면 어제의 굳은 약속도 오늘은 헌신짝처럼 버리는 인간성의 타락에 있는 것이 아닌가 생각된다.'[20]

트럭 한 대로 출발하여 한진그룹을 일군 조중훈은 회사 이름 '한진韓進'을 지을 때 '한민족의 전진'이라는 뜻을 담았다. 그는 한민족의 전진을 위하여 자신의 회사가 노력하겠다는 사업보국의 의지를 회사에 담은 것이다.

우리나라 기계공업과 자동차공업의 선구자이자 공로자인 김철호가 설립한 '기아起亞'라는 사명은 '기계공업을 발전시켜, 아시아에서 세계로 진출한다'라는 의미가 담겨 있다. 기아는 1973년 7월 4일 국내 최초로 2,000cc 가솔린 자동차 엔진을 국산화하여 생산하기 시작했다. 오원철은 "이날이 우리나라 자동차공업 역사에서 길이 기록되어야 할 날"이라고 말한다.

기아는 같은 해 12월 1,000cc 가솔린 엔진도 생산하여 브리사 승용차에 탑재했다. 고유모델 승용차 개발을 선언한 정주영은 자동차 종합공장을 먼저 건설한 기아의 공장을 돌아보고자 견학을 요청했다. 기아의 임원진들은 "겨우 완성된 공장을 경쟁사에 공개하는 것은 있을 수 없는 일"이라며 반대했다. 이 소식을 병상에서 들은 김철호(당시 김철호는 지병으로 병원에 입원 중이었다)는 임원들을 입원실로 집합시키고 다음과 같이 훈시했다.

"기업이란 주변의 모든 기업이 함께 발전하지 않고는 결코 발전할 수 없으며, 경쟁자가 있어야만 함께 발전할 수 있다. 김선홍 상무는 정 회장이 원하는 모든 시설을 다 보여주고 자세히 설명도 해주기 바란다."

이병철은 호텔사업에 참여하면서 '신라호텔'이라 작명했는데, 이는 찬란한 고유문화를 꽃피웠던 신라시대의 우아한 품위와 향기를 재현하려는 의도에서였다. 1939년 인천시 부평역 앞에서 부림상회로 출발한 건설업의 대부 대림산업의 사가 '대림의 노래'에도 국가에 대한 긍지와 자부심을 엿볼 수 있다.

'찬란하게 밝아오는 조국의 아침/ 힘차게 나부끼는 대림의 깃발/ 성실로 다져놓은 믿음의 터전/ 이 겨레의 긍지를 세계에 심자/ 건설하자 쉬임없이 인화를 이뤄/ 겨레와 인류의 복지 위에/ 봉사하며 뻗어가는 대림산업'

사명감으로
일군 기업

현대그룹의 창업자 정주영은 젊은 시절 국가나 민족에 대한 의식보다는 돈, 직장, 회사에 충실한 평범한 인물이었다. 그는 자서전에서 "나라를 위해서 나는 무엇을 할 것인가를 생각하지는 않았다. 솔직히 말해 그때까지는 내 가족들, 내 직원들만 챙기면서 나 자신의 발전만을 생각하며 살았다"고 고백한다.[21]

그러던 그가 기업이 확장되면서 돈이 아닌 다른 가치들을 추구하게 된다. 그것은 국가 의식이었고, 민족에 대한 자각이었다. 정주영의 국가 의식과 민족에 대한 자각은 자동차산업 참여 과정에서 잘 나타난다.

정주영은 사업 파트너로 GM 대신 포드를 선택했다. 자본과 경영에 참여하여 일일이 간섭을 하는 GM의 합작방식이 마음에 들지 않았기 때문이다. 그는 자신이 만든 기업에 대해 아무리 앞선 기술과 노하우를 가진 세계적 기업이라 해도 경영에 이래라저래라 참견하는 것을 용납할 수 없어 포드와 제휴했다.

그러나 포드도 현대차에 대한 야심을 드러내자 포드와 손을 끊고 독자모델 승용차를 개발하는 모험의 길로 나선다. 1976년 포니가 나오기까지 현대는 그룹 전체의 존망이 흔들릴 정도로 어려움을 겪어야 했고, 고유모델 자동차 개발을 포기하라는 미국의 적나라한 압력에 맞서야 했다. 전경련 국제담당 임원으로서 정주영 회장을 보좌했던 박정웅은 1977년 5월 리처드 스나이더 주한 미국대사가 정주영을 조선호텔로 불러 압력을 넣은 사실을 다음과 같이 전하고 있다.

"단도직입적으로 말하겠소. 자동차 독자개발을 포기해주시오. 자동차 독자개발을 포기하신다면 제가 할 수 있는 모든 힘을 다해 현대를 지원하겠습니다. 그리고 포드든 GM이든 크라이슬러든 현대가 원하는 조건대로 조립 생산을 할 수 있도록 미국 정부에서도 지원을 아끼지 않을 것입니다. 이렇게만된다면 내수시장은 물론 동남아 시장까지 현대의 몫이 될 수 있습니다. 또한 중동 건설시장에서도 현대를 도와드리겠습니다. 만일 이 제안이 받아들여지지 않는다면 현대는 앞으로 미국과 한국에서 모두 어려움을 겪게 될지도 모릅니다."

이런 직설적인 협박에 대해 정주영은 다음과 같이 응수했다.

"저도 단도직입적으로 결론부터 말씀드리겠습니다. 대사님의 제안은 무척 고맙지만 사양하겠습니다. 저는 이렇게 생각합니다. 한 나라의 국토를 인체에 비유한다면 도로는 인체 내의 혈관과 같고 자동차는 혈관 속을 흐르는 피와 같습니다. 도로가 발달하고 자동차가 원활하게 다닐 수 있게 되면 모든 생산과 경제활동 역시 활발하게 돌아가고 경쟁력을 갖게 됩니다. 이 때문에 좋은 자동차를 싸게 공급하는 것은 인체 내에 좋은 피를 흐르게 하는 것만큼이나 중요한 일입니다. 어떤 어려움이 있어도 제가 자동차산업을 포기할 수 없는 이유는 바로 이런 사명감 때문입니다 (…) 제가 건설에서 번 돈을 모두 쏟아 붓고 실패한다 해도 저는 결코 후회하지 않을 것입니다. 왜냐하면 이것이 밑거름이 되어 내 후대에 가서라도 우리나라 자동차산업이 자리를 잡을 수만 있게 된다면 그것을 나는 보람으로 삼을 것입니다."[22]

만약 정주영이 현대자동차의 이윤추구만 생각했다면 모험이나 다름없는 고유모델 승용차 개발을 포기하고 안전하게 미국 모델을 들여다 조립하여 팔아도 충분했을 것이다. 그러나 그는 국가와 민족의 장래를 위해 고난의 길을 택했다. 당시 정주영이 미국 대사의 협박에 굴복했다면 우리나라 자동차산업은 미국에 종속되어 오늘과 같은 위상은 불가능했을 것이다. 두 사람의 통역을 담당했던 박정웅은 이날 정주영의 결단이 우리나라 자동차산업의 미래를 결정한 날이었다고 회고한다.

울산에서 조선소 건설이 진행될 무렵 정주영은 울산에서 잘 때는 새벽 4시면 숙소에서 나와 2시간 동안 현장 구석구석을 샅샅이 한 바퀴 돌아보고 6시면 간부 회의를 소집했다. 또 서울에서 울산으로 갈 때도 새벽 4시면 어김없이 서울을 출발했다. 이른 새벽에 집을 나서 남대문 근처를 지나가노라면, 어느 부부가 그날 팔 물건을 리어카에 싣고 남편은 앞에서 끌고 아내는 뒤에서 밀며 진지한 표정으로 길을 건너거나 지나가는 모습을 보았다. 정주영의 회고다.

'그런 풍경을 보노라면 나도 모르게 목이 뜨끈하게 아파오고는 했었다. 불과 얼마 안 되는 하루 벌이에도 그렇게 열심히 일해야만 생계를 꾸려갈 수가 있고, 자식을 키울 수 있는 것이 그 사람들의 엄숙한 현실이고 삶인 것이었다…. 나는 그들에게 마음에서 우러나는 유대감과 존경심을 많이 느꼈다. 그리고 그때마다 "그래, 다 같이 노력해서 하루빨리 잘사는 나라를 만들어야지" 하는 생각으로 불끈 힘을 얻고는 했다.'[23]

한국인에 대한
자부심

정주영은 사우디아라비아의 주베일 산업항 공사를 수주한 후 이 프로젝트를 성공시키기 위해 수많은 고민을 했다. 이 와중에 뉴욕에 본사를 둔 기술용역 회사MRWJ 소속으로 사우디아라비아의 국영 석유회사인 아람코에 해양구조물 및 지질 전문기술 고문으로 파견돼 일하고 있던 한국인 엔지니어 김영덕을 만났다. 정주영은 김영덕을 스카우트하기 위해 다음과 같이 설득한다.

"사람이 태어나 많은 일을 하다 죽지만 조국과 민족을 위하여 일하는 만큼 숭고하고 가치 있는 일은 없을 것이다. 지금 우리에게 그런 기회가 왔다" 라고 아산(정주영의 호)께서 정중하게 말씀하셨다. 그러고 나서 세계 최대의 건설공사 주베일 산업항 공사를 현대가 딴 일이며, 정부의 보증을 맡아야 했고 만약 이 공사가 제대로 안 되면 우리나라 경제에 큰 타격을 줄 것이며, 오일쇼크로 인해 급속도로 늘어나고 있는 정부의 외채를 갚을 길은 중동 건설 공사에서 외화를 벌어들이는 길밖에 없으며, 그것이 애국하는 것이라고 열심히 설득하셨다. 진지하고 끈질긴 종용과 조국과 민족을 위해서 와야 한다는 대목에서 내 마음은 이미 돌이킬 수 없게 기울어져 있었다. 다음날 현대건설로 입사하기로 하고 뉴욕으로 떠났다.[24]

1976년 9억 3,000만 달러에 수주한 사우디아라비아의 주베일 산업항 공사 금액은 그해 우리나라 정부 예산의 절반에 해당하는 엄청난 규모였다. 공사 규모와 난이도로 볼 때 세계 최대의 공사였다. 설계를 맡았던 영국의 항만 및 해양구조물의 명문회사인 윌리암 할크로사의 사장 다니엘스는 가끔 농담으로 "이집트에는 피라미드가 있고 사우디아라비아에는 주베일 산업항이 있다"고 말할 정도였다.

정주영이 주베일 공사 선수금으로 받은 2억 달러 수표를 외환은행에 입금시키자 외환은행장은 정주영에게 이렇게 전화했다.

"오늘 현대의 입금으로 저희 은행이 우리나라 건국 후 최고의 외환 보유고를 기록했습니다."

이때부터 우리나라의 달러와 외채는 중동 공사 입금으로 걱정할 필요가 없어졌다. 중동은 그로부터 2여년 동안 우리나라 외채 부도를 해결해준 구국의 건설현장이었다. 현대는 주베일 산업항 근처 공사까지 합쳐 17억 5,000만 달러어치의 공사를 맡아 2여년 동안 매달

몇 천 만 달러에서 어떤 달에는 1억 달러까지 국내로 송금했다.

현대중공업 출신의 한 기능공은 정주영 회장에 대해 다음과 같이 회고한다.

"회장님께서는 1개월에 한 번씩 회사 영빈관 잔디밭에 기능공을 불러놓고 불고기 파티를 열어주며 이런 말씀으로 저희를 격려하셨습니다. '우리에게는 세계에서 제일 큰 무기가 있습니다. 그 무기란 바로 여기 있는 세상에서 가장 부지런하고 가장 우수한 기능공 여러분입니다. 우리는 할 수 있습니다. 지금 일본에 비해 기술력이 30년 정도 뒤떨어져 있지만 여러분이 10년 내에 일본을 따라잡을 수 있다고 자신합니다. 그래야 우리도 잘살고 나라도 잘살 수 있고, 우리가 잘되는 것이 나라가 잘되는 것이며, 나라가 잘되는 것이 우리가 모두 잘살 수 있는 길이기 때문입니다. 여러분들이야말로 애국자입니다.'"[25]

이병철, 정주영 등 한국 산업사의 거목巨木들은 한국인, 특히 회사 직원과 근로자들에 대한 신뢰감과 자부심이 대단했다. 이러한 신뢰감과 믿음이 있었기에 "우리는 무엇이든 할 수 있다", "불가능은 없다"고 외칠 수 있었을 것이다. 정주영의 발언 한 대목을 옮겨본다.

"나는 한국인에 대해 큰 자부심을 가지고 있는 사람이다. 우리의 과거와 현재로 보나 역사, 문화로 보나 아시아에서 우리 민족 이상으로 훌륭한 민족은 없다. 세계 어느 만족보다도 우리는 성실하고 어질고 착하고 그러면서 우수하다."[26]

이병철은 자기 직원과 근로자들에 대한 굳건한 믿음이 있었기에 선진국에서는 18개월 이상 걸린다는 VLSI 공장 건설을 6개월 만에 끝낼 수 있었고, 60명의 서독 기술자가 필요하다는 제일모직 공장 건설에 "우리나라에는 유능한 기술자가 많으므로 4명만 파견해주면 충분하다"고 거절하고 우리 기술진의 힘으로 완벽하게 작업을 마무리했다.

LG그룹의 창업자 구인회도 한민족의 재능에 대해 무한한 신뢰를 가지고 있었다. 그는 민족성과 관련하여 "우리는 아무 것도 못한다는 엽전의식이 문제다. 한민족, 재주 많은 민족 아닌가. 우리도 머리 싸매고 땀 흘리면 남처럼 못살 게 없는 것이다"라고 주장했다.

부국강병의 길

마쓰시타전기를 창업한 마쓰시타 고노스케松下幸之助, 혼다그룹을 창업한 혼다 소이치로本田宗一郎, 교세라 그룹을 창업한 이나모리 가즈오稲盛和夫…. 일본은 이런 기업가들을 '경영의 신神', 'CEO의 살아 있는 전설' 등으로 예우하고 많은 사람들이 존경하고 있다.

우리 주변에서 많은 기업가들이 일본의 '경영의 신' 못지 않는 업적을 남겼고, 그들이 창업한 기업을 통해 국민들은 한국경제와 산업발전의 과실을 향유하고 있다. 이병철, 정인욱 회장 같은 사람들이 젊은 시절 꿈꾸었던 사회주의적 이상향을 그들은 자신의 기업을 통해 건설했다. 오늘날 노동자들의 이상향은 '사회주의 천국' 북한이 아니라 포항, 울산, 거제, 수원, 그리고 강원도 철암의 돌구지 사택에서 이루어졌다.

일본 기업가정신의 토대는 상인정신과 장인(기술자)정신이다. 상인과 장인은 신분계급은 낮았지만 직업에 대한 자부심은 대단했다. 그 때문에 대를 이어 전통을 지키는 것을 이상으로 생각하고, 한 분야에서 일가를 이룬 사람들을 존경하는 마음이 강하다. 반면에 우리의 의식 저변에 아직까지 자리 잡고 있는 사농공상의 여운은 기업가들을 부정적인 시선으로 바라보고, 피땀 어린 노력을 통해 쌓아올린 부富의 대가를 선뜻 인정하려 들지 않는다.

이병철은 암이 악화되어 여생이 얼마 남지 않았다는 사실을 알게 되자 자서전(『호암자전』) 발간으로 삶의 여정을 정리했고, 마지막 유작으로 삼성경제연구소와 삼성종합기술원 설립을 지시했다. 이병철이 종합연구소의 필요성을 인식한 것이 1985년이었고, 1년가량 구상한 끝에 1986년 3월에 기본계획을 시작하여 1987년 10월에 준공식을 거행했다. 평소의 사업 스타일과는 달리 대단히 서두른 셈이다.

그는 "은퇴하면 종합기술원에서 여생을 보내겠다"며 기술원 본관 7층에 집무실을 마련했다. 이병철은 종합기술원 준공식을 앞두고 병세 악화로 쓰러졌고, 결국 회복을 못하고 1987년 11월 19일 자택에서 눈을 감았다. 그가 숨을 거둔 내실 벽에는 '빈손으로 왔다가 빈손으로 간다空手來空手去'는 액자가 걸려 있었다.

정주영이 사망한 뒤 공개된 그의 방에는 깨끗하게 세탁된 구멍 난 실장갑이 수북했고, 언제 만든 제품인지 알 수 없는 금성 텔레비전, 22년 된 낡은 구두 등이 놓여 있었다. 그는 구두 한 켤레를 사면 뒤

축을 갈아가면서 10년 이상 신는 구두쇠였다.

강원산업의 창업자 정인욱 회장이 마지막까지 집무했던 사무실에는 일제시대부터 쓰던 나무 책상이 놓여 있었고, 책상 위엔 해가 지난 탁상용 달력이 쌓여 있었다. 메모용으로 쓰기 위해 버리지 않고 모아둔 것이다. 그의 침실 머리맡, 승용차 안 등등에는 언제든 메모할 수 있도록 철 지난 탁상용 달력으로 만든 메모지와 필기도구가 놓여 있었다. 그는 자다가도 일어나 메모를 하고, 식사 도중에도 메모를 했다. 출장 때면 30년도 더 된 낡은 가방을 들고 다녔다.

정인욱은 가진 자로서 아껴 쓰고 나눠 쓰는 정신을 실천했고, 기업가로서 문어발식 확장을 자제했으며, 정경유착을 멀리했다. 엔지니어로서 장인정신을 발휘하여 전문화의 길을 걸었고, 자신의 신념과 믿음과 행동을 일치시키기 위해 엄격한 도덕률로 원칙과 신념에 찬 행보를 이어갔다.

일부 기업들의 무차별적 기업 확장과 부도덕한 이윤추구로 기업 전체가 손가락질 당하면서 급기야 '경제 민주화'라는 용어까지 등장했다. 이처럼 혼탁한 기업윤리 실종의 시대에는 창업세대의 기업가들이 주는 교훈이 더 깊고 소중하다. 대한민국을 성공으로 이끌고, 성장신화를 한민족에게 안겨준 기업가들의 빛나는 생애를 갈고 닦는 것은 후대의 몫이다. 우리 사회가 이병철, 정주영, 전택보, 정인욱, 김연수, 박흥식, 구인회 등등 이 땅에 희망을 준 기업가들을 만났다는 사실을 자랑스럽게 여길 날은 언제쯤일까.

위기의 한국 기업,
희망은 있다

세계에서 가장 오래된 기업 1위는 서기 578년 창업한 일본의 전통 목조건물 건축 및 수리회사인 곤고구미金剛組, 2위는 서기 718년에 창업한 일본의 호시료칸法師旅館, 3위는 서기 1000년에 창업한 프랑스의 와인 제조회사 샤토 드 굴랭Chateau de Goulaine이다. 한 기업이 1,000년을 넘게 지속해 온 것은 지극히 예외 중의 예외에 속한다.

일본의 경우 역사가 1,000년 이상 된 기업이 7개나 된다. 한국은 1,000년은 고사하고 100년이 넘는 기업도 박승직상점으로 출발한 두산(1896년 창업)과 활명수로 유명한 동화약품(1897년 창업)에 불과한 데, 일본은 100년 이상 된 기업이 5만여 개나 된다. 독일의 경우 창업 200년을 넘는 장수기업이 1,600개 정도다.

학자들은 산업화 시대 기업의 평균수명을 30년 정도로 본다. 지금은 변화의 속도가 더 빨라져 가전 산업은 20년, IT 분야는 10년을 넘기기 어렵다. 한국의 제조업 평균수명은 23.9년, 약 320만 개에 달하는 국내 중소기업의 평균수명은 12.3년이다. 이들 기업이 5년 이상 존속할 확률은 24퍼센트에 불과하다. 반면 일본 기업의 평균수명은 35.6년으로 우리나라 중소기업의 평균수명보다 3배 정도 길다.

1970년 미국 ≪포춘Fortune≫이 선정한 500대 기업 중 3분의 1이 13년을 채 견디지 못하고 사라졌다. 미국의 대표적인 주가지표인 다우존스는 미국을 대표하는 우량기업 30개로 구성되는데, 지난 100년간 계속 우량기업으로 생존해온 기업은 GE 단 하나뿐이었다. GE가 유일하게 경쟁력을 지키며 생존하고 있는 이유는 끊임없는 혁신을 통해 변화하는 환경에 적응하는 데 성공했기 때문이다.

한국은 북한을 제외하면 국토 면적이 10만 평방킬로미터도 안 되는 세계 108위에 불과한 작은 나라지만 인구는 25위, 경제력은 10위권이다. 국민들의 대학진학률, 교육열, 인터넷 속도와 보급률 세계 1위, 군사력은 세계 6위에 올라 있다. 2012년에는 1인당 국민소득GDP 2만 달러, 인구 5,000만 명을 넘은 국가들을 지칭하는 '20-50 클럽'에 세계 7번째로 가입했다. 제2차 세계대전 이후 식민지에서 독립한 신생 국가 중에서는 최초의 기록이다.

≪포춘≫이 선정하는 2014년 글로벌 500대 기업에 한국 기업은 삼성전자(13위)를 비롯하여 SK홀딩스(64위), 현대자동차(100위), 포스코(177위), LG전자(194위), 현대중공업(209위), 한국전력(212위), 기아자동차(246위),

GS칼텍스(260위), 한화(331위), 한국가스공사(340위), 현대모비스(388위), 에스오일(427위), 삼성생명(458위), 삼성C&T(460위), 롯데쇼핑(464위), LG디스플레이(481위) 등 모두 17개 기업이 순위에 올랐다.

한국경제의 현실을 긍정적 시각으로 보느냐 부정적 시각으로 보느냐는 개인의 자유에 속하는 문제지만, 오늘날 한국이 서 있는 좌표는 세계에서도 무시할 수 없는 산업대국으로 성장해 있다는 점이다.

한국의 기업가들은 불과 한 세대 만에 가난한 농업국가를 세계적인 공업국으로 환골탈태시키는 첨병 역할을 수행했다. 오늘날 한국의 기업들은 정부와 시민단체, 국민들로부터 곱지 않은 시선을 받는 바람에 사기가 떨어지고 투자가 위축되어 있지만 산업적 저력은 막강하다. 삼성전자는 이미 세계적인 기업 소니를 추월한 지 오래됐고, IT산업과 굴뚝산업의 결합을 성공적으로 추진한 한국 기업들의 미래지향적 변신은 높은 평가를 받고 있다. 한국은 여러 가지 경제 환경이 어려운 가운데서도 인천공항과 경부고속철도, 초고속통신망을 기반으로 한 정보통신 강국으로서 국가 체질이 개선되어 가고 있다.

이제 한 나라의 국력은 군사력이 아니라 GE나 아마존, 보잉, 구글 같은 우량기업을 몇 개 보유하고 있는가로 판가름 난다. 온갖 난관을 극복하고 세계 500대 기업에 17개나 오른 대한민국 주력 기업들의 현실은 어떤가?

불안한 한국의 경쟁력

전문가들은 한국 기업이 세계적인 경쟁력을 확보하고 선전해온 이유를 다음과 같이 분석한다. 첫째, 1990년대 말 외환위기 극복 경험을 통해 체력과 덩치를 키운 것은 물론, 체질도 바꾸어 '상시 위기대응체제crisis-proof system'를 구축하여 항상 위기를 준비하고 대응하는 체제를 갖춰왔다.

둘째, 품질경영에 성공했다. 현대차의 정몽구 회장은 "품질에 살고 품질에 죽는다"고 하여 '품생품사品生品死'를 주장하고, 이건희 삼성전자 회장은 시중에 나간 불량제품을 모두 거두어 문제의 제품을 만든 직원들이 보는 앞에서 태우는 불량제품 화형식火刑式을 거행할 정도로 품질에 큰 신경을 썼다.

셋째, 꾸준한 연구개발R&D 투자다. 2010년 한국의 총연구개발비 절대액은 미국의 11분의 1, 일본의 5분의 1 수준이지만, GDP 대비 R&D 투자비중은 3.7퍼센트로 미국(2.8퍼센트), 일본(3.3퍼센트)보다 높다.

넷째, 정확한 수요 예측과 과감한 마케팅 전략이다. 해외에서의 마케팅을 늘려온 한국 기업들은 이제 지구촌 곳곳에서 다양한 성공 사례들을 만들어내고 있다.

다섯째, '오너 회장+유능한 최고경영자CEO의 조합'이라는 독특한 지배구조다. 오너 회장의 기업 경영에 대한 열정과 장기 경영전략, CEO의 전문적인 경영 노하우가 합쳐지면서 급변하는 환경에 적절히 대응하는 데 성공한 것이다.

2013년 초 일본의 〈니혼게이자이〉신문이 50여 개 산업의 대표 제품과 서비스의 2012년 시장점유율을 조사했다. 그 결과 세계 1위는 미국이 19개, 일본 12개, 한국은 8개를 차지했다. 흥미로운 것은 한국의 1위 품목 8개 중 7개가 삼성 제품이었다. 한국경제는 삼성이라는 단일 기업에 크게 의존하고 있다는 뜻이다.

이는 수치로도 증명된다. 30대 그룹의 순수익 총액에서 삼성전자와 현대·기아자동차 두 기업이 절반 이상을 차지하고 있다. 100대 기업의 이익에서 삼성전자와 현대·기아차의 이익이 차지하는 비율은 2007년 19퍼센트에서 2009년에는 35퍼센트, 2012년에는 51퍼센트로 높아졌다. 2013년 6월에는 한국 무역수지 흑자의 절반을 삼성전자가 기록했다.

그렇다면 삼성전자의 경쟁력이 한국의 경쟁력이나 다름없다. 삼성전자가 승승장구하면 한국경제도 덩달아 성장할 것이고, 그 반대가 되면 한국경제는 추락한다. 그렇다면 삼성전자의 국제경쟁력은 언제까지 이어질 것인가?

3세 경영체제로 이행한 삼성전자는 IT와 모바일이 전체 매출의 62퍼센트, 전체 영업이익의 74퍼센트를 차지하고 있다. 반도체와 스마트폰이 삼성그룹 전체, 그리고 한국경제의 절반의 운명을 짊어지고 있는 셈이다. 그런데 삼성전자의 반도체와 스마트폰 경쟁력은 2~3년 안에 '성장의 한계'를 맞아 2020년 이후에는 글로벌 경쟁력을 상실할 것이라는 불길한 전망이 나오고 있다.

그동안 한국을 먹여 살려온 조선 분야는 어떤가. 2000년 일본을 누르고 세계 1위를 차지했던 조선업은 2009년부터 중국에 추월당하기 시작했고, 2010년 상반기에 사상 처음으로 조선업의 경쟁력을 나타내는 3대 지표(수주량, 수주잔량, 건조량)에서 모두 중국에게 1위 자리를 내주었다. 이런 결과는 조선 전문가들이 예상했던 것보다 5년 정도 빠른 추세다.[1]

2013년 조선, 해운, 에너지 산업이 주축이었던 STX 그룹이 해체되었다. 이것은 시작에 불과하다. 우리나라 조선업의 대표주자인 현대중공업은 한때 시가총액이 40조 원을 넘어 코스피 순위 3위에 올랐으나 최근에는 전성기 시절의 5분의 1인 8조 원대로 감소하여 20위권 밖으로 밀려났다. 2010년 5조 5,318억 원이던 영업이익은 2011년 4조 5,610억 원, 2012년 1조 9,932억 원, 2013년 8,019억 원, 2014년에는 3분기 누적으로 3조 2,273억 원의 대규모 적자를 기록했다. 한국의 조선기업들은 5~10년 안에 매출과 이익률이 크게 줄어 상당수가 구조조정이 될 운명을 맞게 될 것이다.

철강산업도 2012년에 이미 전 세계에서 25퍼센트 정도 공급과잉 상태고, 석유화학산업도 후발국과 산유국들이 자체 설비를 확장하고 있어 전망이 불투명하다. 미국과 중국은 천연가스의 6분의 1 가격에 불과한 셰일 가스와 타이트오일(땅속 깊은 퇴적층의 미세한 틈새에 존재하는 경질유)을 대대적으로 개발하고 있다. 타이트오일에 힘입어 미국은 2020년경 사우디아라비아를 제치고 원유 생산량 1위에 올라설 것으로 전망된다.

'한국의 희망' 중의 하나인 자동차산업도 패러다임의 변화라는 현실 앞에서 위기를 맞고 있다. 자동차의 주력인 휘발유차는 중국, 인도가 잠식해오고 하이브리드나 전기자동차 등 미래형 자동차는 일본, 유럽, 미국이 앞서가고 있다. 전기자동차는 미국이 세계 최고 기술을 보유하고 있다. 전기자동차 기술이 무인자동차와 만나 지금까지와는 차원이 다른 무인자동차가 5년 내에 상용화될 예정이다. 이렇게 되면 기존의 자동차산업은 개념 자체가 바뀌게 될 것이다. 이 분야에서 한국의 자동차산업이 설 땅이 어느 정도나 될 지 예측 불가능이다.

그래도 희망은 있다

그러나 아직 절망하기에는 이르다. 한국은 패러다임의 변화를 통해 제2의 성장을 이룩할 수 있는 다양한 무기를 가지고 있다. 우선 우수한 인적 자원이 큰 무기다. 25~34세 청년층의 대학교육 이수율은 63퍼센트로 일본(56퍼센트), 영국(45퍼센트), 미국(41퍼센트)보다 훨씬 높다. 조만간 한국의 전체 인구 대비 대학교육 이수율은 세계 최고 수준이 될 것이다. 또 한국은 외국에 유학생을 가장 많이 보내는 나라이고, 15세 학생들의 읽기 및 수학 능력은 34개 OECD 국가 중 1~2위다.

한국은 또 고도의 산업기술을 보유하고 있다. 한국이 취득한 삼극 특허triadic patent[2] 수는 2010년 현재 OECD 국가 가운데 일본, 미국, 독일, 프랑스에 이어 5위다. 2011년 한국의 IT 기술경쟁력은 미국, 일본에 이어 전체 3위를 기록했다. 또 한국의 과학 인프라는 미국, 일본, 독일, 이스라엘에 이어 세계 5위, 기업 차원의 기술 흡수력 부문 세계 9위, 한국 기업들의 GDP 대비 연구개발비 지출은 이스라엘에 이어 세계 2위다.

무역으로 먹고 살아온 한국은 2004년 칠레와의 첫 자유무역협정FTA 체결 이후 총 52개국과 FTA를 체결, FTA 네트워크를 북미와 유럽, 동북아시아에서 오세아니아까지 사실상 전 대륙으로 확장했다.

세상을 움직여온 원동력은 기업이다. 기업이 없는 국가는 부유할 수 없고, 위대한 기업가를 배출하지 못하는 시대는 창조력을 가질 수 없다. 기업과 기업가가 침체하면 국가도 침체하고, 그들이 성장하면 대한민국도 덩달아 성장한다.

창업 1세대, 그리고 그 후예인 2세 오너 경영자들은 세계 경영환경의 변화에 능동적으로 대처하여 오늘과 같은 기업 위상을 쌓는 데 성공했다. 그러나 한국의 국가·기업·개인 시스템의 한계로 인해 한국은 1인당 소득 3만 달러 문턱에서 주저앉을 가능성이 농후하다는 경고음이 여기저기서 들려오고 있다.

우리나라는 1997~1998년 IMF 외환위기 이전까지 30년 이상을 연평균 8퍼센트 수준의 경제성장률을 유지해왔다. 그러나 외환위기 이후 2001~2005년까지 경제성장률은 연평균 4.5퍼센트를 근근이 유지했고, 2011년에는 3.6퍼센트, 2012년 2퍼센트로 꾸준히 하락하고 있다. 한국개발연구원KDI은 한국의 연평균 잠재성장률을 2020년대는 2.6~2.8퍼센트, 2030년대는 1.6~2.2퍼센트로 전망하고 있다.

경제성장이 어느 정도 이루어졌기 때문에 과거와 같은 7~8퍼센트의 높은 경제성장을 지속적으로 유지하는 것은 기대하기 어렵다. 그러나 저성장이 지속되면 가까스로 선진국 문턱에 도달한 한국경제가 선진국 하위권에서 맴돌거나, 잘못하면 선진국에서 탈락할 수도 있다. 이러한 저성장 구조에서 벗어나려면 기업들, 특히 기업가들이 고통과 위험부담을 감수하면서 패러다임의 변화를 주도해야 한다.

불행하게도 한국의 2~3세 오너 경영자들은 이러한 고통과 위험부담을 감수하는 모험보다는 손쉬운 방법, 즉 생산시설의 해외 이전을 통해 경쟁력을 유지하려 하고 있다. 한계에 다다른 경쟁력을 유지하기 위해, 그리고 기업 활동을 제약하는 경제민주화 관련 법규들, 강성 노조의 활동으로 인해 우리 기업들은 해외 투자 비중을 크게 늘리고 있다.

자동차의 경우 해외 생산 비중이 2004년에는 13.4퍼센트였으나 2012년에는 50퍼센트를 넘었고, 휴대폰은 2010년 16퍼센트에 불과했으나 2012년에는 80퍼센트 수준으로 크게 늘었다. 국내 기업들의 해외 직접투자는 2005년 97억 달러였으나 2011년에는 445억 달러로 4.5배나 늘었다.

그 결과 우리 기업들은 진출한 국가의 직간접 고용을 대대적으로 창출하고, 진출국에 세금을 내고, 그 나라에서 사회공헌활동을 열심히 하고 있다. 미국 앨라배마에 현대차 공장이 들어서면서 직간접적으로 일자리 3만 개가 창출되었다. 삼성전자 휴대폰을 생산하는 베트남 공장에는 2만 7,000명이 근무하고 있는데, 부품업체 등 간접고용까지 포함하면 5만 명의 일자리를 창출했다.

만약 2011년 우리 기업들이 해외에 투자한 445억 달러를 국내에 투자했다면 우리나라의 성장률은 3퍼센트 더 높아졌을 것이고, 국내 일자리 40만 개가 더 창출되었을 것이다. 다른 어떤 노력보다도 해외로 빠져나가는 기업들을 국내에 붙잡아두거나, 해외 진출한 기업을 국내로 유턴시키는 것이 성장률을 높이고 일자리를 창출하는 첩경이다.

요즘처럼 기업 환경이 변화무쌍한 시대일수록 최고경영자의 능력은 거의 절대적이다. 회사의 명운을 건 혁신의 방향이나 속도, 타이밍에 관한 결정은 창업자나 최고경영자만이 내릴 수 있다. 혁신을 완성하는 것은 직원이지만, 혁신의 방향을 잡고 혁신을 이끌어 나가는 사람은 창업자나 최고경영자뿐이다. 이런 이유 때문에 새로운 성장 곡선을 만들기 위해서는 최고경영자의 역할이 결정적이다.

우리의 창업세대들은 일제 식민지, 해방, 미군정의 혼란, 좌우익 격돌, 건국, 전쟁, 전후복구, 시민혁명, 군사 쿠데타의 소용돌이 속에서 불사조처럼 일어나 좋은 제품을 만들어 국민들을 먹여 살리고 일자리를 제공하고, 납세를 통해 국가 성장에 결정적 역할을 해왔다. 2~3

세, 혹은 4세들이 사령탑에 앉은 오늘날의 우리 기업들은 변화무쌍한 글로벌 세계로부터 파생되는 기회와 위기의 파고를 동시에 접하고 있다.

변화의 파도를 잘 타고 넘으면 큰 기회를 잡을 수 있지만, 방향을 잘못 잡으면 순식간에 침몰하여 기업은 소멸하고, 조직원은 일자리를 잃고 실업자가 될 것이며, 국가는 위기를 맞을 것이다. 오늘날 기업 운영을 책임지고 있는 기업가들은 '한강의 기적'으로 대한민국을 일으킨 창업세대의 사업보국 정신을 다시 한 번 되새겨 '제2의 한강의 기적'을 일구는 희망의 선봉이 되어주길 기대한다.

프롤로그

1 인구 5,000만 명 이상의 나라 중 1인당 GDP가 2만 달러 이상인 나라. 세계에서 20-50 클럽에 가입한 나라는 일본, 프랑스, 미국, 영국, 이탈리아, 독일, 한국 총 7개국이다.

2 좌승희·김창근 지음, 『이야기 한국경제』, 도서출판 담, 2010, 42쪽.

1장

1 김성수, 『성공한 창업자의 기업가 정신』, 삼영사, 2009, 27쪽.

2 김성수, 앞의 책, 87~101쪽 참조.

3 (사)글로벌전략연구원 편, 『한국의 기업가 정신』, 화산문화, 2013, 6쪽.

4 김옥균은 1883년 고종의 지시를 받고 요코하마의 미국 무역상사를 찾아가 제임스 모스와 차관 교섭을 시도했다. 모스는 알렌 주조선 미국 공사의 주선으로 운산 금광 채굴권을 획득했던 인물인데, 그가 운산 금광 채굴을 차일피일 미루자 광산 채굴권은 헌트에게 넘어갔다. 모스는 1884년 4월 울릉도 삼림벌채권 양도계약을 체결한 후 타운센드를 조선에 파견하여 모스타운센드 상회를 설립했다. 1885년 초 타운센드는 제물포의 순신창상회를 인수하고 조선인 객주와 상인들에게 자금을 대여했으며, 무기와 왕실 관련 물품, 전기용품 등을 납품하고 왕궁 전등 시설공사에 참여했다. 1892년부터는 정미소를 설립 운영했다. 타운센드는 1895년 모스의 지분을 인수하여 타운센드상회(Townsend & Co.)로 상호를 바꾸었다. 1896년 인천 월미도에 50만 톤의 석유 저장고를 건설하고 스탠더드 석유회사의 석유를 조선에 독점 판매했다. 또 1900년에는 율도에 폭약창고를 건설하고 조선에 폭약을 공급했다.

5 1884년 6월 조선에 진출한 최초의 독일계 상사로 마이어와 볼터(Carl A. Wolter)의 합작회사로 출발했다. 당시 청나라의 추천으로 조선 고문관이 되어 조선의 외교, 통상, 관세, 재정을 주도하고 있던 독일인 묄렌도르프(목인덕)와 긴밀한 협조 아래 경제권을 확장했다. 1885년 조선 정부에 2,000파운드의 차관을 제공하는 대가로 1886년부터 1년간 호남지역의 세미 운반권을 획득했다.

Footnote

인천-상하이-홍콩 간 정기항로를 개척했고, 1897년 채광한 금의 4분의 1을 조선 정부에 납부하는 조건으로 강원도 당현 금광을 25년간 소유했다. 세창양행은 독일산 바늘, 염료, 금계랍(키니네), 영국산 면제품을 수입했고, 조선산 쇠가죽, 쌀, 콩 등을 수출했다. 1907년 볼터는 마이어와 동업 관계를 청산하고 세창양행을 단독 경영했다. 서울과 제물포에 막대한 토지를 소유했던 볼터는 '제물포의 왕'이라 불렸는데, 6·25 전쟁이 발발하자 사업을 접고 한국에서 철수했다.

6 이화양행은 1832년 영국의 스코트 윌리엄 자딘(Scots William Jardine)과 그의 대학 후배 제임스 매디슨(James Matheson)이 중국 광저우에 설립한 상사로, 현재까지도 홍콩의 유력 재벌기업으로 존재하고 있다. 이화양행의 조선 진출은 묄렌도르프의 주선에 의한 것이었다. 그는 부임하기 전부터 이화양행의 상하이 지점장과 조선의 광산 채굴에 대해 논의했다. 이화양행은 우피(牛皮) 무역에 종사하면서 청나라 초상국(招商局) 소속 660톤 급 기선 '남승호'(南陞號)를 투입하여 나가사키(長崎)와 부산을 경유하여 인천과 상하이를 연결하는 한국 최초의 정기 항로를 개설했다. 이 항로는 1884년 일어난 갑신정변으로 1년 만에 운항이 중단되었다.

7 영국 선박회사 홈링거(Holme Ringer, 咸陵加)양행이 제물포에 개설한 지점이다. 이 회사는 영국으로부터 양철, 유리, 시멘트, 페인트 등을 수입하여 건설 공사장에 독점 판매하여 부를 축적했다. 또 홍콩상하이은행의 대리점 업무를 담당했다.

8 1902년 영국인 베넷(W. G. Bennett)이 일본인 에바라(穎原修一朗)와 합자로 일영(日英)무역 상회를 설립했다가 후에 베넷이 독자 경영하면서 광창양행(베네트상회)으로 상호를 바꾸었다. 베넷은 함릉가양행의 지배인으로도 활동했고, 장인인 토머스 글로버가 나가사키에서 글로버 상회(Glover & Co.)를 운영했는데, 글로벌 상회의 조선 지사 역할도 했다.

9 일본 재벌 관련 내용은 김인영, 『한국의 경제성장-국가주도론과 기업주도론』, 자유기업센터, 1998, 216~217쪽 참조.

10 조기준, 「한국자본주의의 전사(18세기~1945년)」, 구본호·이규억 편, 『한국경제의 역사적 조명』, 한국개발연구원, 1991, 29쪽.

11 시부사와 에이이치는 대장성에 근무하다가 다이이치(第一)은행을 설립한 인물인데, 유럽에서 기업이라는 새로운 문물을 일본에 도입했다. 그는 일생 동안 금융, 철도, 해운, 광산, 방직, 철강 등 다양한 분야에서 500여 개의 회사를 설립했고, 유학과 서구의 경제윤리를 결합시켜 일본 경영사상의 기초를 다졌다.

12 한성은행은 1943년 동일은행을 합병하여 조흥은행으로 이름을 바꾸었으며, 후에 신한은행에 흡수 합병되었다.

13 조기준, 「한국자본주의의 전사(前史) 18세기~1945년」, 구본호·이규억 편, 『한국경제의 역사적 조명』, 한국개발연구원, 1991, 51쪽.

14 일본 도쿄에서 발행된 일간신문으로 1882년 3월 창간되었고, 1936년 폐간되었다.

15 철종의 사위로 금릉위(錦陵尉)에 봉해졌다. 김옥균, 서광범, 홍영식 등과 함께 1870년대 후반에 개화당을 조직하고 1884년 갑신정변을 일으켰으나 실패하여 일본으로 망명했다. 한일합방 후 조선총독부로부터 후작(侯爵) 작위를 받았다. 조선귀족회 회장, 조선은행 이사, 동아일보 초대 사장, 중추원 고문, 일본 귀족원 의원 등을 지내다가 1939년 사망했다.

16 1879년 과거 급제하여 관료생활을 시작하여 대사성, 평안도 관찰사, 헌병대 사령관, 농상공부 대신 등을 역임했다. 갑신정변 실패로 일본에 망명한 김옥균을 암살하기 위해 장은규를 자객으로 보냈으나 실패했다. 1909년 안중근 의사가 이토 히로부미를 암살하자 궁내부대신으로 이토의 장례식에 참석했다. 한일합방 때 자작 작위를 받았고, 이왕직(李王職)장관, 조선사편수회 고문, 국민정신총동원 고문, 중추원 부의장 등을 지냈다.

17 이완용의 형으로 흥선대원군의 사위가 되었으나 아내가 죽은 후 김기태의 딸과 재혼했다. 대원군이 몰락한 후 명성황후의 총애를 받아 형조판서로 좌·우 포도대장을 겸했다. 1896년 러시아 공사 베베르, 이완용, 이범진 등과 함께 2월 11일 아관파천을 일으키고 새 내각에서 군부대신, 궁내부대신이 되었다. 1909~1923년 한성은행장을 지냈으며, 한일합방 후 남작 작위를 받았다.

18 김연수, 『재계회고(1)』, 한국일보사, 1981, 88~89쪽.

19 기계공업의 조선 이설계획은 임문환, 『재계회고(4)』, 한국일보사, 1981, 263~268쪽 참조.

20 임문환, 앞의 책, 365쪽.

21 사공일·리로이 존스, 『경제개발과 정부 및 기업가의 역할』, 한국개발연구원, 1981, 319~320쪽.

22 일제시대 지주관련 내용은 임문환, 앞의 책 360~363쪽 참조.

23 민영휘의 후손들은 현재 북한강 남이섬과 청주 상당산성, 삼성동 일대의 부동산 등을 소유하고 있다. 민영휘의 증손 민덕기는 풍문여고를 설립했으며, 민영휘의 손자 민병도는 한국은행 총재를 지냈다.

24 임문환, 앞의 책, 362쪽.

25 이한구, 『한국재벌사』, 대명출판사, 2004, 34~43쪽 참조.

26 수당 김연수 선생 전기편찬위원회, 『수당 김연수』, 삼양사, 1985, 197쪽.

27 김입삼, 『초근목피에서 선진국으로의 증언』, 한국경제신문사, 2003, 346~347쪽.

28 미쓰코시백화점. 해방 후 신세계백화점. 오복점이란 주로 의류를 판매하는 점포를 뜻한다.

29 설봉문화재단 설립준비위원회, 『설봉 전택보 박사 전집』, 정화인쇄문화사, 1981, 104~05쪽.

30 통화의 표준단위가 일정한 무게의 금(金)으로 정해져 있거나, 일정량의 금의 가치에 연계되어 있
는 화폐제도이다. 이 제도는 1821년 영국에서 처음으로 시행되었다. 1914년 이전의 완전 금본위
제에서는 금을 같은 무게의 금화로 바꿀 수 있었고, 금화로 같은 금액의 금을 얻을 수도 있었다. 완
전 금본위제도는 1870년대부터 제1차 세계대전이 발발한 1914년까지 시행되다가 그 후 금화는
거의 유통되지 않고 금환본위제가 시행되었다. 1928년경 금본위제가 다시 부활했으나 1930년대
경제 공황으로 중단되었다.

31 김연수, 『재계회고(1)』, 한국일보사, 1981, 161쪽.

32 박흥식, 『재계회고(2)』, 한국일보사, 1984, 221~222쪽.

33 박흥식 외, 『재벌들(1)』, 상아출판사, 1966, 162~163쪽.

34 박흥식, 『재계회고(2)』, 한국일보사, 1984, 227~228쪽.

2장

1 홍재선, 『재계회고(3)』, 한국일보사, 1981, 235~236쪽.

2 이연식, 『조선을 떠나며』, 역사비평사, 2013, 67~68쪽.

3 김인영, 『한국의 경제성장』, 자유기업센터(CFE), 1998, 84쪽.

4 이대근, 『해방 후~1950년대의 경제』, 한국경제연구소, 2002, 78~79쪽.

5 예일대 해골단은 180년에 가까운 역사를 가진 예일대학 내의 비밀 클럽이다. 프리메이슨을 닮은 비밀 조직 분위기, 특수층 자녀를 대상으로 엄격한 선발을 거쳐 매년 15명만 가입할 수 있다. 이 클럽 출신들이 미국 대통령, 상원의원, 연방 대법원장을 비롯한 경제계 등 미국을 이끄는 지도자가 되었다. 대표적인 인물로는 조지 부시 대통령 부자, 27대 미국 대통령 윌리엄 태프트가 있다.

6 영국의 노예무역과 아편거래 관련 내용은 제임스 브래들리 지음, 송정애 옮김, 『임패리얼 크루즈』, 도서출판 프리뷰, 2010, 276~299쪽 참조.

7 이병철, 『호암자전』, 중앙일보사, 1986, 61쪽.

8 이병철, 앞의 책, 70쪽.

9 차철욱, 「1950년대 미국의 대한 원조정책 변화와 이승만 정권의 수출정책」

10 이종재, 『재벌이력서』, 한국일보, 1993, 178쪽.

3장

1 전년도에 농사지어 먹던 식량이 다 떨어지고 보리는 미처 여물지 않아서 농가의 식량 사정이 절박했던 시기를 말한다.

2 식량이 떨어진 가정에서 풀뿌리와 나무껍질을 넣어서 죽을 쑤어 먹던 것을 말한다.

3 최중경, 『청개구리 성공신화』, 매일경제신문사, 2012, 11쪽.

4 이춘근, 『미국에 당당했던 대한민국의 대통령들』, 글마당, 2012, 4쪽.

5 장면은 건국 직후 파리 유엔총회에서 대한민국 승인외교를 벌일 때의 주역이었고, 이승만 정부의 초대 주미대사로 재직하며 6·25 전쟁 때 미군과 유엔군 파병에 중요한 역할을 했다.

6 김입삼, 『초근목피에서 선진국으로의 증언』, 한국경제신문사, 2003, 445~448쪽.

7 사설철도는 1946년 5월 7일 '조선철도의 통일' 법령에 의해 정부에 접수되어 남한 내 철도는 100 퍼센트 국영체제로 전환됐다.

8 삼척개발회사가 삼척탄전의 석탄개발을 목적으로 부설하여 1940년 8월 1일 개통된 산업철도. 태백산맥을 넘는 철암선은 18도의 급경사를 이루는 통리~심포리 사이 1.1 킬로미터 구간에 인클라인을 설치했고, 흥전~나한정 사이에는 스위치백 시설이 설치됐다.

9 강원도 동해역과 삼척역을 잇는 철도. 1936년 개통한 삼척공업지구의 주요한 산업철도로 동해역에서 영동선과 연결된다.

10 오원철, 『에너지 정책과 중동진출』, 기아경제연구소, 1997, 79~80쪽.

11 김인영, 앞의 책, 40~41쪽.

12 오원철, 『한국형 경제건설-엔지니어링 어프로치(1)』, 기아경제연구소, 1995, 189쪽.

13 김인영, 앞의 책, 44쪽.

14 이병철, 『호암자전』, 중앙일보사, 1986, 113~114쪽.

15 박정희, 『국가와 혁명과 나』 도서출판 지구촌, 1997, 42쪽.

16 미국이 원조해준 물자와 달러를 판매해서 생긴 원화. 경제 건설 관련 예산은 거의 대부분이 대충자금이었다.

17 강경식, 『국가가 해야 할 일, 하지 말아야 할 일』 김영사, 2010, 211쪽.

18 김입삼, 앞의 책, 115~116쪽.

19 김연수, 『재계회고(1)』, 한국일보사, 1981, 85쪽.

20 김영봉, '경제개발과 성장', 『한국현대사』, 세종연구원, 2013, 227쪽.

21 한국일보, 1963년 5월 31~6월 5일.

22 성곡언론문화재단 저, 『성곡 김성곤 전』, 동아출판사, 1995, 193~194쪽.

23 정인욱전기편찬회, 『선각자 정인욱』, 도서출판 춘추관, 2000, 257~58쪽.

24 이원만, 『재계회고(5)』, 한국일보사, 1981, 140~141쪽.

25 이원만, 앞의 책, 141~142쪽.

26 호소가와 관련 부분은 이원만, 앞의 책, 145~146쪽.

27 최중경, 『청개구리 성공신화』, 매일경제신문사, 2012, 42~43쪽.

4장

1 토지개혁 관련 부분은 김용삼, 『이승만과 기업가 시대』, 북앤피플, 2013, 109~112쪽 참조.

2 김인영, 앞의 책, 70~71쪽.

3 소련제 기관단총 PPSh-4149. 이 총이 49식 기관단총이라는 이름으로 6·25 전쟁 이전에 함경도 흥남에서 생산되었다.

4 김정렴, 『한국경제정책 30년사』, 중앙일보사, 1995, 326쪽.

5 이영훈, 『대한민국 역사』, 기파랑, 2013, 351쪽.

6 김인영, 앞의 책, 74쪽.

7 철강 제조는 ①제선, ②제강, ③압연 공정으로 나누어진다. ①제선은 원료인 철광석과 유연탄 등을 대형 가마(고로, 혹은 용광로라 부름)에 넣어 액체 상태의 쇳물을 뽑아내는 공정이다. ②제강은 제선 공정에서 생산된 쇳물에서 각종 불순물을 제거하는 작업이다. ③압연은 쇳물을 슬래브(긴 쇠막대기) 형태로 뽑아낸 다음 슬래브에 강한 압력을 가해 얇은 철판으로 만드는 과정이다. 압연의 방식은 가열하여 철판을 뽑아내는 열강압연과 차게 식은 상태에서 철판을 뽑아내는 냉간압연이 있는데, 열간압연을 통해 만들어진 철강 반제품을 핫코일이라 부른다. 종합제철소(혹은 일관제철소라고도 한다)란 이와 같이 제선, 제강, 압연 공정을 모두 갖춘 제철소를 말한다. 종합제철소가 필수적으로 갖춰야 하는 설비는 철광석을 녹이는 고로(용광로)다. 국내에서는 포항종합제철(포항, 광양)과 현대종합제철(당진)이 유일한 종합제철소다. 나머지 철강업체들은 전기로(고압 전류로 고철을 녹이는 가마)를 보유하고 있거나, 가마 없이 핫코일을 원료로 최종 완제품을 생산한다.

8 삼화제철소는 1993년 포스코가 인수하여 하루 20톤의 선철을 생산했다. 포항제철이 건설되어 생산이 개시되자 삼화제철소는 생산을 중단했다. 삼화제철소의 소형 용광로는 원형을 복원하여 2003년부터 포스코 역사관 야외 전시장에 전시하고 있다. 이것은 남한에 건립된 용광로 중 가장

오래된 것이다.

9   1938년 1월 조선이연금속 인천공장으로 출범하여 해방 후 귀속재산 기업으로 우리 정부 소유가 되었다. 1953년 대한중공업공사로 창립되어 1962년 인천중공업으로 상호를 변경했고, 1970년 4월 인천제철에 합병된 뒤 2001년 INI스틸을 거쳐 2006년 4월 현대제철 인천제철소로 이름이 바뀌었다.

10   전기로가 등장하기 이전의 제철 시스템으로, 중유를 때서 고철을 녹이는 방식의 고로.

11   1921년 독일 뮌헨에서 태어난 아이젠버그는 1939년 유태인 박해를 피해 스위스와 네덜란드를 거쳐 중국 상하이로 이주했다. 당시 일본군 점령지였던 상하이에는 유럽 각국에서 피난 온 약 3만 명의 유태인들이 게토를 이루어 집단 거주했다. 아이젠버그는 상하이에서 훗날 이스라엘 건국의 주역이 된 시온주의 청년 행동대 '베타르'에 가입했다. 아이젠버그는 1945년 미군 점령지였던 일본으로 건너가 도쿄에 거점을 두고 미군을 상대로 생활용품과 고철 판매, 한국을 비롯한 아시아 각국에 주재하는 미국 대사관과 극동군 사령부 산하 각 부대의 용역을 수행했다. 대한중공업 철강공장 프로젝트 수주 이후 아이젠버그는 한국의 경제개발에 깊이 개입하게 된다. 그는 박정희 정부 시절 서독 차관도입을 주선했으며 전화교환 설비, 화력발전소, 시멘트 공장, 원자로 도입 등 대형 프로젝트에 소요되는 외자도입에 결정적인 역할을 했다. 1973년 가압 중수형 캐나다 캔두 원자로 도입 때는 유럽 30개 은행의 차관단 컨소시엄을 구성하여 자금을 공급했다. 아이젠버그는 공산권과도 깊은 연계를 맺고 있었다. 그는 베트남 패망 당시 교민 철수 과정에서 사이공을 빠져나오지 못하고 월맹군에게 체포되어 수감생활을 하고 있던 이대용 공사의 석방에도 깊이 개입했다. 사울 아이젠버그 관련 내용은 박재선, 「박재선의 유대인 이야기: 냉전시대 동과 서를 잇던 사울 아이젠 버그」, 『중앙선데이』 2011년 8월 28일(제233호) 참조.

12   김재관 박사는 이승만 정부 시절 철강 국비유학생으로 선발되어 서독으로 유학을 떠났다. 김재관의 증언에 의하면 이승만 대통령이 선발된 유학생들을 경무대로 불러 일일이 장학증서를 주면서 "열심히 공부하고 오너라. 우리가 참다운 독립국가가 되려면 제철공장이 있어야 돼. 여러분들이 그걸 해내야 한다"며 어깨를 어루만져 주었다고 한다(김재관 박사와 저자와의 인터뷰).

13   정문도(후에 현대중공업 사장, 현대건설 사장 역임)는 이후락 비서실장으로부터 "박태준이에게 포항제철을 맡겼더니 되는 일이 없어. 당신이 포철 사장을 맡으시오" 하는 연락을 받았다. 정문도는 사장은 맡을 수 없다고 고사하고 그 대신 종합제철소 건립 실무 책임을 맡았다(저자와의 인터뷰).

14 아리가 도시히코는 신일본제철 감사역으로 한국에 파견되어 1967년 출발한 포항제철(현 포스코) 의 건설을 물심양면으로 도왔다. 그는 일본 측에 "한국의 일관제철소 프로젝트는 성공 가능성이 있다"고 설득하여 양국 정부가 자금조달 협정을 맺을 수 있도록 노력했다. 당시 한국은 최초의 종 합제철소 건설을 시작했지만 누구도 제철소는커녕 쇳물을 녹이는 대형 고로조차 운영해 본 경험 이 없었다. 이때 아리가 씨가 한국 엔지니어들을 일본으로 보내 일본 유수의 제철소에서 견학과 연 수를 시켜주었다. 그는 포항에 3년 간 머물며 포항제철 1기 건설을 위한 기술 지도를 적극적으로 수행하여 신일본제철 본사로부터 "기술 전수를 지나치게 열심히 하는 것 아니냐"고 질책을 받기도 했다. 지식경제부는 2011년 12월 12일 한국 무역 1조 달러(수출+수입) 달성을 기념하여 국내 무 역 발전에 기여한 유공자로 아리가 씨를 선정하여 그에게 동탑산업훈장을 추서했다.

15 정주영, 『이 땅에 태어나서』, 솔 출판사, 1998, 181~182쪽.

16 T600 삼륜차는 기술사적 가치가 높다는 평가를 받아, 2008년 문화재청 등록문화재 제400호로 지정되었다.

17 이는 자동차 관련 업무를 책임지고 있던 오원철 당시 대통령 경제2수석의 발언이다.

18 조르제토 주지아로는 폴크스바겐의 '골프'와 '시로코' '파사트', 이탈리아의 '알파 로메오', 일본 '이 스즈 117' 승용차를 비롯하여 세계적인 히트작을 디자인한 자동차 디자이너 분야의 세계적인 거 장이다. 이탈리아 사람들이나 자동차 설계 관계자들은 주지아로를 '제2의 미켈란젤로'라고 부른 다. 그는 국내 최초로 해외에 수출된 현대자동차 '포니'를 디자인했다. 이어 마티즈, 렉스턴, 쏘나 타, 매그너스, 코란도C 등을 디자인하여 한국 차의 수준을 높였다. 그는 한국 수출에 기여한 공로 로 2011년 10월 12일 열린 '제48회 무역의 날' 기념식에서 철탑산업훈장을 수상했다.

19 좌승희·김창근, 『하룻밤에 읽는 이야기 한국경제』, 일월담, 2010, 10쪽.

20 최중경, 『청개구리 성공신화』, 매일경제신문사, 2012, 5~6쪽.

21 최중경, 앞의 책, 9쪽.

22 정갑영, '기업가정신과 경제발전', 송자 외 지음, 『아산 정주영과 한국경제 발전모델』, 아산사회복 지재단, 2011, 16쪽.

23 이병철, 『호암자전』, 중앙일보사, 1986, 142~145쪽.

24 정주영, 『이 땅에 태어나서』, 솔 출판사, 1998, 161쪽.

25 삼성경제연구원 편, 『호암의 경영철학』, 중앙일보사, 1989, 87~88쪽.

26 김인영, 『한국의 경제성장-국가주도론과 기업주도론』, 자유기업센터, 1998, 175~176쪽.

27 선우휘와 이병철의 대담, 『월간조선』 1984년 1월호.

28 김한원 외 지음, 『한국경제의 거목들』, 삼우반, 2010, 64쪽.

29 반도체 집적도가 매년 2배씩 증가한다는 메모리 신성장론. 황창규 삼성전자 반도체 총괄 사장이 2000년 2월 국제반도체학회에서 발표한 이론이다.

30 김인영, 앞의 책, 209~210쪽.

31 김인영, 앞의 책, 214~215쪽.

5장

1   김태형, 『기업가의 탄생』, 위즈덤하우스, 2010, 15쪽.

2   이병철, 『호암자전』, 중앙일보사, 1986, 269쪽.

3   선우휘와 이병철의 대담, 『월간조선』 1984년 1월호.

4   이병철, 『호암자전』, 중앙일보사, 1986, 41쪽.

5   이병철, 앞의 책, 46쪽.

6   이병철, 『재계비화(1)』, 한국일보사, 1981, 302쪽.

7   이병철, 『호암자전』, 중앙일보사, 1986, 71~72쪽.

8   박흥식, 『재계회고(2)』, 한국일보사, 1984, 168쪽.

9   박길룡은 한국 최초의 근대 건축가로 경성공업전문학교를 졸업하고 조선총독부 건축기수(技手)로 조선총독부 청사 건설에 참여했다. 종로구 관철동에 건축사무소를 개업하고 경성제국대학 본부(1931), 동일은행 남대문지점(1931), 한청빌딩(1935), 경성여자상업학교 교사와 강당(1937), 화

신백화점(1937), 평양 대동공전 교사(후에 김일성대학), 혜화전문학교 본관(1943) 등을 설계했다. 박길룡이 설계한 화신백화점은 창경원과 함께 서울의 최고 명물로 화제가 되었다.

10 안창호는 1932년 4월 윤봉길 의사가 상하이 훙커우(虹口)공원에서 일으킨 폭탄사건으로 일본 경찰에 체포, 서울로 압송되어 그해 12월 치안유지법 위반으로 4년형을 선고받고 복역 중이었다. 박흥식의 노력으로 1935년 2월 가출옥했다. 그 후 중일전쟁이 시작되기 9일 전인 1937년 6월 28일 수양동우회 사건으로 다시 체포되었다가 1937년 12월 24일 병보석으로 풀려나 경성대학병원에 입원해 있다가 이듬해 사망했다. 망우리 묘지에 안장했다가 1973년 11월 도산공원으로 이장했다.

11 박흥식, 『재계회고(2)』, 한국일보사, 1984, 215쪽.

12 김연수, 『재계회고(1)』, 한국일보사, 1981, 21쪽.

13 김연수, 앞의 책, 151~152쪽.

14 1931년 7월 2일 중국 지린성(吉林省) 창춘현(長春縣) 만보산 지역에서 일제의 술책으로 조선인 농민과 중국인 농민이 충돌하여 벌인 유혈사태.

15 박동순, 『한국의 재벌들-재벌의 기반을 이룬 창업사상』(삼양사의 창업 편), 개선문출판사, 1982, 115쪽.

16 김연수, 앞의 책, 22쪽.

17 캐나다 출신의 의료 선교사로 1893년 내한한 올리버 에비슨(한국명 어비신·魚丕信)은 제중원 원장을 지냈으며, 이승만의 상투를 잘라주어 이승만과 평생 친구가 되었다. 록펠러와 함께 스탠더드 오일 회사를 세운 세브란스로부터 자금을 지원받아 세브란스 병원을 지었고, 연세대학교의 전신인 연희전문학교를 설립했다. 대한민국 건국 후 이승만 대통령은 에비슨 박사에게 건국공로훈장을 수여했다.

18 김성수, 『성공한 청업자의 기업가정신』, 삼영사, 2009, 114~143쪽 참조.

19 전략첩보국의 한미 군사합동작전 관련 내용은 남정옥, 『이승만 대통령과 6·25 전쟁』, 이담북스, 2010, 37~38쪽, 47~53쪽 참조.

20 조홍제, 『재계회고(5)』, 한국일보사, 1981, 245~246쪽.

21 정주영, 『이 땅에 태어나서』, 솔 출판사, 1998, 103쪽.

22 박정웅, 『이봐, 해봤어?』, FKI미디어, 2002, 15~20쪽.

23 정주영, 『이 땅에 태어나서』, 솔 출판사, 1998, 182쪽.

24 김영덕, '사우디 주베일에서의 기적', 아산 정주영과 나 편찬위원회, 『아산 정주영과 나』, 아산사회 복지재단, 1997, 84~85쪽.

25 위금선(현대중공업주식회사 해양사업본부 기정대우), 송자 외 지음, 『아산 정주영과 한국경제 발전모델』, 아산사회복지재단, 2011, 157쪽.

26 정주영, 『이 땅에 태어나서』, 솔 출판사, 1998, 346쪽.

에필로그

1   최윤식, 『2030 대담한 미래』, 지식노마드, 2014, 17~118쪽.

2   미국특허청(USPTO), 일본특허청(JPO), 유럽특허청(EPO) 등 전 세계 특허를 주도하는 3개국의 특허청에 모두 등록된 특허.

참고문헌

(사)글로벌전략연구원 편, 『한국의 기업가 정신』, 화산문화, 2013

CCTV 다큐제작팀 지음 허유영 옮김, 『기업의 시대』, 다산북스, 2014

강경식, 『국가가 해야 할 일, 하지 말아야 할 일』, 김영사, 2010

강만수, 『현장에서 본 한국경제 30년』, 삼성경제연구소, 2005

구본호·이규억 편, 『한국경제의 역사적 조명』, 한국개발연구원, 1991

권경자, 『유학 경영에 답하다』, 운앤원북스, 2010

김기환, 『한국의 경제기적 지난 50년 향후 50년』, 기파랑, 2013

김대기, 『덫에 걸린 한국경제』, 김영사, 2014

김동호, 『대통령 경제사 1945~2012』, 도서출판 책밭, 2012

김성수, 『성공한 창업자의 기업가 정신』, 삼영사, 2009

김연수 외 지음, 『재계회고(1~10)』, 한국일보사, 1981

김영봉 외 지음, 『한국현대사』, 세종연구원, 2013

김용삼, 『이승만과 기업가 시대』, 북앤피플, 2013

김인영, 『한국의 경제성장-국가주도론과 기업주도론』, 자유기업센터, 1998

김입삼, 『초근목피에서 선진국으로의 증언』, 한국경제신문사, 2003

김정렴, 『한국경제정책 30년사』, 중앙일보사, 1995

김충남, 『대통령과 국가경영』, 서울대학교 출판문화원, 2012

김태형, 『기업가의 탄생』, 위즈덤하우스, 2010

김한원 외 지음, 『한국경제의 거목들』, 삼우반, 2010

김형아 지음, 신명주 옮김, 『박정희의 양날의 선택-유신과 중화학공업』, 일조각, 2005

남정옥, 『이승만 대통령과 6·25 전쟁』, 이담북스, 2010

박동순, 『한국의 재벌들-재벌의 기반을 이룬 창업사상』, 개선문출판사, 1982

박병윤, 『재벌과 정치-한국재벌성장 이면사』, 한국양서, 1982

Reference

박상하, 『이병철과의 대화』, 이롬미디어, 2007

박유영, 『한국형 기업가 정신의 사례연구』, 숭실대학교 출판부, 2005

박유영, 『한국형 기업가정신의 DNA를 찾아서』, 탑북스, 2013

박재선, 「박재선의 유대인 이야기: 냉전시대 동과 서를 잇던 사울 아이젠버그」, 『중앙선데이』 2011년 8월 28일(제233호)

박정웅, 『이봐, 해봤어?』, FKI미디어, 2002

박정희, 『국가와 혁명과 나』, 도서출판 지구촌, 1997

박흥식 외, 『재벌들(1)』, 상아출판사, 1966

사공일·리로이 존스, 『경제개발과 정부 및 기업가의 역할』, 한국개발연구원, 1981

삼성경제연구원 편, 『호암의 경영철학』, 중앙일보사, 1989

선우휘와 이병철의 대담, 『월간조선』 1984년 1월호

설봉문화재단 설립준비위원회, 『설봉 전택보 박사 전집』, 정화인쇄문화사, 1981

성곡언론문화재단 저, 『성곡 김성곤 전』, 동아출판사, 1995

송병락, 『기업을 위한 변명』, 김영사, 2003

송자 외 지음, 『아산 정주영과 한국경제 발전모델』, 아산사회복지재단, 2011

수당 김연수 선생 전기편찬위원회, 『수당 김연수』, 삼양사, 1985

아산 정주영과 나 편찬위원회, 『아산 정주영과 나』, 아산사회복지재단, 1997

오원철, 『내가 전쟁을 하자는 것도 아니지 않느냐』(한국형 경제건설 7), 한국형경제정책연구소, 1999

오원철, 『박정희는 어떻게 경제강국을 만들었나』, 동서문화사, 2010

오원철, 『에너지 정책과 중동진출』(한국형 경제건설 6), 기아경제연구소, 1997

오원철, 『한국형 경제건설(4)』(자동차공업), 기아경제연구소, 1996

오원철, 『한국형 경제건설-엔지니어링 어프로치(1)』(공업화의 태동, 비료공업, 서유공업), 기아경제연구소, 1995

오원철, 『한국형 경제건설-엔지니어링 어프로치(2)』(중소기업 육성, 1960년대 공업정책), 기아경제연구소, 1996

월간조선 편집부 엮음, 『외환위기 백서-대한민국은 왜 쓰러졌는가?』, 월간조선사, 『월간조선』 1999년 10월호 별책단행본

이대근, 『해방 후~1950년대의 경제』, 한국경제연구소, 2002

이병철, 『호암자전』, 중앙일보사, 1986

이연식, 『조선을 떠나며』, 역사비평사, 2013

이영훈, 『대한민국 역사』, 기파랑, 2013

이종재, 『재벌이력서』, 한국일보, 1993

이춘근, 『미국에 당당했던 대한민국의 대통령들』, 글마당, 2012

이한구, 『한국재벌사』, 대명출판사, 2004

정인욱전기편찬회, 『선각자 정인욱』, 도서출판 춘추관, 2000

정주영, 『이 땅에 태어나서』, 솔 출판사, 1998

제임스 브래들리 지음 송정애 옮김, 『임패리얼 크루즈』, 도서출판 프리뷰, 2010

조이제·카터 에커트 편저, 『한국 근대화, 기적의 과정』, 월간조선사, 2005

존 미클스웨이트·에이드리언 울드리지 지음, 유경찬 옮김, 『기업, 인류 최고의 발명품』, 을유문화사, 2011

좌승희·김창근 지음, 『이야기 한국경제』, 도서출판 담, 2010

차철욱, 「1950년대 미국의 대한 원조정책 변화와 이승만 정권의 수출정책」

최윤식, 『2030 대담한 미래』, 지식노마드, 2014

최중경, 『청개구리 성공신화』, 매일경제신문사, 2012

호암재단, 『호암어록-기업은 사람이다』, 호암재단, 1997

홍하상, 『개성상인』, 국일미디어, 2004

홍하상, 『유럽명품 기업의 정신』, 을유문화사, 2013